中国（四川）自由贸易试验区 成都片区法治发展报告

（2018~2019）

ANNUAL REPORT ON RULE OF LAW IN
CHENGDU AREA OF CHINA (SICHUAN) PILOT
FREE TRADE ZONE No.1 (2018-2019）

主　编 / 郑泰安

副主编 / 陈志锋　李红军

社会科学文献出版社
SOCIAL SCIENCES ACADEMIC PRESS (CHINA)

编　委　会

主　　编 郑泰安　四川省社会科学院副院长、研究员、
　　　　　　　博士后合作导师

副 主 编 陈志锋　成都市法学会专职副会长
　　　　　　李红军　四川省社会科学院法学研究所副研究
　　　　　　　　　　员、法学博士

报告撰写人 郑泰安　李红军　叶　睿　张　虹　黄　勇
　　　　　　　方　芸　廖静怡　徐秉晖　姜　芳　鲁家鹏

目 录

Ⅰ 总报告

Ⅱ 分报告

Ⅱ 专题报告

IV 特别报告

成都市自贸试验区法治环境评估报告

V　创新经验报告

VI　附录

总 报 告

制度创新引领法治环境建设

——中国（四川）自由贸易试验区法治环境建设的成都实践

郑泰安　李红军*

摘　要： 本报告在全面、深入考察成都自贸试验区法治环境建设的主要做法和典型创新经验基础上，从改革创新空间拓展、重大制度供给、创新路径选择、纠纷化解机制完善等多维层面分析了成都片区未来法治环境建设面临的挑战；并结合中国（四川）自由贸易试验区的战略定位和目标要求提出针对性的对策建议，以期为全面推进成都自贸试验区营商环境法治化、国际化和便利化提供理论上的支撑和实践上的支持。

关键词： 成都自贸试验区　法治环境建设　制度创新

---

* 郑泰安，四川省社会科学院副院长、研究员、博士后合作导师。李红军，四川省社会科学院法学研究所副研究员，法学博士。

前　言

设立自由贸易试验区是党中央、国务院深刻把握全球经贸发展新趋势，实行更加积极主动的开放战略的重大决策和重要举措。这项重大改革以制度创新为核心，允许自贸试验区大胆试、大胆闯、自主改，以更彻底的改革加快推进政府职能转变和行政体制改革，实现经济增长方式转型和经济结构优化，打造中国经济升级版；以更开放的态度探索中国对外发展的新路径和新模式，促进中国经济与全球经济接轨，构建全球合作发展的新平台；以更大胆的创新拓展经济增长的新空间，培育有利于中国参与全球竞争的新优势，捍卫中国在国际贸易体系中的主导地位。

2013 年以来，自贸试验区建设稳步推进。截至 2018 年底，国务院分四次批准设立了 12 个战略定位各具特色的自贸试验区，落地区域涵盖东北、华北、华中、华东、华南、西北和西南地区，形成"1 + 3 + 7 + 1"的雁阵格局。根据《中国自由贸易试验区发展报告》的统计数据，12 个自贸试验区已累计形成了 171 项改革试点经验向全国复制推广，充分发挥了自贸试验区作为全面深化改革开放"试验田"的示范功能和带动作用。

中国（四川）自由贸易试验区（以下简称"四川自贸试验区"）系第三批获准建设的自贸试验区之一，整体分为成都、泸州两个部分，涵盖成都天府新区片区、成都青白江铁路港片区、川南临港片区三个片区，总实施范围 119.99 平方公里。其中成都区域（以下简称"成都自贸试验区"）包括天府新区片区（实施范围 90.32 平方公里）、成都青白江铁路港片区（实施范围 9.68 平方公里），占四川自贸试验区实施面积的 83.34%，是中国（四川）自由贸易试验区的核心区域。

根据《中国（四川）自由贸易试验区总体方案》（以下简称《总体方案》）设定的战略目标，四川自贸试验区将"经过三至五年改革探索，力争建成法治环境规范、投资贸易便利、创新要素集聚、监管高效便捷、协同开放效果显著的高水平高标准自由贸易园区，在打造内陆开放型经济高地、深入推进西部大开发和长江经济带发展中发挥示范作用"。因此，优化法治环境是四川自贸试验区建设的主要任务之一。

自 2017 年 4 月 1 日揭牌运行以来，成都自贸试验区全面贯彻党的十八大和十八届三中、四中、五中、六中全会以及十九大精神，认真落实党中央、国务院决策部署和习近平总书记系列重要讲话精神，实现奠基性高位开局，紧紧围绕法治环境规范、投资贸易便利、创新要素集聚、监管高效便捷、协同开放效果显著的高水平高标准自由贸易园区的建设目标，全面启动159 项改革试验任务。以制度创新为核心，改革创新和法治建设两手并重，主动运用法治思维和法治手段推进自贸试验区的各项工作，着力提升自贸试验区的法治化水平，积极营造国际化、便利化、法治化，公平、统一、高效的营商环境，努力形成可复制、可推广的制度创新成果。

经过一年多的努力，成都自贸试验区法治环境显著改善，制度创新能力显著增强，营商环境显著优化，制度创新能力位于第三批自贸试验区片区之首，形成了国际贸易"单一窗口"、多式联运"一单制"、中小科技企业"双创债"、"中欧班列集拼集运"等 400 余个创新案例，推动了四川开放型经济增长所需的思想理念、体制机制、政务服务创新发展，学习效应、开放效应和竞争效应得到充分发挥，有力助推四川加快形成立体、全面、开放的新格局，充分践行了十九大报告关于全面依法治国是新时代中国特色社会主义的本质要求和重要保障的精神。

一 成都自贸试验区法治环境建设的主要做法

（一）因地制宜，创新管理机制

为深入贯彻落实党中央、国务院和四川省委、省政府的决策部署，成都市委、市政府在中央驻川单位、省直部门大力支持下，创设"1＋4＋8"三级联动的管理机制（见图 1），确保各项试验任务和改革创新工作得以有序展开，并取得预期成效。

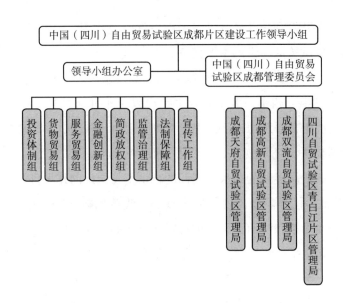

图1 成都自贸试验区管理架构

组建由成都市委、市政府主要领导挂帅的中国（四川）自贸试验区成都片区建设工作领导小组，负责牵头管总，成员包括四套班子分管领导以及部分中直机关、片区属地政府和市级相关部门主要负责人。研究制定自贸试验区建设战略，把握创新试验方向，推动相关部门落实各项试验任务，协调解决发展过程中遇到的重大问题。

中国（四川）自贸试验区成都管理委员会承担领导小组办公室的日常工作，在市委、市政府领导下牵头制定三年行动计划、年度试验任务、改革实施方案、经验复制推广和目标考评机制，协调片区和部门合拍共振、联动试验，有序推进各项工作。

按落地区域设立四个管理局作为责任主体，负责在落地区域深入推进《总体方案》和《中国（四川）自由贸易试验区建设实施方案》确定的改革实验任务，这四个管理局即成都高新自贸试验区管理局、成都天府自贸试验区管理局、成都双流自贸试验区管理局和四川自贸试验区青白江片区管理局。

组建八个功能推进组作为保障支撑，负责为四个落地区域开展试验创造支撑条件和保障措施，即简政放权组、投资体制组、货物贸易组、服务贸易组、金融创新组、监管治理组、法制保障组和宣传工作组。功能推进组由市级牵头单位、责任单位和配合单位构成，采取台账形式明确试验任务、试验项目及内容、实施步骤，并对任务完成情况、可验证形式等登记入账。

（二）统筹谋划，落实任务措施

《总体方案》明确了六个方面24项改革内容，共159项改革试验任务，成都自贸试验区承担了其中的155项。为确保自贸试验区建设和各项改革创新任务稳步推进，成都自贸试验区先后制定了具有前瞻性的行动计划和切实可行的实施方案。

第一，制定行动纲领。为贯彻落实《总体方案》，确保全面完成改革试验任务，围绕制度创新，高水平、高标准建设自由贸易试验区，打造内陆开放型经济高地，成都市政府结合建设全面体现新发展理念的国家中心城市的总体目标，制定了《成都自贸试验区建设三年试验任务行动计划（2017—2019年）》。根据该计划，成都自贸试验区在2017年12月底完成机构建立及制度、总体方案制定等基础工作，推动试验任务落地实施；到2018年12月底，继续深化和丰富2017年的试验任务，跟踪评估各类改革试验成效，形成一批试验成果和与国际接轨的制度框架；到2019年12月底，形成可在全国复制推广的经验或案例，力争制度创新和开放型经济体系建设走在中西部地区前列。

第二，落实工作要点。制定了《成都自由贸易试验区2017年工作要点》，明确主要任务包括统筹推进自贸试验区建设、推动试验任务落地生根、做好试点经验评估推广等三个方面，涉及84项改革任务和117项试验项目，其中法制保障组推进改革任务6项、试验项目6项（见图2）。

第三，强化督促考察。成都自贸试验区建立试验任务工作台账和统计体系，定期跟踪收集改革任务和试验项目的推进情况，定期研判自贸试验区内注册企业的来源、总量和结构变化等情况。

成都自贸试验区制定工作考评实施细则，坚持成果导向，从建立体制

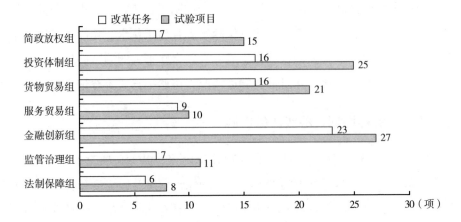

图2 成都自由贸易试验区2017年改革任务和试验项目

注：宣传工作组只负责宣传，没有承担改革任务和试验项目，因此未统计。
资料来源：《成都自由贸易试验区2017年工作要点》。

机制、完成试验任务、总结提炼成果、复制推广经验等四方面对落地区域和功能推进组实施交叉打法和捆绑考核，建立起"清单制＋责任制＋督查制"无缝衔接督查体系，确保各项改革任务和试验项目能够落地实施，并加快形成可复制可推广的改革经验，为带动全川、服务全国贡献成都经验。

（三）提纲挈领，实现高位开局

成都自贸试验区建设是涉及155项改革任务和试验项目的大手笔，如何破题直接关系到任务能否按时完成、能否达到试验目标、能否产生可复制的经验。成都自贸试验区"删繁就简"，紧紧抓住简政放权这个"牛鼻子"，正确处理好政府和市场的关系，通过加快推进政府职能转变，纲举目张，高位开局，带动其他改革任务顺利推进，成绩斐然。

一是实施"三张清单"，实现治理体系现代化和法治化。成都自贸试验区建设将推进治理体系现代化、法治化作为深化改革的目标和方向，以简政放权作为切入口，加快推进政府职能转变。探索大市场监管体制，通过"负面清单＋权力清单＋责任清单"的管理模式，最大限度取消和简化行政审批事项，向自贸试验区管理机构及市场主体放权、授权，不断提升治理体系的法治化水平。推动实施准入前国民待遇加负面清单管理制度，提升投资贸易便利化水平，深化商事制度改革，完善电子口岸建设，扩大公共服务供给等，一系列改革任务和试验创新全面展开。

二是建设"三张网络"，推动治理能力科学化和专业化。随着一系列权力的下放，"接得住、管得好"是对成都自贸试验区政务和监管能力的基本考验。为此，成都自贸试验区充分利用大数据监管手段，加快推进"服务网＋民生网＋安全网"三网建设和融合，以科技手段提升精准高效的政务服务能力和市场监管能力，将大市场监管体系构筑在科技化、信息化基础上，以更加高效的监管能力和更加便利的服务能力营造公平、透明、可预期的市场环境。积极探索适应自贸试验区保税维修、融资租赁、大宗商品交易、共享经济、跨境电商和金融创新等新兴经济业态发展的监管框架和政策支持体系，既激励创新，又确保风险可控。

三是抓好"三个环节"，保证改革试验出成果、见实效。自贸试验区是国家深化改革开放的"试验田"，制度创新经验可复制、可推广是自贸试验区各项改革和试验的目标和方向。更好地落实各项改革试验任务、更快地提炼总结创新经验，成为成都自贸试验区法治环境建设工作的两项基本要求。为此，成都自贸试验区将"试验""复制""推广"三个环节紧密结合起来，在前两批国务院要求复制推广的自贸试验区经验落地生根的基础上，突出自身特色和定位，立足内陆、带动四川、服务全国，依托"临空、临铁"的集成优势，在临空经济、陆路物流和海关检疫服务等方面大胆实践，重点推进以中欧班列（成都）为核心、公铁多式联运的战略通道建设，加快构建对外经济走廊，立体全面开放格局初步形成，实现差异化发展，积极创造了一批可复制、可推广的成都模式和四川经验。

通过大刀阔斧的简政放权和改革创新，成都自贸试验区在积极学习、复制推广其他自贸试验区实践经验的基础上，实现高位开局，一系列制度创新实现重大突破。截至2018年底，累计探索形成336个改革实践案例，其中，"路地合作新机制"等14项改革经验在全省复制推广；"'首证通'行政审批改革"、"自贸通"综合金融服务、"知识产权类型化案件快审机制"等5项成果进入最佳实践案例终审清单；"'首证通'行政审批改革"获中央全面深化改革委员会的肯定；"中欧班列集拼集运新模式""公证最多跑一次"两项成果入选国务院第五批全国复制推广名单，为四川和全国的改革和发展贡献成都智慧、提供成都方案。

二 成都自贸试验区法治环境建设的典型创新

（一）以点带面，完善制度规范体系

根据《总体方案》的战略定位，"以制度创新为核心，以可复制可推广为基本要求，立足内陆、承东启西，服务全国、面向世界，将自贸试验区建设成为西部门户城市开发开放引领区、内陆开放战略支撑带先导区、国际开放通道枢纽区、内陆开放型经济新高地、内陆与沿海沿边沿江协同开放示范区"。因此，制度创新是四川自贸试验区建设的核心，各项改革和试验围绕制度创新展开。通过一年半的努力，在四川省委、省政府的积极领导下，以《中国（四川）自由贸易试验区管理办法》为核心，初步构建了契合四川自贸试验区战略定位和发展特色的规范体系和政策支持体系，确保各项改革于法有据，成都自贸试验区的制度环境建设取得了长足进展，制度创新能力得到显著提升。

1. 制定《中国（四川）自由贸易试验区管理办法》

根据《总体方案》的要求，为把四川自贸试验区建设作为奠基四川长远发展格局、推动全面开发开放的"引领性工程"加以推进，根据打造内陆开放战略支撑带先导区、国际开放通道枢纽区、内陆开放型经济新高地、内陆与沿海沿边沿江协同开放示范区、西部门户城市开发开放引领区和助力西部金融中心建设的定位，四川省人民政府充分发挥立法的引领和推动作用，于2017年7月25日第152次常务会议审议通过了《中国（四川）自由贸易试验区管理办法》（以下简称《管理办法》），并于2017年8月6日公布施行。该《管理办法》分七章，对管理体制、投资管理和贸易便利、金

融创新和风险防范、协同开放和创新创业以及综合服务与管理等进行了详细规定，为成都自贸试验区各项改革和试验任务的顺利展开奠定制度基础。主要内容包括：

一是建立契合四川自贸试验区发展需要的管理体制，明确推进工作领导小组、领导小组办公室和片区管理机构的职能职责，形成四川自贸试验区总体管理架构。

二是设计有利于四川自贸试验区改革创新的容错机制。设计或细化若干重要制度。建立鼓励创新、允许试错、宽容失败的机制，规定"在自贸试验区进行的创新未能实现预期目标，但是符合国家确定的改革方向，决策程序符合法律、法规规定，未牟取私利或者未恶意串通损害公共利益的，对有关单位和个人不作负面评价，免于追究相关责任"。

三是建立与开放型经济新体制相适应的系列治理体系。例如对外商投资实行准入前国民待遇加负面清单管理制度；对跨境电商贸易、国际会展实施一体化检验检疫监管机制；推动空、铁、公、水多式联运物流统一监管；建立高效便捷的金融服务体系；优化创新创业服务支持体系。

2. 加快形成制度规范体系和政策支持体系

以《管理办法》的规定为基础，四川省人民政府及有关部门、中央在川机构、省直部门相继推出一系列含金量高、操作性强的支持政策，初步形成了针对性较强、覆盖面较广的政策规范体系和上下贯通、部门联动的政策支持体系，确保《管理办法》的相关规定可操作、可执行，显著提升了成都自贸试验区营商环境的法治化水平。

一是制定了《中国（四川）自由贸易试验区建设实施方案》。根据《总体方案》和《管理办法》，为明确自贸试验区建设的路线图、时间表和协同改革战略导向，四川省人民政府于 2017 年 11 月 21 日下发《关于印发中国（四川）自由贸易试验区建设实施方案的通知》（川府发〔2017〕59 号，以下简称《实施方案》），围绕"四区一高地"战略定位，明确提出要努力在新一轮对外开放中走在前列，为实现"两个跨越"、建设美丽繁荣和谐的四川注入强劲动能，在打造内陆开放型经济高地、深入推进西部大开发和长江经济带发展中发挥示范作用。《实施方案》提出七大重点任务：着力营造国际化法治化便利化营商环境、着力打造西部门户城市开发开放引领区、着力打造内陆开放战略支撑带先导区、着力打造国际开放通道枢纽区、着力打造内陆开放型经济高地、着力打造内陆与沿海沿边沿江协同开放示范区、助力西部金融中心建设。此外，《实施方案》还就加强组织领导、强化责任落实、加强督促检查、注重宣传引导、强化法治保障提出了具体要求。

二是制定了《成都市人民政府关于明确成都自贸试验区实施部分省级管理事项的决定》。《管理办法》第十条规定，省、市人民政府及其有关部门根据自贸试验区改革发展需要，依法向自贸试验区下放经济社会管理权限和省人民政府确定的其他管理权限。为此，四川省人民政府印发《关于中国（四川）自由贸易试验区片区管委会实施首批省级管理事项的决定》（省政府令第330号），决定向四川自贸试验区下放和委托实施33项省级管理权限，以释放其在自主决策、制度创新、探索实践等方面的空间和活力。根据该《决定》，首批下放和委托实施的33项省级管理权限，涉及四川省发展改革委、经济和信息化委、教育厅、住房城乡建设厅、交通运输厅、农业厅、商务厅、工商局、食品药品监管局、新闻出版广电局等10个部门，涵盖项目投资、商事登记、药品管理、交通运输、教育、新闻出版广电等领域。其中31项直接下放至四川自贸试验区成都管委会、川南临港片区管委会实施，2项由两个管委会与省级相关部门签署行政委托书后委托实施。成都市政府在省政府令第330号基础上，进一步明确将外商投资项目备案、开办外籍人员子女学校审批等30项管理事项交由成都天府新区、成都高新区管委会和青白江区、双流区政府组织实施。

三是制定了《成都市人民政府办公厅关于开展"证照分离"改革试点工作的实施意见》。《管理办法》第五十一条明确规定，要深化商事登记制度改革，探索推行"多证合一""证照分离"。为落实该规定，四川省人民政府2017年12月23日下发了《关于印发中国（四川）自由贸易试验区"证照分离"改革试点方案的通知》（川府发〔2017〕63号）。该《通知》根据《国务院关于在更大范围推进"证照分离"改革试点工作的意见》（国发〔2017〕45 号）的要求，结合四川自贸试验区实际，坚持统筹推进、依法依规、地方主导、探索创新，在四川自贸试验区开展 99 项"证照分离"改革试点。其中，完全取消行政审批 5 项，审批改为备案 2 项，全面实行告知承诺 22 项，提高透明度和可预期性 37 项，强化市场准入监管 33 项。为落实和细化前述文件的部署和要求，成都市人民政府进一步颁行《成都市人民政府办公厅关于开展"证照分离"改革试点工作的实施意见》，以全方位为企业开办经营提供便利化服务为目标，通过清理精简行政许可、由审批改为备案、实行告知承诺制、提高透明度和可预期性、强化准入监管等举措，着力解决"办照容易办证难""准入不准营"等突出问题，清理规范各类许可，切实加强事中事后监管，加快推进信息共享，深入推进商事登记便利化改革。这些规范性文件的制定和实施对于细化落实《管理办法》的规定，推进自贸试验区营商环境法治化、国际化、便利化，促进区内企业加快适应国际通行贸易规则，进一步释放创新创业活力起到了重要作用。

四是制定了《中国人民银行成都分行、国家外汇管理局四川省分局关于金融支持中国（四川）自由贸易试验区建设的指导意见》。《管理办法》第四章对金融创新和风险防范做出了明确规定。为落实该规定，中国人民银行成都分行和国家外汇管理局四川省分局制定了 36 条指导意见，从加强监测管理、扩大人民币跨境使用、深化外汇管理改革、推动金融改革创新、优化金融服务等方面推动促进四川自贸试验区跨境贸易和投融资便利化，支持自贸试验区实体经济发展。《指导意见》紧密围绕四川自贸试验区经济创新转型和实体经济发展需求，按照质量优先、效率至上的理念，优化结构、强化服务，进一步提高金融服务实体经济的效率和水平，在人民币跨境使用、资本项目可兑换、外汇管理和融资产品等方面积极探索，促进市场要素双向流动，有序推动自贸试验区金融改革创新，为打造内陆开放型经济高地、促进四川自贸试验区建设发挥了金融支持的积极作用。

五是制定了《成都海关支持和促进中国（四川）自由贸易试验区建设发展实施办法》。《管理办法》第二十四条要求建设完善四川电子口岸，依托电子口岸公共平台建设国际贸易"单一窗口"，实现口岸服务一体化，探索推进通关全过程无纸化。为落实该规定，推进贸易便利化、支持外贸转型升级、完善口岸开放功能、构建协同发展机制，成都海关推动通关一体化改革，深化简政放权，规定审批事项除法律法规规章另有规定外全部下放到基层海关；探索推进无纸化通关改革，扩大电子支付范围，实现全程电子缴税；在空港口岸探索试点集约化管理，实行"一个窗口"受理、"一站式"查验放行作业模式。自改革实施以来，共审核报关单 27661 票，同比增长 81.40%；通关时效进口 13.39 小时、出口 0.77 小时，同比分别缩短 56.31% 和 61.31%。

六是制定了《四川省商务厅关于支持四川自贸试验区创新发展的实施意见》。《管理办法》第六条规定，自贸试验区建立鼓励改革创新、允许试错、宽容失败的机制，充分激发创新活力。为落实该规定，商务厅制定支持四川自贸试验区进一步深化改革开放、创新发展的 20 条实施意见，包括促进对外贸易发展提升、持续优化营商环境、加快现代服务业创新发展、完善市场运行机制、积极参与国际经贸合作等多个方面。这一政策的制定和实施，有利于商务主管部门根据自贸试验区的战略定位和差异化探索目标，研究制定更具针对性的配套措施，扎实推进商务领域各项试点任务实施，进一步强化了商务发展对四川自贸试验区创新发展的重要作用。

3. 主动加强对规范性文件的清理审查

成都自贸试验区改革和试验涉及诸多规范性文件，亟须逐一进行清理审查和规范管理。成都自贸试验区法制保障组积极履行职责，从清理、审查和管理三个方面入手，实现了对涉自贸试验区相关规范性文件的全面、动态和信息化管理。

一是对涉自贸试验区的规范性文件进行全面清理。截至 2018 年底，成都自贸试验区法制保障组对 416 件涉及贸易流通领域的规章和规范性文件进行了逐件、逐条清理，对 23 件需要争取政策支持的法律、法规和规章进行梳理。

二是对涉自贸试验区的规范性文件进行严格审查。截至 2018 年底，法制保障组按照《成都市行政规范性文件制定和备案规定》，对成都市 400 余件涉及自贸试验区的规范性文件进行全面、逐件、逐条审查，删除或修改违法设定的内容。

三是对涉自贸试验区的规范性文件进行动态化、系统化和信息化管理。法制保障组采取信息化手段，设立数据库，并采取文件跟踪方式，适时掌握规范性文件的立、改、废情况，对未涉密的规范性文件，根据规范内容涉及的范围和区域，严格执行《中华人民共和国政府信息公开条例》等法律法规的规定，向社会公众公开。

（二）系统改革，扩大公共产品供给

法治政府建设是优化自贸试验区法治环境的重要环节。在市委、市政府的统一领导下，成都自贸试验区以法治政府建设为目标，以结果为导向，围绕自贸区战略定位，以系统化的改革推动一系列试验任务落地落实，在改革和试验过程中同步推动政府的治理能力和治理体系现代化。经过一年多的努力，成都自贸试验区法治体系逐步完善，法治环境建设硕果累累，营商环境法治化、国际化水平显著提升，在制度创新、法治政府建设和营商环境改善等多项排名中位列前茅。

1. 优化政府治理，提升监管能力

一是积极承接并用好下放的权限。成都自贸试验区先后两次承接了省政府下放和委托实施的33项省级管理权限和109项省级管理事项，这些权限和事项涉及行政许可、行政处罚、行政检查和其他行政权力。通过积极承接和实施这些权力和事项，自贸试验区在自主决策、制度创新、探索实践等方面的空间不断扩大，活力显著增强，为推动改革和试验任务顺利完成奠定了基础。

二是设立集中统一的监管机构。为增强监管能力，成都自贸试验区加大机构整合力度，探索实行职能有机统一的"大部制"改革，天府新区片区率先开展，将原23个机构整合成16个；推进相对集中的行政许可权改革，实现"一枚印章管审批"；开展"证照分离"改革试点，涉及97项审批事项，实现"三十二证合一"；设立城市管理和市场监管局，使城市管理、工商行政管理等领域的行政处罚权相对集中。

三是深入推动贸易监管改革。根据《管理办法》第二十二条关于建立适应跨境电商贸易、国际会展等的检验检疫监管机制的规定，成都自贸试验区探索检验检疫证书国际联网核查机制，创新推出国际会展检验检疫监管新模式，对会展入境参展展品实施优先受理、检疫为主、口岸快速验放、免于检验、闭环监管的便利化措施，有力支持四川会展经济发展。

四是着力提升通关便利化水平。成都自贸试验区积极探索实施24小时适时和预约通关报检服务，推行口岸关检联合查验作业标准化。探索将部分适航适铁指定口岸服务纳入公共服务范畴，完善进出口分拨物流体系，降低企业通关成本。根据《管理办法》第二十四条关于完善四川电子口岸、实现口岸服务一体化、探索推进通关全过程无纸化的规定，成都自贸试验区首创海关注册"互联网＋"平台线上营运，探索共同查验、"信任通关"模式，打造"零费用"口岸，成都关区进口、出口通关效率分别居全国42个关区的第三位和第八位。2017年，成都进出口增长49.1%，其中，成都市进出口增幅居全国副省级城市首位，泸州市进出口跃居全省第二位。

2.提高政务效能，改进营商环境

《管理办法》的制定和实施为贸易便利和金融开放提供了制度框架和法治基础，显著优化了成都自贸试验区的营商环境。

一是双向投资管理取得突破。成都自贸试验区大力推进准入前国民待遇加负面清单模式改革，外商投资企业备案与工商登记实现"一窗办理"，99%以上的外商投资企业实行备案管理，备案材料减少90%以上。这些措施极大地降低了投资的制度性成本，激发了市场投资热情。成都自贸试验区2018年新增注册企业26970户、注册资本2544亿元，其中新增外商投资企业359户、注册资本60亿元。

二是建立对外投资综合服务平台。成都自贸试验区积极加强境外资产和人员安全风险预警和应急保障体系建设，探索开展知识产权、股权、应收账款、订单、出口退税等抵质押融资业务，推动企业用好"内保外贷"等政策。大力培育发展飞机融资租赁和保税维修研发、文化和版权贸易、跨境电子商务等外贸新业态。

三是引资、引技、引智多管齐下。成都自贸试验区结合自身特点和比较优势，创新引资、引技、引智举措，成功吸引成都区域顺丰无人机总部基地、国家生物医学大数据产业园、国际飞机发动机保税维修基地、马来西亚国家馆、智能终端全产业链等重大项目入驻。出台支持自贸试验区外籍人士、商务人员出入境的"15 项便利化措施"，港澳团队旅游二次签注时间从 5 个工作日压缩到 2 分钟。

3. 增强监管能力，保障金融创新

《管理办法》第二十六条规定，按照风险可控、服务实体经济的原则，自贸试验区开展扩大金融领域对外开放、促进跨境投融资便利化、增强金融服务功能、发展新兴金融业态和探索创新金融监管机制等试点工作。成都自贸试验区据此推出了一系列金融创新举措。

一是选好金融创新突破口。围绕建设西部金融中心，重点推进人民币国际化、跨境投融资、国际支付与结算、贸易和物流供应链金融等领域的开放试验，加快构建面向国际的多层次资本市场和金融服务体系，完善金融监管协调机制，探索金融监管制度创新。依托金融总部商务区、国际基金小镇等，吸引境内外机构和资本设立创投基金、共同基金、产业基金等各类基金机构，支持区域性股权托管交易市场开展综合金融服务创新，鼓励设立民营银行、地方资产管理公司、消费金融公司、汽车金融公司、"互联网＋"金融等新兴金融机构和业态，为实体经济和优势企业通过"一带一路"开展国际产能合作、实施"创业天府"行动提供国际化金融服务。探索与境外机构合作开展多式联运提单融资、电子商务结算等金融产品创新，积极发展融资租赁，优化国际银行卡消费的受理环境。

二是创新航空、跨境物流金融。推出飞机预付款融资、对外保函开立、跨境直贷等金融业务产品，完成西部首单航空公司总部外汇资金集中运营管理业务。围绕成都青白江铁路港片区平行进口汽车改革试点，率先开立"蓉欧"班列首单平行进口汽车项下进口信用证。依托中欧班列探索多式联运"一单制"，在银行间市场发行全国首单"双创债"，以投贷联动方式为

双创企业提供政策性投资扶持。

三是开放融资租赁。探索建立融资租赁企业设立和变更的备案制度，出台支持金融机构入驻、融资租赁产业发展的实施办法。四川川航壹号飞机租赁有限公司完成货物贸易企业名录登记，推动四川航空在自贸试验区设立融资租赁公司，开展租赁业务。

四是开展跨境双向人民币资金池业务。截至 2018 年底，17 家跨国公司集团参与外汇资金集中运营管理，累计归集境内外资金 736.44 亿美元。14 家跨国企业集团完成跨境人民币资金池业务备案，全部资金池应计所有者权益 589.9 亿元。本外币资金池的参与企业家数和业务发展规模均稳居中西部地区首位。

五是促进投融资便利化。开展资本项目收入结汇支付审核便利化试点，四川成为中西部地区首个试点省份。试点实现了资本项目资金结汇支付管理从事前审核向事后核查的转变，是对资本项目可兑换的有益探索，同时大幅提升了企业资本项下资金结汇使用的便利化程度，优化了营商环境，有力支持了实体经济发展。

4. 发挥示范效应，推动协同开放

根据《总体方案》"在打造内陆开放型经济高地、深入推进西部大开发和长江经济带发展中发挥示范作用"的目标要求，以及《管理办法》第四十五条"建立自贸试验区与国家级开发区协同合作机制，探索建立与沿海沿边沿江自贸试验区协同开放机制"的规定，成都自贸试验区积极推动协调开放创新实践。

一是建立区域合作机制。推动四川自贸试验区与广东省签署自贸试验区战略合作协议，建立"信息共享、创新共推、模式共建"合作机制，在投资领域合作、贸易便利化、金融领域创新、多式联运、两地科技和人员交流等五个方面开展联动、协同试验。与全国 17 个城市首创开展政务服务异地互办合作，与乌鲁木齐、兰州、西宁开展集拼集运联动试验，与昆明等城市共建无水港。强化与沿海沿边沿江口岸信息对接互联和通关一体化，推进无纸化贸易及与沿线国家关务合作。

二是打造综合物流体系。推进双流国际机场扩能改造,发挥"临空""临铁"优势,加密国际直飞航线,构建成渝西昆贵高速铁路、公路网,打造面向"一带一路"和长江经济带的多式联运综合物流服务体系(见图3)。

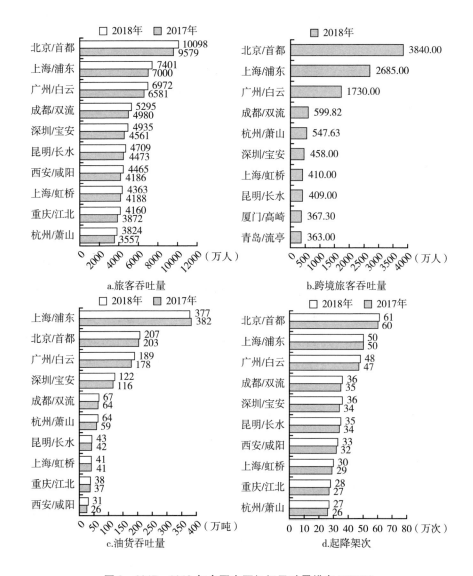

图3 2017~2018年全国主要机场吞吐量排名TOP10

资料来源:课题组整理。

三是提升洲际互通水平。成都自贸试验区充分依托"临铁"优势，构建"一带一路"大通道，推动"两港三网"口岸物流体系建设，打通与"一带一路"沿线国家和地区的空中"丝绸之路"、陆上"丝绸之路"与网上"丝绸之路"。推动蓉欧班列加快形成北、中、南"三线并进"格局。加快建成电子口岸和国际贸易"单一窗口"，开展跨境电子商务综合试验。

（三）集成创新，发挥司法保障功能

自四川自贸试验区揭牌以来，四川省高级人民法院、四川省人民检察院、成都市中级人民法院充分认识到司法在自贸试验区建设过程中肩负的重任，围绕司法保障自贸试验区建设这一核心命题，积极探索、务实进取，通过创新机制，充分发挥司法职能，助力自贸试验区法治环境建设。

1. 完善保障自贸试验区建设的支撑制度

为更好地服务自贸试验区建设，四川省三级法院把服务自贸试验区建设作为重大政治任务，先后制定了四川省高级人民法院《关于发挥审判职能作用服务保障中国（四川）自由贸易试验区建设的意见》、成都市中级人民法院《关于为中国（四川）自由贸易试验区建设提供司法保障的实施意见》、双流区人民法院《关于为建设国家级临空经济示范区提供一流司法服务和保障的意见》等多个文件，统一思想、加深认识、提高要求、细化措施、落实责任，从树立司法理念、制定计划方案、细化措施办法三个层次构建司法保障体系。

四川省人民检察院加强对成都检察机关的领导和统筹，成都市人民检察院制定了《关于服务保障中国（四川）自由贸易试验区成都片区建设的意见（试行）》，高新区、双流区和青白江区等三个基层检察院也结合各片区的发展定位，制定了相应的服务保障意见。成都市两级检察机关通过充分调研，确立了"监督、服务、研判"的工作理念，立足检察办案职能，认真分析研判与自贸试验区发展相适应的检察服务保障新机制、新措施，全力为自贸试验区建设提供良好的司法保障。

（1）树立保障自贸试验区建设的司法理念。

四川省高级人民法院《关于发挥审判职能作用服务保障中国（四川）自由贸易试验区建设的意见》指出，建设自由贸易试验区，是以习近平同志为核心的党中央统筹国际国内两个大局，统筹全面深化改革和扩大对外开放做出的重大战略举措，是党中央治国理念新思想、新战略的重要实践成果，因此各级法院要把思想和行动统一到中央、省委的重大决策部署上来，深刻理解并准确把握推进四川自贸试验区建设对于四川改革开放的重大历史意义，认真研判并全面把握自贸试验区建设对人民法院工作提出的新要求和新任务，找准司法服务保障自贸试验区建设的结合点和着力点，为四川自贸试验区的建设提供高效、优质的司法保障服务。在深刻认识自贸试验区建设的战略意义和为四川自贸试验区提供司法保障的重要作用的基础上，该《意见》从充分发挥审判职能作用、创新审判机制、提升司法能力等方面对司法保障自由贸易试验区建设提出了15条具体要求。

（2）制定保障自贸试验区建设的计划方案。

在四川省高级人民法院的指导下，成都中院立足于充分发挥司法审判功能、服务四川自贸试验区建设的目标、任务和要求，相继出台了《关于为中国（四川）自由贸易试验区建设提供司法保障的实施意见》《成都市中级人民法院涉中国（四川）自由贸易试验区案件审判执行工作指南（试行）》《涉中国（四川）自贸试验区民商事案件和行政案件管辖规定（试行）》等文件。一是规定保障四川自贸试验区建设的工作重点、具体内容、工作模式、审判机制、长效机制等具体举措。二是规定涉自贸试验区案件的管辖、立案与送达、类案审判指南、执行、审判机制、审判延伸等六方面工作原则。三是统一公司、合同、货物运输、金融、保险、知识产权、劳动争议、房地产、行政、刑事等十大类案件的审判原则和法律标准。

在四川省人民检察院的领导下，成都市人民检察院主动对接成都市自贸办等部门，认真分析研判检察机关如何立足自身职能，服务保障自贸试验区建设。经深入走访政府管理部门、区内企业以及对上海、天津等自贸试验区的考察学习，在全国检察机关创新提出"监督、服务、研判"工作理念，制定了《关于服务保障中国（四川）自由贸易试验区成都片区建设的意见（试行）》。该《意见》从依法惩治经济犯罪、强化知识产权保护以及创新民事行政检察监督等十个方面明确了检察机关履职尽责的路径目标，着力构建全市检察机关服务保障自贸试验区建设领导统筹、执法办案定期通报反馈和自由贸易试验区法律风险分级管理等8项自贸检察工作机制。

（3）细化保障自贸试验区建设的办法措施。

四川自贸试验区共有双流区和天府新区成都直管区两个点位落地于双流区人民法院辖区范围内，面积合计60.46平方公里，占四川自贸试验区面积的1/2。双流区人民法院充分认识到司法审判服务在保障自贸试验区建设中所肩负的责任和使命，针对所处片区的功能划分，制定了《关于为建设国家级临空经济示范区提供一流司法服务和保障的意见》，规定了落实四川省高级人民法院和成都市中级人民法院要求，发挥司法能动性，保障自贸试验区和国家级临空经济示范区建设的具体举措。该《意见》提出对规范和引导商事行为、维护和监督行政行为、打击和制裁违法行为的具体要求；规定引进专业人才、强化法官服务团队建设的具体做法；谋划提升专业化审判水平、探索建立自贸试验区审判机构的具体措施；设计出保障自贸试验区建设，提升群众满意度的立体化、全天候、普惠式司法服务网络的具体方案。

2. 提升保障自贸试验区建设的审判能力

成都自贸试验区涵盖了四川自贸试验区内经济较发达、人口较密集的区域，涉自贸试验区案件具有涉诉主体多样、涉外法律关系复杂、纠纷类型分布广泛、新型案件出现较多的总体特征。为回应由此给司法审判提出的要求和挑战，在最高人民法院的大力支持下，成都自贸试验区采取申请设立审判机构、成立巡回法庭和组建专业团队等方式，聚集优势审判资源，提升审判的专业化水平和团队协作能力。

（1）申请筹建新型法院。

四川自贸试验区成立后，根据对自贸试验区纠纷案件的预判，积极申请筹建适应成都自贸试验区审判形势要求的新型专门法院。2018年7月12日，在各级党委、政府和部门的领导和支持下，经最高人民法院、四川省委编委批准，四川天府新区成都片区人民法院、四川自由贸易试验区人民法院[以下合称"天府新区法院（四川自贸试验区法院）"]正式成立，实行"两块牌子、一套人马"，是全国首家省级自贸试验区法院。

设立天府新区法院（四川自贸试验区法院）是最高人民法院贯彻落实党中央决策部署，构建国际化、便利化、法治化营商环境的重要举措和创新，为成都自贸试验区国际化、市场化、法治化营商环境的营造提供有力的司法保障。

天府新区法院（四川自贸试验区法院）内设8个部门，下设华阳、太平、籍田、正兴4个派出法庭，核定专项编制90名，审判人员主要是从四川省三级法院中挑选法学功底深厚、熟悉涉外审判或有审判经验的专家型、复合型员额法官担任。

根据上级法院批复，天府新区法院（四川自贸试验区法院）管辖天府新区成都直管区范围内的各类案件，四川自贸试验区（除川南临港片区外）内的民商事案件，省级部门与国务院组成部门或省政府因复议行为作为共同被告的行政案件（原告选择在国务院组成部门所在地法院起诉的除外）。

（2）创设新型检察机构。

2018年11月，最高人民检察院批复同意设立四川天府新区成都片区人民检察院（四川自由贸易试验区人民检察院），通过建立健全涉自贸试验区案件商事纠纷多元化解决机制，努力形成共建共治共享的大格局。

为充分发挥检察工作服务大局的职能，形成完整配套的司法体系，营造公开、公正、透明的司法环境，成都市青白江区检察院针对青白江铁路港片区承担的功能、任务和发展的重点产业，在青白江区委、区政府支持下，创设了全省首个派驻自贸检察室。

该检察室采用"立足前沿、依托后台"的工作模式，专门负责与成都自贸试验区建设相关的检察工作；坚持监督、服务、研判"三位一体"的工作思路，系统分析自贸试验区内犯罪的特点和规律，及时提出检察建议；开展"法律进企业"活动，跟踪督促企业堵塞漏洞，有的放矢地开展预防宣传教育工作，提升了检察工作对自贸试验区建设的支撑力和影响力。

（3）挂牌组建审判团队。

为回应成都自贸试验区建设对审判工作的挑战和要求，双流区人民法院积极履行司法审判在保障自贸试验区建设中所应肩负的责任，根据落地片区的功能划分和案件特点，挂牌成立了成都市双流区人民法院自贸区审判团队，该团队采用"1＋2＋1"作业模式，由2名员额法官、5名法官助理和2名书记员组成，团队成员平均年龄28岁，具有较高的专业素养、丰富的审判经验、广阔的国际视野、较强的进取意识。

审判团队主要承担发挥司法审判的规范作用、探索特色司法经验、为辖区内自贸试验区建设提供司法保障和决策参考以及办理上级法院或本院交办的涉辖区内自贸试验区的其他事项等四个方面的职能。

该审判团队采用专项审判、集中审理等方式，受理当事人一方或双方的住所地或经常居住地在自贸试验区双流区及天府新区点位内，诉讼标的物在自贸试验区内，或产生、变更、消灭民事关系的法律事实发生在自贸试验区内的以下合同纠纷案类：与公司、证券、保险、票据等有关的纠纷（与公司破产、清算有关的纠纷除外）；涉及贸易、投资、仓储、物流、运输、金融、结算类的合同纠纷；建设工程合同纠纷、房地产开发经营合同纠纷、建设用地使用权合同纠纷。

3. 创新契合自贸试验区建设的工作机制

现代司法强调人力资源、信息资源和专业设备的高度融合，涉及若干部门、多个环节，形成信息交换流畅、程序运转和谐、组织保障给力的工作机制，这些是提高司法能效、保障自贸试验区建设的基础。成都市人民法院和检察院在充分总结既有经验、学习借鉴外地做法的基础上，经过一年多的探索，形成了若干契合自贸试验区实际、行之有效的司法工作机制。

（1）探索"1∶2∶1"新型审判团队模式。

双流区法院通过对案件审理中人力资源的配比进行反复试验和摸索，创造性地总结出了员额法官、法官助理和书记员三者之间1∶2∶1的黄金比例，即围绕主审法官，形成由1名员额法官、2名法官助理和1名书记员构成的团队模式。该模式在明确团队成员角色差别和职责分工的基础上，坚持员额法官主导、团队成员配合，能够显著提高团队的案件审理能力。该模式在自贸试验区审判团队中得到充分应用。实践证明，该模式能够收到分工具体、职责明确、衔接高效、协同流畅的效果，显著提高团队的司法审判效能。

（2）构建"1＋2＋1"审判执行工作格局。

在专门组建独立的自贸试验区审判团队审理自贸试验区内民商事案件的基础上，双流区人民法院针对涉自贸试验区执行案件的特点，构建了"审判团队＋刑事、行政合议庭＋执行小组"的"1＋2＋1"审判执行工作大格局。自贸试验区刑事案件、行政案件和执行案件分别由刑庭、行政庭、执行局选派思想意识坚定、审判经验丰富、业务能力较强的干警组成专业合议庭和执行小组审理执行，实现审判和执行的交互配合，显著提高了执行工作的效率，收到很好的效果。

（3）构筑"五个一"便利化诉讼服务平台。

自贸试验区建设的重要目标是营造更加便利化的市场环境，公正、透明、高效、便捷地解决纠纷，这是提高市场效率、优化交易环境的重要保障，也是营造便利化、法治化营商环境的重要环节。高新区人民法院为保障成都自贸试验区建设，探索出以"五个一"为支撑的诉讼服务机制，极大地提高了司法便利化水平和普惠性。设立的一站式中英文双语诉讼服务窗口，集立案审查及材料转收、查询咨询及释法答疑、司法公开、诉讼衔接、执法互动五大功能于一体。通过与成都市人民法院12368诉讼服务热线对接，为涉自贸试验区案件提供专项便捷服务。通过制作专门的中英文双语的《涉自贸民商事案件诉讼指南》《自贸区商事争端解决指南》等诉讼服务系列手册，有效地提高了诉讼透明度。通过搭建高新自贸区法庭双语网站平台和开通涉自贸试验区案件微信公众服务号，及时回应诉讼咨询和监督。通过开辟涉自贸试验区案件快速审理绿色通道，形成"立、审、执一站式联动"服务平台。

（4）推动跨自贸试验区检察协作机制。

成都市两级检察院针对自贸试验区建设对检察工作提出的要求，采取一系列措施，积极融入12个自贸试验区的检察协作机制，推动形成优势互补、资源共享、协同发展的自贸检察工作新格局。在积极借鉴各自贸试验区有效经验的同时，努力宣传介绍成都自贸试验区法治建设的成绩，有效促进了自贸试验区之间的协同开放和共同发展。一是加强与上海、天津和广东等前两批自贸试验区落地区域的检察机关的沟通衔接合作，积极借鉴、推广前两批自贸试验区的先进经验。二是主动邀请上海市浦东新区人民检察院代表参加成都市检察机关服务保障自贸试验区建设工作推进会，深入交流沪蓉两地检察服务保障工作的经验，共同探讨自贸检察理论和实践中的热点、难点问题。三是会签《关于建立自贸试验区检察工作对接合作机制的备忘录》，就工作信息交流、执法配合衔接和自贸检察典型案例联合发布等五项内容建立相应工作机制。四是与天津滨海新区人民检察院、深圳前海蛇口自贸试验区人民检察院等建立互动机制，深化其与泸州检察机关的协调联动。五是主办全国"1+3+7+1"自贸检察机关服务保障自贸试验区建设工作交流研讨会，推动构建跨自贸试验区的检察协作机制。

（四）以点带面，提升社会法治水平

社会法治是成都自贸试验区法治环境建设的重要环节，也是其他法治建设工作的重要支撑。成都自贸试验区在四川省委、省政府的领导下，积极加强社会信用建设，努力提升法律服务水平，不断完善契合自贸试验区的商事纠纷多元化化解机制，推动自贸试验区法治环境持续优化。

1. 加强社会信用体系建设

为持续提升社会信用水平，成都自贸试验区制定了社会信用体系发展规划，通过完善相关工作机制，实施一系列"组合拳"措施，将社会信用体系建设引入全面发力、全面渗透、全面提升、组合推动的新阶段。

（1）完善信用建设支持政策。

《总体方案》将信用体系建设列为构建事中、事后监管体系的重要内容和支撑，《实施方案》进一步将该任务细化为完善社会信用体系、建立企业网上信用承诺制度、规范开放征信服务、健全守信激励和失信惩戒机制、加强对第三方开展企业信用评价工作的引导和监督检查等五个方面。

为推动该任务落地实施，成都市政府在《成都自贸试验区建设三年试验任务行动计划（2017—2019 年)》中明确，由市工商局牵头推动实施该试验任务，并进一步将任务细化为 18 个试验项目。根据项目分解表，各试验项目承担单位紧急行动，在认真研究试验目标和任务的基础上，出台一系列方案，将实验任务转化成可操作、可试验和可检验的举措及实施程序，完善了自贸试验区信用体系建设的政策支持体系。

（2）实施网上信用承诺制度。

实施信用承诺制度是构建以信用为核心的新型市场监管机制的重要内容，有利于发挥信用体系的约束作用，降低制度性交易成本，培育企业的自治意识、自我约束能力和诚信经营习惯，营造诚实守信的经营环境。

成都市工商行政管理局出台了《关于在中国（四川）自由贸易试验区成都片区开展企业信用承诺相关工作的指导意见》，要求在成都自贸试验区范围内登记的企业、个体工商户和农民专业合作社等各类市场主体，在市场准入、信用修复、经营自律各环节全面推行企业信用承诺制度，相关单位将为履行承诺的市场主体提供更多便利，使守信市场主体获取更多机会和实惠，而将失信企业列入重点监管对象，通过行政执法、信息公开、信用约束等多种方式加大失信惩戒力度，维护公平竞争的市场秩序。

（3）首创"信用预审"监管模式。

成都市自贸试验区在加强信用体系建设中，前移信用监管窗口，在全国首创并推行"信用预审"模式，将原来设定在事中、事后监管中的措施同步到许可审批环节。在企业集群注册时实施信用审核，对信用良好的企业绿灯放行，对信用不良的企业红灯预警，并把相关信用数据提交给监管部门进行重点监管，有效解决了企业不在注册地办公、企业不按照注册的经营范围开展业务等监管难题。

此外，成都自贸试验区还通过获取成都市企业信用信息管理中心的企业信用数据批量查询权限，对目前区内 6000 多户企业的信用信息进行批量查询和动态监管，定期"体检"，主动加强与信用异常企业的沟通，提示潜在风险。

2. 提升涉外法律服务能力

涉外法律服务能力建设是对外开放合作的重要保障，是成都自贸试验区优化国际化、法治化营商环境的基础支撑。成都自贸试验区实施了七项与法律服务能力建设相关的改革试验任务，采取一系列措施，聚合法律服务资源、优化法律服务产品、提升法律服务水平，有力助推了自贸试验区法治环境建设。

（1）聚合法律服务资源。

为搭建与"一带一路"沿线国家和地区律师事务所多方协作的常态化机制，2017年7月，19个国家的34家律师事务所在成都共同签署了《合作章程》，成立"一带一路"法律服务协作体。该协作体聚合"一带一路"沿线有关国家和地区的优质法律服务资源，深化涉外法律服务领域的交流与合作，促进各国法律服务协同发展。

（2）优化法律服务产品。

成都自贸试验区法治环境建设迫切需要推出具有国际水准和品质的优秀法律服务产品，为此，成都自贸试验区成立双流"一带一路"法律联盟服务中心，引入德恒、大成、隆安等十余家律师事务所入驻，促进法律服务产品供给与国内或国际战略投资者、风险投资公司及私募基金需求的对接。深入研究法律服务的市场趋势和法律服务的需求特征，将主动开发与按需定制相结合，研发并推出一批专业化、国际化的法律服务产品。

（3）提升法律服务能力。

为提升法律服务的发展动力，增强行业发展的可持续性，成都自贸试验区采取多种措施加强法律服务行业能力建设。设立成都市律师协会自贸区法律业务专业委员会，整合服务资源、提升服务能力；组织遴选首批成都律师涉外法律服务领军人才和后备人才，积累法律服务资源、储备法律服务人才；大力引进高端法律服务机构和高水平法律人才；加强律师、公证等法律服务行业的诚信建设，提高行业自治水平和机构自律能力。

3. 创新商事纠纷化解机制

完善纠纷调解、援助、仲裁工作机制是《总体方案》的要求之一。成都自贸试验区通过对接引进仲裁、调解机构，拓展纠纷化解渠道，优化争端解决机制等多种方式，初步构建了契合自贸试验区特点的多元化商事纠纷化解机制。

（1）对接引进仲裁、调解机构。

为了提升成都自贸试验区商事纠纷解决机制的国际化水平，成都自贸试验区积极对接国际仲裁资源，先后与新加坡国际仲裁中心、斯德哥尔摩商会仲裁院、瑞士商会仲裁院和上海国际经济贸易仲裁委员会建立友好关系。在此基础上，成都自贸试验区积极引进涉外仲裁、调解机构，截至 2018 年底，中国国际经济贸易仲裁委员会四川分会、中国国际贸易促进会（四川）自贸试验区服务中心、中国国际贸易促进会（四川）自由贸易试验区调解中心以及成都仲裁委员会国际商事仲裁（双流）咨询联络处已在成都自贸试验区落户挂牌，成都自贸试验区涉外仲裁、调解所需的机构已基本到位，为有效保障自贸试验区内企业的合法权益，妥善处理商事争端奠定了基础。

（2）优化争端解决机制。

在引进涉外纠纷仲裁、调解资源的同时，成都自贸试验区还秉持"大胆想、大胆试、大胆闯"的创新理念，在成都双流自贸试验区和双流区人民法院同时挂牌成立"一带一路"国际商事调解中心成都调解室。通过整合调解资源和司法资源，实现调解与诉讼、调解与仲裁、调解与公证、线上与线下、国内与国外、民间与官方的多维、立体、无缝对接，形成了既适应自贸试验区国际化、法治化要求，又符合成都自贸试验区自身发展要求的"六对接"多元化商事争端化解机制，有效弥补了涉外诉讼的高成本、僵化性和对抗性缺陷。

（3）拓展纠纷化解渠道。

非诉讼纠纷解决作为诉讼以外的纠纷解决方式，具有情景化特点，需要根据所处的时空场景和纠纷的特点，提供多样化的化解渠道和差异化的调解方式。成都自贸试验区为满足区内商事争议化解需求，实践出若干特色鲜明、针对性强的纠纷化解渠道。

针对"蓉欧"班列、"东盟"班列的开行以及与沿线国家间经贸往来的特殊性，四川自贸试验区青白江片区管理局联合青白江区法学会、四川大学自贸区暨"一带一路"研究中心共同发起成立"蓉欧+"法律服务联盟，为"蓉欧"班列、"东盟"班列开通中发生的商事纠纷提供专业的调解服务。

针对涉自贸试验区商事纠纷的主体多元化特征，双流区人民法院发挥司法在商事纠纷化解中的作用，引入调解组织、仲裁机构、行业协会、公证机构多方参与纠纷化解，组建了以16名涉外商事和涉知识产权类案件专家特邀调解员为主的数据库，借助信息化工具，实现了涉自贸因素纠纷化解的专业化、信息化，打造"诉非协同大超市2.0版"。

针对银行业矛盾纠纷的特点，四川银监局指导设立四川银行业纠纷调解中心，负责高效便捷地化解银行业消费纠纷，依法维护银行业消费者和银行业机构的合法权益，加强金融知识普及教育，促进四川银行业的健康发展。

三 成都自贸试验区法治环境建设面临的挑战

经过一年多的努力，成都自贸试验区建设成绩斐然。但我们仍要清醒地认识到，成都自贸试验区法治环境建设是一项长期的系统工程，百尺竿头，仍需更进一步。在国内形势大发展、国际形势大调整的环境下，自贸试验区作为改革开放的"桥头堡"，必须保持前瞻视野和战略定力，迎接新挑战，寻找新机遇。

（一）改革需求与改革空间之间的"结构性紧张"

作为改革开放的"排头兵"，四川自贸试验区按照党中央、国务院深化改革开放、推进经济转型升级的部署，积极发挥引领和示范作用，在深化"放管服"改革、提高贸易投资便利化水平、促进创新发展等方面坚持"大胆闯、大胆试、自主改"，很多改革已进入"深水区"，关联性、复杂性、艰巨性明显增强，改革需求和改革空间之间的"结构性紧张"已有所显现。特别是在金融创新开放、检验检疫、新型业态发展等领域，如何正确理解中央的政策，全面把握和正确处理改革试验与风险控制之间的矛盾，实现有力与有序之间的对立统一，精准把握改革、发展和稳定之间的结合点，对自贸试验区决策者、建设者的智慧和能力构成极大挑战。

（二）重大制度创新有待持续增强

《管理办法》属于地方政府规章，受立法体例所限，侧重于从行政管理视角对四川自贸试验区建设进行规范，重点在于构建管理体制，理顺政府与市场的关系。制度设计主要是通过"政策转换"，并依赖对原有双向投资、贸易监管、金融开放等实施"初次改革"实现的。然而，随着自贸试验区建设所需的体制改革进入深水区，显性制度创新的实施空间不大，深层次的体制机制障碍还未突破，制度变革面临的挑战日益增多，既有的促进政策和法规产出"增量"改革越发困难，必须利用新的促进政策和更高位阶的立法来保障改革红利的持续释放。

我们注意到，《中国（四川）自由贸易试验区条例（征求意见稿）》［以下简称《条例（征求意见稿）》］在《管理办法》的基础上，设计了"协同发展"专章，对片区协同改革、沿海联动合作、沿边协同合作、沿江互联互通等做出了前瞻性规定；设计了"法治环境"专章，对法律调适、加强知识产权保护、促进法律服务升级发展等方面进行了规定。但《条例（征求意见稿）》在三个方面有待提升。

一是从立法技术上看，该《条例（征求意见稿）》的条文大部分采用倡导性规范或宣誓性规范，虽然充分发挥了立法的引导功能，但规范的功能发挥有限。

二是从规范内容上看，该《条例（征求意见稿）》的制度设计侧重于在投资开放、贸易便利、金融创新、市场监管等环节重申《总体方案》和《实施方案》的要求和内容，侧重于政府自身的能力建设，对自由贸易所需的多元治理着力不足，对企业创新能力的培育等方面涉及不多，对企业成长、发展和壮大所需的环境关注不够。

三是从制度创新角度看，基于地方立法所受局限，对于既有政策已规定的内容，该《条例（征求意见稿）》基本上仅采取"政策入法"的策略，将政策规定上升为法律规范；对既有政策尚未规定的内容，该《条例（征求意见稿）》并未做出更多的突破。

（三）政务创新边际收益递减

自建设之初，为顺利推进各项改革举措和试验项目，成都自贸试验区应用"改革既要有力，还要有序"的方法论，在认真分析客观环境和现实条件的基础上，积极学习其他自贸试验区的成功经验，以"放管服"改革为抓手，侧重于简政放权和政务创新，按计划和部署推动改革项目和试验任务的顺利展开，并在营商环境便利化方面取得一系列制度创新成果，实现了高位开局的目标，成都自贸试验区的制度创新能力显著增强，营商环境便利化水平显著提升。

然而，"放管服"改革主要是围绕政府治理体系和治理能力建设展开，通过打出制定权力清单、实施负面清单、精简行政许可、下放行政权力、再造行政程序和运用技术手段等一系列组合拳，极大地减少和降低了自贸试验区的投资准入门槛，极大地提高了自贸试验区营商环境的便利化程度。目前，这些"组合拳"产生的创新红利已经得到充分释放，在这些领域继续改进的余地已经非常有限，持续加大改革力度能够产生的边际创新收益必将有所递减。如何寻找下一个能够容纳体制化改革和集成化创新的空间，成为成都自贸试验区持续保持制度创新优势的关键所在。

（四）纠纷解决机制国际化有待加强

《管理办法》和《条例（征求意见稿）》规定，目前的商事纠纷解决机制围绕司法审判和机构仲裁展开，但这些解决方式程序复杂，成本较高，并不能完全满足自贸试验区内企业对纠纷解决高效化、便利化的需求。

而以司法调解和诉非衔接为中心构建的多元化商事纠纷解决机制，存在规范性不足、可预测性较弱等缺陷，难以在合同设立之初进行选择和约定，因此想获得境外投资者的认可仍需付出较大努力。

四 对其他贸易试验区法治环境建设经验的考察

虽然发展定位和改革方向各有侧重，但各自贸试验区均高度重视并切实加强地方立法在全面推进自贸试验区建设和发展中的保障作用，形成了若干值得借鉴的经验。

（一）制度供给体系化

充分注重顶层设计，发挥立法的引领、推动、规范和保障作用，是自贸试验区建设的普遍性做法。截至 2018 年 5 月底，11 个自贸试验区先后制定了 14 部自贸试验区管理办法、5 部自贸试验区条例。例如，广东自贸试验区在制度创新方面采取"条例 + 办法 + 指引"的梯次格局，构建了系统化、体系化的规则体系，形成了以《中国（广东）自由贸易试验区条例》和《深圳经济特区前海深港现代服务业合作区条例》为第一层级，广东省政府和深圳市政府的各种政府规章为第二层级，自贸试验区制定并发布的行业指引为第三层级的层次分明、体系完善的自贸试验区制度架构。

（二）改革重点特色化

各自贸试验区按照中央的部署和要求，法治建设结合战略定位和地区优势，做法和经验特色鲜明。例如上海自贸试验区的法治建设始终围绕贸易便利化、投资便利化、金融改革创新、事中事后监管等主题展开，立足于"建设成为具有国际水准的投资贸易便利、货币兑换自由、监管高效便捷、法制环境规范的自由贸易试验区"的战略定位，形成了"负面清单管理模式""准入前国民待遇 + 负面清单管理模式"等典型做法。广东、天津、福建三个自贸试验区则根据"地缘"优势与战略定位，在法治建设方面分别实施京津冀协同发展战略、粤港澳服务贸易自由化、涉台投资贸易和两岸金融合作等内容。

（三）纠纷解决专业化

依法化解自贸试验区建设中的矛盾和纠纷，及时回应社会需求，正确处理维权和维稳的关系，是自贸试验区建设的另一重要经验。各自贸试验区普遍借鉴国际通行规则，加强纠纷解决机制的专业化建设。其中，广州自贸试验区、四川自贸试验区组建了专门法院，广州自贸试验区成立了专门的检察院，其他自贸试验区（片区）大多成立了自贸试验区法庭或检察室，为自贸试验区建设和发展提供专业化的司法保障。此外，上海市针对自贸试验区刑事犯罪的特点和规律，专门出台了涉自贸试验区刑事案件法律适用指导意见，统一刑事案件的法律适用标准，对金融犯罪等突出的经济犯罪提出办案指导，有力地维护了自贸试验区公平竞争、诚实守信、和谐共赢的良好氛围。

五 成都自贸试验区法治环境建设的对策建议

2017 年 4 月 1 日以来，成都自贸试验区始终将法治环境建设作为自贸试验区改革和试验工作的重要组成部分，积极探索、锐意进取，不断创新制度机制，着力提升监管能力，切实加强司法保障功能，持续优化社会法治水平，积累了一大批可复制可推广的经验和案例，圆满完成了《成都自贸试验区建设三年试验任务行动计划（2017—2019 年）》规定的改革项目和试验任务。

当前，成都自贸试验区正主动对标国际营商环境最高标准，深入剖析国际营商环境构成要素的内涵，积极借鉴全球自贸区和自贸港建设的成功案例，系统谋划和深入推进一系列改革和创新，从以下方面着力，推动营商环境和法治化水平再上新台阶。

（一）优化改革创新路径

当前，各自贸试验区均在巩固既得成果，积极拓展新的改革空间，探索新的改革思路，实现更大的创新突破。成都自贸试验区欲继续保持创新优势，亟须从多个维度优化创新路径。

一是整合改革资源，提升政策合力。成都自贸试验区法治建设是长期的系统工程，涉及多方主体、多个维度、多个场景，需要进一步统筹安排各项举措的制定部署和贯彻落实，提升改革措施的整体性和系统性，避免政策碎片化、经验个案化。应集中优势改革资源，增强政策诉求表达能力，提高改革容忍度，对密切关联的改革和试验任务进行整体攻关，实现全面突破，产生具有系统性的创新经验。

二是健全沟通机制，聚焦改革难点。经过一年多的努力，成都自贸试验区营商环境国际化、便利化和法治化程度显著提高。未来的改革应围绕高水平、高标准的自由贸易园区所需的条件和要素，找准最难克服、最难疏通、最难突破的痛点、难点和堵点，加强部门协调、地区协同，攻坚克难，通过营造公平、透明的法治环境，加快建设投资贸易便利、创新要素集聚、监管高效便捷、协同开放效果显著的高标准园区。

三是注重经验集成，加强多元参与。自揭牌以来，成都自贸试验区法治环境建设工作思路广、闯劲足、举措多，形成了丰富的实践案例和大量经验素材。未来的工作应进一步加强对试验创新的跟踪研究，提高创新经验的集成能力。与此同时，应当充分提高企业主体在创新中的参与度，群策群力，加快形成更多具有系统性、可复制可推广的创新经验。

（二）加强重大制度供给

自贸试验区的核心任务是制度创新，因此立法对自贸试验区法治环境营造乃至自贸试验区建设均具有重要的作用。应当以地方立法为龙头和抓手加强制度供给，把行之有效的政策和做法法定化，探索和累积自贸试验区地方立法的"四川经验"。

一是贯彻自贸试验区《中国（四川）自由贸易试验区条例》（以下简称《条例》）的规定。应当加强对《条例》的研究，深入理解和贯彻《条例》在管理体制、投资促进、贸易便利、检验检疫、知识产权保护、金融服务、社会支持、法治建设等方面的规定，夯实四川自贸试验区的法治基础。

二是完善自贸试验区的法规体系。应当以《条例》为龙头，改造既有的自由贸易试验区建设的制度体系，在整体上树立自贸试验区建设的"二次改革"理念，将目前的"试验性改革""碎片化创新"提升到"长期性开放"和"系统化治理"水平，发挥制度规范的引导和保障作用，形成自贸试验区建设的制度高地。

三是拓展自贸试验区法规的维度。从要素、机制、内容、保障等方面全面梳理自贸试验区建设所要求的制度环境，注重从企业、企业家、消费者、市场和社会公众获取信息和答案，强化调研、分析、评价、论证，找准关键困难，为自贸试验区建设提供具有针对性、适应性、效率性、完备性的高规格制度供给，着力解决制约自由贸易发展的体制性障碍、结构性矛盾和程序性问题。

（三）提升监管服务能力

提升监管服务能力是自贸试验区法治环境建设的重要方面，是促进贸易便利、商业发展和企业壮大的关键环节。因此，强化治理能力建设是自贸试验区地方立法的重要内容，地方立法需要破除既有的不科学、不合理的制度约束，以立法促改革，应做到几点。

一是提升监管服务能力。经济发展类似于自然现象，是一个有其自身演变和发展规律的生态系统。政府的作用主要是通过自身监管能力的提升和服务水平的改善，间接改善各生产要素配置的效率，最终促进经济发展。因此，政府在优化营商环境中的主要职能应当是完善基础设施建设、规范市场竞争秩序、提高政策的执行效率和契约的兑现能力，减少审批事项、审批时间、审批环节，把政府不该管的事让渡给企业、市场、社会组织和中介机构，最大限度地发挥市场在资源配置中的基础性作用。

二是培育市场社会组织。应本着"有所为、有所不为"和"精简、放权、效能、服务"的原则，进一步加快政府职能转变和简政放权步伐，把政府"不该做、做不好、做不了"的事项通过购买服务等方式放手给社会，减少对经济运行的直接干预，彻底切断市场社会组织与行政部门间的依附关系。政府要在加强管理体制建设的基础上，进一步放宽市场社会组织的设立和准入条件，让更多的社会力量参与竞争，实现市场社会组织的优胜劣汰，提升其整体素质和服务能力。

三是落实法律政策规定。自四川自贸试验区获批设立以来，四川省立即制定了管理规章和实施方案，相关部门相继出台了一系列规模空前的政策措施。但这些规章和政策措施的落实，与预期目标仍有较大差距，其部分原因在于规章、政策的制定和落实之间存在信息不对称的问题。相关部门应该建设信息发布平台，采取多种方法让参与方能够及时了解政策、利用政策。同时，更应强化政策落实，改善金融、科技、信息服务，引导企业加强技术革新，改善经营水平，鼓励合作创新，增强企业的生存能力和发展能力。

（四）完善争端解决机制

自贸试验区在探索初期固然应当鼓励百花齐放式的争端解决创新和试验机制，但商事争端解决机制终究必须满足具有专业化、便利化、国际化、规范化和可预期等特点的条件，使市场主体在合同订立初期即可选择规范化强、权威性高、可置信可预期的纠纷解决渠道。因此，我们建议：

一是整合既有创新成果。目前，四川自贸试验区在多元化商事争端解决机制上取得了若干创新成果，百花齐放，百家争鸣，但这些成果具有明显的碎片化特征，并未整合为一套权威、规范、统一的制度以供当事人选择，程序启动过于灵活，国际化程度有待加强。因此，建议由成都自贸试验区法制保障组在广泛调研和充分吸收各创新成果的基础上，整合出一到数种具有特色的争端解决机制，规范纠纷解决程序，形成正式的规则文本并向全社会公布，以供市场主体预知和选择。

二是建立临时仲裁制度。最高人民法院在《关于为自由贸易试验区建设提供司法保障的意见》中已经确认，"在自贸试验区内注册的企业相互之间约定在内地特定地点、按照特定仲裁规则、由特定人员对有关争议进行仲裁的，可以认定该仲裁协议有效"，但成都自贸试验区未能进一步制定或争取细化政策。我们注意到，横琴自贸试验片区早在 2017 年 3 月 23 日即正式发布《横琴自由贸易试验区临时仲裁规则》，规定在自由贸易试验区内注册的企业根据相互之间的约定，可在内地特定地点，按照临时仲裁规则，由特定人员组成仲裁庭，并以仲裁庭名义对仲裁协议项下的争议进行仲裁。与诉讼、机构仲裁和调解相比，横琴片区的做法既贯彻了最高人民法院前述《意见》的基本要求，又能与国际通行的仲裁制度接轨，更为灵活、更为经济、更高效率，值得成都自贸试验区借鉴。

三是重视广泛的宣传报道。应充分发挥报纸、电视等传统媒体和互联网、"两微"等新兴媒体的传播能力，并通过定期举办高标准论坛、新闻发布会等方式，积极宣传、报道自贸试验区在争端解决机制创新中取得的成绩和经验，提升多元化争端解决机制的权威性和话语权，消除信息阻隔产生的信任隔离，提高多元化争端解决机制的适用频率。

分 报 告

成都自贸试验区制度建设报告

姜 芳*

摘 要： 自中国（四川）自由贸易试验区揭牌以来，根据《中国（四川）自由贸易试验区总体方案》的战略定位，成都片区"以制度创新为核心，以可复制可推广为基本要求"，围绕制度创新展开各项改革和试验。通过一年半的努力，在四川省委、省政府的积极领导下，以《中国（四川）自由贸易试验区管理办法》为核心，初步构建了契合成都自贸试验区战略定位和发展特色的规范体系和政策支持体系，确保各项改革于法有据。成都自贸试验区的制度环境建设取得了长足进展，制度创新能力得到显著提升。

关键词： 成都自贸试验区　法治环境建设　制度建设

---

* 姜芳，四川省社会科学院法学研究所助理研究员，法学博士。

前　言

四川自贸试验区建设深入贯彻习近平总书记系列重要讲话精神和治国理政的新理念新思想新战略，注重立法先行，做好顶层设计，充分发挥立法在改革创新中的保障和推动作用，以《中国（四川）自由贸易试验区管理办法》（以下简称《管理办法》）为龙头，制定了《中国（四川）自由贸易试验区总体方案》和《中国（四川）自由贸易试验区"证照分离"改革试点方案》等规范性文件，逐步构建了结构清晰、规范完善的规范体系，高标准、高起点地用完备、严格的制度规范推动试验区实施，实现了"重大改革于法有据"。

一　成都自贸试验区制度建设概况

自 2017 年 4 月 1 日四川自贸试验区挂牌成立以来，四川省按照国务院批准的《中国（四川）自由贸易试验区总体方案》（国发〔2017〕20 号，以下简称《总体方案》）的要求，制定落实了《总体方案》的配套措施，有序推进各项建设。本着立法先行、法治先行的原则，进行了一系列科学立法活动，为自贸试验区的建设和发展进行了顶层设计，提供了强有力的法治引领和支撑保障。

（一）完善制度规范体系

根据《总体方案》的战略定位，四川自贸试验区"以制度创新为核心，以可复制可推广为基本要求，立足内陆、承东启西，服务全国、面向世界，努力建设成为西部门户城市开发开放引领区、内陆开放战略支撑带先导区、国际开放通道枢纽区、内陆开放型经济新高地、内陆与沿海沿边沿江协同开放示范区。因此，制度创新是四川自贸试验区建设的核心，各项改革和试验围绕制度创新展开。

1. 制定《中国（四川）自由贸易试验区管理办法》

党的十八届四中全会提出，要实现立法和改革决策相衔接，做到"重大改革于法有据"，因此，四川自贸试验区建设的首要任务是将《总体方案》确定的目标和各项政策转换成法律规定，实现重大改革于法有据。四川省人民政府 2017 年 7 月 25 日第 152 次常务会议审议通过了《中国（四川）自由贸易试验区管理办法》，并于 2017 年 8 月 6 日公布施行。该《管理办法》共七章六十六条，具有以下重要特色。

一是立足四川自贸试验区的战略定位。《管理办法》的制定，以习近平新时代中国特色社会主义思想为指导，深入贯彻党的十九大精神，认真落实党中央、国务院关于建设自贸试验区的决策部署和四川省第十一次党代会的精神，紧紧围绕"四区一高地"的战略定位，以供给侧结构性改革为主线，以制度创新为核心，以探索可复制可推广的经验为基本要求，突出内陆特色，注重学习借鉴，强化联动协作，为四川自贸试验区各项改革和试验任务的顺利展开奠定制度基础。

二是突出四川自贸试验区的引领功能。《管理办法》为推进和保障四川自由贸易试验区的建设，遵循《总体方案》的要求和有关法律、法规的规定，把四川自贸试验区建设作为奠基四川长远发展格局、推动全面开发开放的"引领性工程"加以推进。根据打造内陆开放战略支撑带先导区、国际开放通道枢纽区、内陆开放型经济新高地、内陆与沿海沿边沿江协同开放示范区、西部门户城市开发开放引领区和助力西部金融中心建设的要求，做出了一系列明确、全面的制度设计和安排。

三是发挥立法的规范和推动作用。《管理办法》分七章，对管理体制、投资管理和贸易便利、金融创新和风险防范、协同开放和创新创业以及综合服务和管理等进行了详尽规定，体例科学、结构合理、规范完整、概念清晰，定义条款、过渡性条款、法律适用关系等条款明确、具体、可操作。《管理办法》契合立法需求和实践需要，各项制度安排和规范设计实施得力、保障到位、特点鲜明，具有较强的可操作性，为四川自贸试验区发展提供了切实可行的制度保障。具体体现为：以规范形式明确规定推进工作领导小组、领导小组办公室和片区管理机构的职能职责，形成四川自贸试验区的初步管理架构。根据中央编办批复，设立中国（四川）自由贸易试验区工作办公室，成为承担自贸试验区建设和管理工作的常设机构；对鼓励改革创新、允许试错、宽容失败的机制进行制度安排，激励自贸试验区改革创新；建立与开放型经济新体制相适应的管理模式，推进行政管理方式改革与体制机制改革协同联动；对外商投资实行准入前国民待遇加负面清单管理制度，建立适应跨境电商贸易、国际会展等特点的检验检疫监管机制，实现口岸服务一体化；建设空、铁、公、水多式联运物流监管中心，实现多式联运货物"单一窗口"办理，推动和深化投资和贸易创新；建立与自贸试验区相适应的金融服务体系，优化创新创业制度环境。

2.启动《中国（四川）自由贸易试验区条例》立法程序

2017年11月21日，四川省政府印发了《中国（四川）自由贸易试验区建设实施方案》（以下简称《实施方案》），明确了"按照法定程序开展自贸试验区管理办法政府规章和自贸试验区条例立法调研、起草、送审工作，加快研究建立与试点举措相匹配的法规制度"，自此正式启动了《中国（四川）自由贸易试验区条例》（以下简称《条例》）的起草工作，并列入2018年度四川省人大常委会及省政府立法计划。为此，省法制办、省自贸办和商务厅法规处按照项目立项、调研、起草、征求意见等程序做了大量扎实有效的工作，成立调研组，多次赴四川自贸试验区各片区调研座谈，并分别于2018年3月和5月到辽宁省、陕西省、河北省考察学习自贸试验区建设经验，形成了专题调研报告。收集整理了党中央、国务院有关自贸试验区建设的法规性文件，各自贸试验区所在省市制定实施的与自贸试验区建设有关的地方性法规、政府规章和政策措施，为《条例》起草提供动态基础材料。2018年6月，在成都召开《条例》起草专家论证会。依据党中央、国务院和省委、省政府关于建设自贸试验区和探索建设中国特色自由贸易港等一系列新要求、新举措，经过起草小组多方努力、多轮研讨、多稿修改，结合《管理办法》贯彻执行的实际情况和近年掌握的全国各地自贸试验区的建设情况，形成草案。

2018 年 12 月 4 日，《条例（草案）》在四川省十三届人大常委会第八次会议第一次全体会议提请一审。保留了《管理办法》中符合四川自贸试验区工作实践的规定，在自贸试验区引领发展和法治环境建设方面增加了创新性规定，引起了社会的广泛关注。2019 年 3 月 26 日，省十三届人大常委会第十次会议第一次全体会议对《条例（草案）》进行了二审，充实了鼓励改革创新方面的相关规定。

《条例（草案）》从管理体制、政务服务、投资促进、贸易便利、金融创新、法治环境、协同发展等方面，对推进自贸试验区建设进行了全面规范，既体现了党中央、国务院对自贸试验区的制度创新要求，又体现了自贸试验区先行先试的实践情况和特点。力求把握外商投资法的价值导向，结合四川发展实际，为四川省自贸试验区建设提供一部有特色、可操作的"基本法"，这是《条例》的价值所在。《条例》充分发挥立法的引领和推动功能，为把四川自贸试验区建设成西部门户城市开发开放引领区、内陆开放战略支撑带先导区、国际开放通道枢纽区、内陆开放型经济新高地、内陆与沿海沿边沿江协同开放示范区提供良好的法治环境和制度保障。

（二）完善政策支持体系

以《管理办法》和《中国（四川）自由贸易试验区建设实施方案》的规定为基础，成都市人民政府及相关部门相继推出一系列支持政策，初步形成了契合成都自贸试验区战略定位和发展需要的政策支持体系，为自贸试验区重大改革创新的顺利开展奠定了基础。

1. 制定《成都市人民政府关于明确成都自贸试验区实施部分省级管理事项的决定》

四川省人民政府印发《关于中国（四川）自由贸易试验区片区管委会实施首批省级管理事项的决定》（四川省人民政府令第 330 号），决定向自由贸易试验区下放或委托实施 33 项省级管理权限。在该决定基础上，成都市人民政府制定了《关于明确成都自贸试验区实施部分省级管理事项的决定》，一方面明确外商投资项目备案、开办外籍人员子女学校审批等 30 项管理事项由成都天府新区、成都高新区管委会和青白江区、双流区政府组织实施。另一方面安排部署承接工作，要求市级相关部门统筹指导各落地区域政府（管委会）抓紧做好承接工作，针对每项管理事项制定承接后职责行使的事中、事后监管办法，确保接得住、管得好、出成效。

2. 制定《成都市人民政府办公厅关于开展"证照分离"改革试点工作的实施意见》

根据《管理办法》第五十一条关于深化商事登记制度改革，探索推行"多证合一""证照分离"的规定，为贯彻四川省人民政府《中国（四川）自由贸易试验区"证照分离"改革试点方案的通知》（川府发〔2017〕63号），成都市人民政府进一步颁行《成都市人民政府办公厅关于开展"证照分离"改革试点工作的实施意见》，以全方位为企业开办经营提供便利化服务为目标，通过清理精简行政许可、由审批改为备案、实行告知承诺制、提高透明度和可预期性、强化准入监管等举措，着力解决"办照容易办证难""准入不准营"等突出问题，清理规范各类许可，切实加强事中、事后监管，加快推进信息共享，深入推进商事登记便利化改革。

3. 完善自贸试验区金融监管政策，优化海关监管流程

中国人民银行成都分行、国家外汇管理局四川省分局制定《关于金融支持中国（四川）自由贸易试验区建设的指导意见》，切实回应成都自贸试验区重大改革试验需求，按照质量优先、效率至上的理念，从加强监测管理、扩大人民币跨境使用、深化外汇管理改革、推动金融改革创新、优化金融服务等方面推动促进成都自贸试验区跨境贸易和投融资便利化。为依托电子口岸公共平台建设国际贸易"单一窗口"，推进全过程无纸化通关改革，成都海关制定了《关于支持和促进中国（四川）自由贸易试验区建设发展实施办法》，通过深化简政放权，向基层海关下放除法律法规规章另有规定外的审批事项；统筹推进全程电子缴税和全程无纸化通关改革；在空港口岸探索以"一个窗口"受理、"一站式"查验放行作业为主要内容的集约化管理试点。

（三）清理审查规范性文件

成都自贸试验区改革和试验涉及诸多规范性文件，亟须逐一进行清理审查和规范管理。成都自贸试验区法制保障组积极履行职责，从清理、审查和管理三个方面入手，实现了对涉自贸试验区相关规范性文件的全面、动态和信息化管理。

1. 全面清理涉自贸试验区规范性文件

截至 2018 年底，成都自贸试验区法制保障组对 416 件涉及贸易流通领域的规章和规范性文件进行了逐件、逐条清理，对 23 件需要争取政策支持的法律、法规和规章进行梳理。

2. 严格审查涉自贸试验区规范性文件

截至 2018 年底，法制保障组按照《成都市行政规范性文件制定和备案规定》的规定，以规范性文件是否违法设定行政许可、处罚、强制，或其他减损公民、法人和其他组织合法权益和增加其义务等内容为重点，对成都市 400 余件涉及自贸试验区的规范性文件进行全面、逐件、逐条审查。

3. 严格执行规范性文件备案管理制度

法制保障组采取信息化手段，以数据库方式实行对规范性文件的动态化、系统化和信息化管理。运用文件跟踪方式，适时掌握规范性文件的立、改、废情况，严格执行《中华人民共和国政府信息公开条例》等法律法规的规定，将未涉密的规范性文件向社会公众公开。

二　成都自贸试验区制度建设的主要特点

（一）彰显四川特色

成都自贸试验区的制度建设非常注重从规律出发，结合四川自贸试验区的战略定位和成都片区功能划分，强化法治手段，加强法治环境建设，在立法内容上更加注重省情、更加注重探索、更加注重特色，在制度上更加突出治理、更加突出创新、更加突出效益。"突出四川特色"是制度环境建设的一大亮点，在针对制度环境建设的多次审议中被频繁提及，这也是四川省人大常委会组成人员的共识。制度环境建设将目前四川自贸试验区建设和管理中正推进的、可复制推广的政策措施加以总结提炼，并用法规条款加以明确规范，具有鲜明的四川特点。

（二）突出制度创新

成都自贸试验区推动企业登记便利化改革，实行证照分离、企业简易注销登记改革，推行行政审批小时清单制、商事登记确认制改革。及时将改革试点的经验，尤其是制度创新的内容固化、入法。支持签订短期固定期限劳动合同。加强对自贸试验区内企业劳动用工的分类指导和服务，增强企业用工的灵活性。支持自贸试验区内制造企业在生产高峰时节，与劳动者签订以完成一定工作任务为期限的劳动合同、短期固定期限劳动合同。允许劳务派遣员工从事企业研发中心研发岗位的临时性工作。积极落实国家有关部门制定的关于外国留学生在我国境内勤工助学的管理制度。鼓励自贸试验区在吸纳非卫生技术人员到医疗机构中提供中医治未病服务、医疗机构中医治未病专职医师职称晋升和中医治未病服务项目收费等方面先行试点。

（三）优化投资环境

成都自贸试验区注重扩大双向投资，依法制定招商引资优惠政策，支持外商全面参与自贸试验区建设，保护外商投资的合法权益，允许符合条件的境外投资者自由转移其合法投资收益。自贸试验区内的投资者可以开展多种形式的境外投资。对一般性境外投资项目和设立企业实行备案制，建立境外投资合作综合服务平台，完善境外资产和人员安全风险预警和应急保障体系。加强投资引导，鼓励现代高端产业向自贸试验区集聚，大力发展现代服务业，推动产业跨境融合发展，构建现代产业经济体系。推动国企改革，鼓励国有企业依托自贸试验区探索创新发展新路径，深化国有企业产权多元化改革，稳妥发展混合所有制经济，培育具有全球竞争力的跨国企业。取消或降低一些限制性规定和要求，包括进一步放宽外商投资建设工程设计企业中外籍技术人员的比例，自贸试验区内外商独资建筑业企业承揽本省中外联合建设项目时，不受建设项目的中外方投资比例限制。港澳台资建筑业企业，不再执行关于工程承包范围的一些限制性规定。进一步放宽专利代理机构的股东条件限制等。进一步优化政务服务，包括对于自贸试验区内社会办医疗机构配置乙类大型医用设备实行告知承诺制。

（四）促进贸易便利

建立与国际贸易发展需求相适应的监管模式，探索口岸监管制度创新，建立适应跨境电子商务、国际会展等特点的检验检疫监管机制。大力发展临空型总部经济、枢纽经济，建设国家级国际航空枢纽和内陆临空经济门户，推进公、铁、水、空网络和内陆地区国际多式联运示范建设，构建现代化综合交通运输体系，探索多式联运"一单制"。支持一批前沿性探索。支持自贸试验区探索赋予国际铁路运单物权凭证功能，将铁路运单作为信用证议付票据，提高国际铁路货运联运水平。支持成都争取航空发动机等高附加值商品的境内外保税维修基地试点，推动保税维修业务从"单个"申报变为基地"整体"申报。探索开展市场采购贸易试点、海关税款保证保险试点，支持深化服务贸易创新发展试点。支持开展艺术品保税仓储和进出口经营活动，给予自由进出口技术合同登记管理权限。支持一批平台建设和升级，包括争取自贸试验区内泸州港、青白江铁路临时开放口岸正式开放，争取泸州保税物流中心（B型）、青白江保税物流中心（B型）升级为综合保税区，争取国家批准成都口岸开展生物制品进口等。支持为海关特殊监管区域外符合条件的航空维修企业设立保税维修专用账（手）册，支持开展航空保税维修的企业参照合同实际有效期确定账（手）册核销周期。海关特殊监管区域外企业开展"两头在外"的航空维修业务适用现行的增值退（免）税政策相关规定，符合相关条件的企业可按程序向主管税务机关申请办理退（免）税。积极鼓励汽车平行进口，建设第三方汽车平行进口综合服务平台，打造集整车进口、展销、金融等于一体的产业链。

鼓励试点平台和企业建立国际市场采购体系。探索试点企业与保险公司、维修厂开展三方合作，完善售后服务保障体系。支持在自贸试验区依法合规建设能源、工业原材料、大宗农产品等国际贸易平台和现货交易市场，探索开展市场采购贸易试点，发展大宗商品国际贸易。配合国家有关部门探索通过国际贸易"单一窗口"与"一带一路"沿线重点国家开展互联互通和信息共享。推动国际贸易"单一窗口"标准版海关特殊监管区域、跨境电商、加工贸易在自贸试验区内试点。

（五）保障金融创新

金融开放创新一直是四川自贸试验区改革创新中的重中之重。四川自贸试验区提出深入推进与西部金融中心建设相结合的金融服务创新。一是支持新设金融机构。支持民营资本和外国资本依照法律、法规和国家政策在自贸试验区内设立金融机构；支持中资、外资、中外合资金融机构在自贸试验区内设立法人金融机构总部、专门机构和分支机构。二是鼓励金融创新。鼓励各类金融机构根据法律、法规和国家规定，利用科技等现代化手段，积极在自贸试验区内进行金融产品、业务、服务和风险管理等方面的创新。通过推动金融保险机构改革创新，推动要素向自由贸易试验区集聚。三是持续推进自贸试验区范围内保险公司分支机构的设立、改建、迁址，以及高管人员任职资格备案制管理改革。推动保险要素向自贸试验区集聚。四是允许自贸试验区内银行业金融机构在依法合规、风险可控的前提下，按相关规定为境外机构办理人民币衍生产品等业务。允许银行将自贸试验区交易所出具的纸质交易凭证（须经交易双方确认）替代双方贸易合同，作为贸易真实性审核依据。支持坚持市场定位、满足监管要求、符合行政许可相关业务资格条件的地方法人银行，在依法合规、风险可控的前提下，开展人民币与外汇衍生产品业务，或申请与具备资格的银行业金融机构合作开展远期结售汇业务等。鼓励并支持自贸试验区内银行业金融机构，基于真实需求和审慎原则向境外机构和境外项目发放人民币贷款，满足"走出去"企业的海外投资、项目建设、工程承包、大型设备出口等融资需求。自贸试验区内银行业金融机构发放境外人民币贷款，应严格审查借款人资信和项目背景，确保资金使用符合要求。五是支持自贸试验区内符合条件的个人，按照规定开展境外证券投资。六是支持有条件的自贸试验区片区积极争取知识产权证券化试点。在自贸试验区进一步推广专利权质押融资新模式。

（六）深化协同发展

实施以"三维联动、四向拓展、全域开放"为核心的协同开放战略，形成经济外向度与社会开放度同步提升、引进来与走出去更好结合、区域竞相跨越与"一干多支"协调推进的开放格局。大力推动内陆与沿海沿边沿江协同开放，深化内陆与沿海联动合作，加强内陆与沿边协同合作，提升内陆与沿江互联互通水平。加强"四向"拓展联动和"一带一路"合作，打造国家西向、南向开放的战略中心，探索与"一带一路"沿线国家和地区的相关机构在运输安全、环境保护、通关查验、综合物流、现代金融、产业发展等领域的合作新模式。依托自贸试验区支持成都建设全面体现新发展理念的国家中心城市，发挥成都城市群的领头羊作用，促进川南城市群建成沿江和南向重要开放门户，推动各大经济区、城市群差异化开放。深入实施"3区十N园"模式，充分发挥自贸试验区和四川省内功能园区的平台和体制优势，探索建设一批协同改革先行区。在省级管理权限范围内，支持先行区比照自贸试验区率先承接经济管理权限，享受改革制度性成果。

三　成都自贸试验区制度建设展望

当前，成都自贸试验区正主动对标国际营商环境最高标准，积极借鉴全球自贸试验区和自贸港建设的成功案例，系统谋划和深入推进一系列制度建设和创新，从以下方面着力，推动营商环境和法治化水平再上新台阶。

（一）完善自贸试验区制度规范体系

应以《条例》为基础，构建完善符合自贸试验区内生性需要的制度规范体系。自贸试验区规范体系应以宪法、法律、行政法规的基本原则为前提，这一前提的集中体现就是《总体方案》。因此，首先应以《总体方案》为纲领。《条例》集实施性法规、自主性法规、创制性法规的性质于一身，堪称自贸试验区建设的"基本法"。《条例》既是对总体方案的具体落实和细化，也是对自贸试验区改革经验的总结和升华，更是自贸试验区法治建设的创新体现，在自贸试验区法律规范体系中起着承上启下的基础性作用，统领四川自贸办、自贸试验区片区管理机构和各政府部门制定的大量规章及规范性文件，规章尤其是规范性文件构成了自贸试验区法律规范体系的重要组成部分。因此，要注重发挥自贸办制定规范性文件的主动性和积极性。通过人大常委会、四川自贸办对规范性文件的备案审查等制度安排，进一步巩固《条例》的"基本法"地位，有利于保证自贸试验区规范体系内部的协调一致。此外，由于我国在立法过程中存在地方事权与中央事权的问题，片区法律协调及其与其他相关法律法规的关系冲突呈现复杂多样化，同时，成都自贸试验区域内片区多且面积大，协调沟通工作量大，片区的立法工作仍在起步阶段。当前，各大片区也在积极开展实地考察与调研，以完善片区的相关立法建设。

（二）优化法治营商环境

一是加强对自贸试验区建设涉法问题的研究和论证，强化法律风险防控。二是通过量化方式对成都自贸试验区法治环境进行评估，发布成都自贸试验区年度"法治环境指数"以及"法治蓝皮书"，营造自贸试验区公开透明的良好法治氛围。三是在法律、法规授权范围内，建立自贸试验区反垄断工作机制，配合上级机关对经营者垄断案件及行政垄断案件进行全面调查处理，切实维护公平竞争环境。

（三）提升法律服务层次

一是建立成都自贸试验区公共法律服务中心，集成提供国际贸易、跨国企业并购、知识产权、破产清算等"一站式"法律服务。二是组建涉外律师事务所联盟，组织成都高端涉外律师事务所与"一带一路"沿线国家法律服务机构结成涉外法律服务协作体。组建自贸试验区法律服务专家智库，为自贸试验区建设提供专家咨询意见和专项法律服务。三是建立自贸试验区劳动仲裁法律援助工作站，健全自贸试验区"构建和谐劳资关系"的保障体系，为"蓉漂"人员开辟法律援助绿色通道。

（四）提高信息公开能力

将公开透明作为自贸试验区制度建设的基本要求，构建科学合理的透明政府运行机制。自由贸易试验区门户网站要及时全面公布国家和省、市、片区关于自贸试验区的法律、法规、规章、政策、办事程序等相关信息，以便利社会各方面的查询。调整阻碍政府信息协同共享的内部组织结构，变条块分割为扁平化，打通"信息孤岛"，提高自贸试验区作为一个整体开展对外信息公开的能力。在制定有关自贸试验区的地方性法规、地方政府规章，尤其是政府及其相关部门的规范性文件时，有关主体方面必须主动公开草案内容，征求社会公众、相关行业组织和企业等方面的意见。同时，在公布和实施之间，必须预留合理期限以供公众讨论。

（五）建立行政异议制度

行政异议制度与规范性文件法律审查制度较为相似，但规范性文件法律审查制度属于司法机关针对行政机关所颁布文件的司法审查，乃是基于英美法之三权分立理论。行政异议制度则不然，属于行政相对人提起的，行政机关自查的规范性文件合法性审查制度。《条例》对行政异议制度概念未予以定义，对具体的程序未予以规定，建议参照行政复议的程序规定予以规制。对自贸办及片区管理机构制定的规范性文件有异议的，公民、法人和其他组织可以提请市人民政府进行审查。

成都自贸试验区法治政府建设报告*

方　芸**

摘　要：　成都自贸试验区自挂牌以来，坚持依法行政，在建立行政权
力清单、简化行政审批流程、创新行政执法机制、推行重大
行政决策后评估等方面不断深化改革，取得了显著成效。针
对实践中发现的问题，成都自贸试验区将按照权责一致的原
则，积极转变政府职能，健全行政权力清单，优化行政审批
制度，以"互联网＋监管"为核心，提高行政综合执法能
力，重视行政决策民主化，进一步健全科学行政决策机制，
为推进自贸试验区建设提供坚实的制度保障。

关键词：　依法行政　权力清单　行政审批　行政执法　行政决策

前　言

建立中国（四川）自由贸易试验区是党中央、国务院做出的重大决策，
是新形势下全面深化改革、扩大开放和深入推进西部大开发、长江经济带发
展的重大举措。成都自贸试验区肩负着在新时期切实转变政府职能，推进简
政放权，构建事中事后监管体系，优化法治环境，建设多方参与社会治理新

---

* 该成果系陕西省社会科学院 2018 年重点课题（18ZD013）的阶段性成果。本文中未注明出处
的数据，均来源于国家统计局网站、陕西省统计局网站和西安海关网站。

** 方芸，四川省社会科学院法学研究所助理研究员，法学博士。

体系的重要使命。从成都自贸试验区建设法治政府的实践来看，行政管理体制改革已经成为自贸试验区各项重点建设任务的起点，全面贯穿于双向投资合作、国际贸易便利化、金融改革创新、内陆与沿海沿边沿江协同开放的进程之中。对成都自贸试验区依法行政以及行政管理体制改革进行总结和研究，既是对四川省自贸试验区制度创新的思考，同时也为四川省其他地区学习借鉴成都自贸试验区的经验梳理了路径。

一 成都自贸试验区法治政府建设现状

作为全国第三批 7 个自贸试验区之一，中国（四川）自由贸易试验区于 2017 年 4 月 1 日挂牌成立，整体分为成都、泸州两个部分。其中成都区域涵盖天府新区和青白江铁路港两个片区，总面积 100 平方公里。自贸试验区挂牌两年以来，四川省按照国务院批准的《中国（四川）自由贸易试验区总体方案》，确定了成都自贸试验区的管理构架，制定了自贸试验区管理办法和落实《总体方案》的配套措施，坚持依法行政，深化行政审批制度改革，改进政府工作作风，为推进成都自贸试验区的建设提供了坚实的制度保障。

（一）建立行政权力清单制度

成都自贸试验区建立行政权力清单的实践路径主要分为三个阶段。

第一个阶段是通过对天府新区直管区域、高新区域、双流航空港区域、青白江铁路港区域不同情况做深入调研分析，结合成都推进行政权力清单改革的需要，就拟确认或精简的行政权力，以及拟取消和下放的行政权力，进行反复的文献和实地分析论证，为成都自贸试验区行政权力清单的改革提供从理论到实践的数据支撑。

第二个阶段是组织清理和规范成都自贸试验区的行政职权，形成统一的权力清单并对外公布，同时实施动态管理。此外，按照权责一致、有权必有责的要求，厘清与行政职权相对应的责任事项，明确责任主体，形成统一的责任清单并对外公布，同时实施动态管理。

第三个阶段是组织开展对成都自贸试验区行政权力清单改革的测评。根据相关法律、法规和规章及国家和省市重要文件，对推进行政权力清单改革工作的合法性进行测评；通过对行政相对人（法人或自然人等）的调查数据，对推进行政权力清单改革工作的合理性、可控性、成效，以及社会影响、社会评价和社会效益等进行测评。

推进成都自贸试验区权力清单改革的目的，是进一步划清政府与市场、政府与社会的关系，其实质是给自贸试验区的行政权打造一个透明的"制度笼子"，使政府部门的权力依法有据、流程清楚、公开透明。权力清单改革推广的意义在于：第一，有利于强化对权力运行的监督制约，消除权力设租寻租空间，堵塞腐败滋生的漏洞，推进廉洁政府建设；第二，有利于深入推进依法行政，加快建设法治政府，为行政机关依法行政、权力规范运行提供基本依据，也为行政相对人（法人或者自然人等）提供便利条件；第三，有利于明确政府职能边界，将原本政府独立管理的社会事务进行市场化运营，让市场经济的调节手段在社会公共事业建设中发挥出独特的效用，同时在社会及市场手段无法有效解决的领域，通过加强监管，维护市场秩序，促进社会公平正义，做到行政权力行使有为有效；第四，有利于深化行政审批制度改革，推动形成权界清晰、分工合理、责权一致、运转高效、法治保障的体制机制。

（二）深化行政审批制度改革

在深化自贸试验区行政审批制度改革的进程中，成都自贸试验区主要从以下几个方面入手。

一是全面梳理自贸试验区实施的行政审批事项，积极争取与自贸试验区发展相适应的国家、省、市级管理权限下放。对下放权限的事项，积极完善配套措施，加强对落地区域的业务指导和培训。对缺乏法定依据、不符合全面深化改革要求的事项，及时取消或调整。

二是推进行政审批标准化建设，全面建成涵盖"全事项、全过程、各环节"的行政许可实施、监督和评价体系。进一步规范行政审批事项管理、流程管理、行政许可服务、场所管理、监督评价管理。

三是推进行政审批信息化建设。建设统一的政务服务受理平台，建立统一的身份认证系统和电子证照系统，探索电子印章在审批中的应用，实现线上、线下审批服务的"一号申请、一窗受理、一网通办"，在自贸试验区内统一信息发布，实现信息共享。

四是探索统一审批机制。对自贸试验区内需逐级转报的审批事项，探索取消预审环节，简化申报程序，由自贸试验区相关部门直接向终审部门转报。对具有公共属性的审批事项，探索由相关部门进行整体申报或转报。各落地区域实现信息数据共享，数据互通互认，方便企业与群众办事。

五是在自贸试验区推进相对集中行政许可权的改革试点，加强与省委编办、省法制办等部门沟通，争取自贸试验区行政许可相对集中改革的政策支持，积极指导落地区域推进相对集中行政许可权的改革。

六是推行"多证合一"登记制度改革。将涉及企业数据采集、记载公示、管理备查类一般经营项目涉企证照事项，以及企业登记信息能够满足政府部门管理需要的涉企证照事项整合到营业执照上，通过"一窗受理、互联互通、信息共享"方式，实行"多证合一、一照一码"。

（三）推进行政执法机制改革

推进行政执法机制改革是加强行政执法力度、创新执法方式的重要手段，是进一步促进成都自贸试验区行政执法严格规范、公正文明的有效路径。规范行政执法行为的主要措施有：

1.建立集中统一的综合执法体系

随着商事登记制度的深入推进，成都自贸试验区抓住"只有管得好，才能放得开"这个牛鼻子，积极探索建立统一集中的综合行政执法体系。主要措施包括：①建立大市场、大城管综合监管执法队伍，成立区市场和质量监管局自贸试验区分局，实行人员综合调配、事权综合管理，在不增加人员编制的情况下，通过内部授权和区级相关部门委托授权的方式，将工商、食药监、质监以及专利、版权、物价、文化等部门的相关执法权集中到分局；成立区城乡管理局自贸试验区分局，将城乡住房建设领域所有行政处罚权及环保、水务部分行政处罚权集中到分局，实现了自贸试验区范围内的大市场、大城管综合行政执法。②构建大市场综合监管执法联动机制。一是健全组织机构，将推行跨部门"双随机、一公开"工作与综合行政执法齐抓共管；二是夯实人力基础，全力提升执法人员业务水平；三是与区政府法制办加强工作对接，建立区级联络通信制度。③研发大市场综合监管执法系统，坚持把提高信息化水平作为监管创新的"先手棋"，建成企业信用信息协同监管系统，将监管部门、检查对象、检查人员、抽查事项等纳入系统，灵活动态匹配，实现执法任务发起、流转、处置、公示全流程电子化管理，执法任务全程留痕，责任可追溯。④强化大市场综合监管数据运用，深化社会共治。一是加强社会监管，执法人员将抽查结果录入企业信用信息协同监管系统并向社会全面公示，同时利用报刊、网络等主流媒体和新媒体进行广泛宣传，保障公众知情权、参与权、监督权。二是利用大数据分析系统，对注册数据、处罚数据、年报数据进行对比分析，掌握市场主体违法特征，明确重点监管行业、区域、市场主体等，提高监管的准确性。三是构建企业信用信息监管网络体系，把分散的行政许可、行政执法等企业数据归集，提供全方位、全生命周期的信息跟踪查询服务。一方面实现了政府部门间企业信息共联共享，另一方面则强化了企业信用约束功能，为守信激励和落实"一处违法、处处受限"的信用约束提供了平台支撑。

2. 创新"双随机、一公开"监管模式

自2015年8月国务院要求在全国全面推行"双随机、一公开"监管模式以来，成都自贸试验区积极响应。各落地片区通过调查研究和制度建设，已全面开启"双随机、一公开"监管工作模式，并取得初步成效。①建立和完善了"两库一单一平台"。其中，"两库"是指"执法人员库"和"被监管市场主体库"，"一单"是指"随机抽查清单"，而"一平台"是指"信息公示平台"。②合理确定随机抽查比例和频次，为保证必要的抽查覆盖面和监管强度，防止重复检查、执法扰民，成都自贸试验区各执法单位严格制定了抽查规则。③建立健全"双随机、一公开"相关制度。成都自贸试验区各行政执法单位结合本单位的职能职责和工作实际，制定了"双随机、一公开"工作计划和实施方案，明确了本单位随机抽查的目标和任务，细化了工作措施和时间节点，确保工作落到实处。④"双随机、一公开"行政执法全程留痕。各片区开展"双随机、一公开"执法检查均通过各自的行政执法监督平台进行，整个行政执法全程大致经历以下几个阶段：发起行政抽查计划；生成抽查任务；随机抽取检查对象和检查人员；录入检查结果。整个操作过程全程自动留痕，案件办理实现可追溯、可监督。⑤抽查结果的公开及处置是"双随机、一公开"行政监管体制改革的重要内容，也是强化"事中事后监管"的重要举措。在抽查结果公开方面，各部门均要求将抽查结果录入行政权力公开平台；同时，将抽查结果的公开及处置与社会信用体系衔接，使"双随机、一公开"的抽查结果实现信息互联互通、互认共享。

（四）健全重大行政决策机制

区域经济的发展离不开政策制度的保障。党的十八大以来，中央大力推行科学决策、民主决策，健全决策机制和程序。按照中央、省、市相关要求，成都自贸试验区通过在县级层面推行重大行政决策后评估机制，力求打通重大行政决策科学性"最后一公里"，为打造自贸试验区优良的营商环境提供更加完善的法治保障。

重大行政决策后评估是指，决策内容实施后，负责评估的机构根据政策制定的目的，结合经济社会发展的要求，按照一定的标准和程序，在各个评估参与者的参与下，对政策实施效果进行阶段性的综合评定，并由此决定政策的延续、调整或者终止。具体措施包括：

第一，明确责任主体。重大行政决策的实施或牵头单位是开展后评估工作的责任主体，涉及自贸试验区探索创新的重大决策事项，由牵头单位会同自贸办共同进行评估。

第二，明确评估内容。制定了较为科学的后评估报告表，采取访谈、抽样问卷、抽样分析、统计分析等方式，围绕决策实施结果与决策制定目的是否相符、决策实施的成本、效益分析、决策带来的负面影响、取得的主要成效、实施对象的接受程度等方面进行定性和定量说明，形成评估报告，供决策参考。

第三，明确评估时限。重大行政决策中长期工作或自贸试验区创新工作，须在决策实施满 1 年时开展过程性评估，并于工作完成后 6 个月进行最终评估。推动重大行政决策后评估工作规范化、程序化、常态化，通过形成后评估报告，对决策事项是否需要进行调整、完善和终止提供决策依据，有利于政策资源的合理配置，提高政策运行的科学性和准确性，对片区经济社会发展和自贸试验区建设具有重要意义。

二　成都自贸试验区法治政府建设中存在的问题

（一）权力清单制度改革中存在的问题

1. 各职能部门的职责范围不清晰

成都自贸试验区各区域所负责的职能范围和承担的工作任务，以及完成这些工作任务所需承担的相应责任在各个职能部门存在交叉，许多权力，诸如行政处罚还是由各个部门负责，没有统一由自贸试验区负责。如果自贸试验区机构职能划分不清，就必然导致权责不明，权责不明就容易产生"行使管权时争先恐后、承担管责时则彼此推诿"的现象，既影响自贸试验区的行政效能，又损害自贸试验区的形象。如何在推行权力清单制度改革时厘清各个职能部门的职权范围，化解职能交叉所带来的矛盾，是目前亟待回应的问题。

2. 行政责任清单的落实面临障碍

权力清单制度让政府将手中的权力亮出来，在阳光下使用，但并没有说明，如果政府出现没有百分之百按照权力清单中规定的内容行使职权或出现管理不利的情况，需要接受什么样的后果或惩罚，而这些恰恰是行政责任清单要补充说明的。政府的权力清单公布后，配套的行政责任清单能否及时跟上、紧跟推出，是政府必须面对的又一难题，也是权力清单制度可否发挥实际效力的又一重要影响因素。行政责任清单落实难主要有两方面的原因：一个是政府内部面对制定行政责任清单的抵触心理，毕竟一旦行政责任清单落实就意味着，如若执行权力清单不利，则当事人会被追究责任，影响个人的前途；另一个是制定行政责任清单的轻重力度不好把握，力度轻了成了摆设，起不到约束惩戒的作用，力度重了，有可能影响到政府工作人员的积极性，出现不敢作为、不敢变通、不敢灵活的消极情绪，进而影响政府的工作效率和服务质量。

3. 权力清单的科学性和适度性有待逐步完善

推行权力清单制度，是要将政府的权力、审批权限等内容公布于众，让社会和百姓都了解、齐监督。但与此同时，落实权力清单制度也是实现政府行政体制改革、调配重组资源的好机会。如果仅仅是将政府职能和管理权限进行简单罗列公布，那么推行权力清单的意义将不存在，只能是治标不治本、换汤不换药，极容易出现附带问题，也会遭百姓诟病。基于此，到底哪些权力要公开、如何科学分配、范围如何划定成为政府贯彻落实权力清单制度的难题和障碍。所以，推行权力清单必然是一个边公开、边完善的过程，需要政府和百姓一起参与其中，切不可急于求成，更不可敷衍了事。政府公开权力的过程是需要花大气力的，须从表面的公开倒逼行政管理的改革。由外向内的催动必然是辛苦的，来自内部多年积累的工作模式的禁锢以及外部环境中的不利因素都是权力清单制度良好运行的阻力。

（二）行政审批制度改革中存在的问题

1. 简政放权及其权力运行模式不清晰

简政放权是政府服务职能提升的必要途径。简政放权自然有利有弊。一方面，权力下放后可以使下级甚至基层的部门获得更多改革创新的权限，能够实实在在地进行一些有实质作用的改革工作，缓解创新受限的现状；另一方面，简政放权之后，如何提高自贸试验区工作人员的业务素质，使其能够承担下放的行政权力？并且，对下放权限也需要进一步清理，以防止行政审批服务事项不清。尤其是在金融领域，改革过程中哪些权力可以下放、应当下放，哪些权力不能下放，中央的决策很可能影响到自由贸易区内金融业务的开展。要真正地使简政放权落到实处，使各级政府能够利用这些下放的权力切实搞好自贸试验区的改革建设工作，还需要仔细分析简政放权的利弊。

2. 政务服务与市场主体需求的契合度不高

在调研中发现，各个自贸片区虽然都在积极落实主动服务、便捷服务、规范服务、合作服务等理念，但均不同程度存在政务服务与市场主体需求契合度不高的问题。具体表现为：①有些政府的服务和各项改革举措只是政府自我判断的结果，而不是与市场主体和公民的愿望和需求相一致的选择；②市场主体和公民期待政府能够提供程序简便、成本低廉的服务，而且顺应互联网技术的发展和普及，大力推行网上申请、网上受理、网上审核、网上公示、网上发照等全程电子化登记管理方式，提高市场主体登记管理的信息化、便利化、规范化水平，市场主体参与度有待提高；③政府不同职能部门之间的合作，政府、市场主体和社会组织之间的合作服务还有待改进。

3. 信息共享机制尚未形成

目前，成都自贸试验区各个政府部门之间的信息交流仍然存在障碍。其根源是：信息"自留地"容易消除，条块信息调换不顺畅，支持系统不够完善，制度标准不很健全等。以大数据为支撑的信息共享平台还未完全建立，各个管理部门的信息无法通过一个政府内部的服务平台进行流动、共享。虽然成都自贸试验区有关负责人提到区内正在落实审批服务事项统一，力求自贸试验区内信息共享、互认，但是目前来说，包括企业信息、诚信记录、邮政监管信息等在内，各行政机关和具有管理公共事务职能的组织在履行职责过程中，还未完全建立涉及自贸试验区的相关数据和资料的共享平台、机制。在各行政部门对自贸试验区企业的审批和监管过程中，仍然存在"信息断裂带"。

（三）行政执法机制改革中存在的问题

1. 构建集中统一综合执法体系中存在的问题

首先，综合监管执法格局尚未完全建立。目前各个自贸片区的做法是：将工商、食药监、质监以及专利、版权、物价、文化等部门的行政执法权力事项通过委托、授权等方式整合到市场监管分局统一行使，城乡住房建设领域所有行政处罚权及环保、水务部分行政处罚权集中到城管分局统一行使。但这与由一个部门综合监管执法的格局还存在较大差距。

其次，综合监管执法依托的协同监管系统和企业信用信息监管网络体系建设有待进一步完善和推进。具体表现为：①随着互联网经济等新兴经济业态的发展，传统的线下监管手段难以识别线上新的违法形式，难以准确定位监管热点，难以及时预测监管风险；②政府监管资源比较分散，政府各监管部门间信息共享滞后、工作协同不够，存在监管"空隙"；③社会共治体系有待健全，市场主体信用意识淡薄，企业自治意识不强，社会监督约束力度有待强化；④联合惩戒工作不够规范，相关机制虽已建立，但对联合惩戒的作用范围和标准未予规范，联合惩戒尺度难把握。

2. 推行"双随机、一公开"监管改革中存在的问题

"双随机、一公开"监管机制改革正处于推广实施阶段，各落地片区监管部门在实践过程中遇到不少困难和挑战。

首先是基层行政执法人员不足。导致这一问题的因素主要有：①执法人员绝对数量不足，执法队伍机关化、编制内执法人员"贵族化"倾向较为突出，部分执法人员没有接受专业知识学习和培训，无法胜任专业性强的执法工作；②被动执法事项占用大量人员，导致投入到主动性执法中的、运用"双随机、一公开"这一全新市场监管手段的人员显得相对不足；③现有执法人员的素质难以适应综合执法的要求，难以在规定时间内完成大批量、不定向抽查任务。

其次是跨部门"双随机"执法难度大。成都自贸试验区各落地片区在推行"双随机、一公开"监管机制改革中，虽然进行了一些跨部门的联合

执法尝试，但这些联合执法抽查均属于临时性质或任务性质，并没有形成跨部门的联合执法长效机制。导致这一局面的原因有：①技术支撑不到位，监管信息互联共享不够；②对大数据的运用还不够广泛，具体表现为执法部门内部"双随机"工作多在省市监管平台或部门内部平台操作，由于数据导入、技术壁垒等原因，执法痕迹较少反映在区级"双随机"公开监管平台上；③跨部门联合执法目前还处于起步阶段，各部门仍然习惯在本部门监管职责范围内"单打独斗"，难以适应跨部门查处市场违法行为的要求，部门间守信激励和失信惩戒机制尚未充分发挥作用。

最后是跨区域"双随机"行政执法难以展开。其主要原因有：①受行政监管中的"属地管理"传统制约，特别是工商、公安和环保等部门依行政区划设置派出机构，要在各落地片区普遍开展跨区域"双随机"行政执法有难度；②异地抽查的行政效率不高，跨区域的行政执法人员往往要花费较多的时间和精力查找企业地址，或者需要当地行政执法人员指引，反而降低了工作效率；③实施跨区域"双随机"行政执法显著增加了行政执法人员路途往返的行政成本。

（四）重大行政决策机制改革中存在的问题

首先，从成都自贸试验区重大行政决策后评估工作实施以来，评估方式主要是以部门开展自我评估为主，组织邀请专家、学者、行业代表、区人大代表、区政协委员、第三方机构参与评估工作的情况较少，公众参与度较为有限。由此产生了政府对多元利益诉求回应迟缓、政府与公众之间存在结构性张力、参与中产生的意见对决策的影响不大等问题，在一定程度上消弭了公众参与的热情与动力。

其次，重大行政决策的责任追究制度运行不畅。重大行政决策具有过程性，决策效果无法在短期内显现，这导致行政决策责任欠缺追责的前提。加上人们对重大行政决策本身的认识受到知识结构、利益倾向、思维定式等方面的限制，导致对决策本身的认识各有不同，这使得启动行政决策追责程序的标准模糊。

三　成都自贸试验区法治政府建设展望

（一）按照权责一致原则，完善行政权力清单制度

首先，在推进行政权力清单改革的过程中，成都自贸试验区各级机构编制部门和政府法制部门要切实负起责任，在政府统一领导下，会同有关部门积极做好推行行政权力清单制度的工作。要按清单严格行使行政职权，切实维护清单的严肃性、规范性和权威性。相关部门要适时组织督查，对不按照清单履行职权的单位和个人，依法依纪追究责任。

其次，在建立健全行政权力清单的过程中，自贸试验区管理部门应当进一步梳理行政审批和其他政务服务开展所需的权限，明确所需的权力清单后向上通报，并且提供合理的事实和理论支撑，使上级部门能够有效评估和决策，通过加大对上协调力度，积极争取政策支持。

再次，推进成都自贸试验区行政权力清单改革，必须按照权责一致原则，厘清与行政权力相对应的责任事项。在简政放权的同时，使每一项权力相对应的责任细化到条，规定权力运行的各个环节中政府部门及人员应当做什么，细化监管责任，防止不作为。

最后，应当充分认识到成都自贸试验区行政权力清单的改革不是一劳永逸。在行政权力清单制度推行后，要根据法律立改废的情况、机构改革和调整的情况，相应调整行政权力清单，及时在政府网站等载体向社会公布。建立行政权力清单的动态调整和长效管理机制。

（二）积极转变政府职能，完善行政审批制度

要坚持"精简、统一、效能、便民"原则，以"放管服"为目标，以审管分离为核心，以相对集中为重点，以标准化建设为引领，整合各部门行政审批事项，在自贸试验区内全面推进相对集中行政许可权制度，最大限度地取消行政审批事项并简化行政审批流程，切实方便企业办事。

要进一步梳理政府、企业、社会三者间的关系，做到放管结合，不断激发市场活力。在明确自贸试验区产业结构的前提下，主要从以下两个方面着手。其一，从中央下放到地方。国务院等中央机构应当出台相关政策法规，将适应于成都自贸试验区产业结构发展的行政权力下放至地方权力机关；在四川省内部，也同时根据产业结构，将相关行政审批权力下放至成都自贸试验区各片区的主管机关，从而加快投资审批速度。其二，取消影响产业发展的行政审批项目，或者将审批后置改为事后备案，提升企业的投资自主权。但是在放权给投资主体的过程中，必须事先充分考察和论证放权的风险和效率，并以加强事中事后监管为保障。

要加强平台建设。针对目前还不能实现行政审批"一网通办"的问题，依托省一体化政务服务平台，将行政许可权集中到该平台。从方便企业和群众的角度，按照"流水线"的方式设计许可流程，全程监控，压缩自由裁量权空间，让审批在阳光下运行。

要打破部门壁垒，建立非涉密文件的分享机制。现行行政管理体制是各部门自上而下自成一体，但是在各部门之间则缺乏信息互通互换，导致重复收集信息，或者出现信息缺漏。为了配合并联审批的需要，应当加快建立信息共享机制和平台。通过信息共享机制，各部门能够及时全面地获知企业相关信息，也进一步避免企业重复提交信息，从而便利企业，也为高效的行政决策提供有力支撑。

要明确牵头部门，加强政策指导。为了推动自贸试验区行政审批的高效开展，应当根据相关政策法规，明确各行政事项的牵头部门，切实做到上令下达。对于审批过程中出现的疑难问题，也要有明确的上级请示机构，使实际问题能够得到及时反馈、及时解决。与此同时，各相关部门要及时总结经验，加强政策解读和宣传引导。要加强窗口建设，通过提供网上咨询、热线电话咨询等方式加强辅导服务，设立自助服务区，提供网上办事设施和现场指导，不断提升服务水平。

（三）以"互联网＋监管"为核心，完善行政综合执法体系

一是要深入推行跨部门联合抽查机制。以开展统一监管执法工作为主

导，每年由各监管执法部门将全年计划开展的各类监管项目向政府协调部门进行申报，由协调部门统筹考虑、合理安排，制定联合抽查计划，科学整合对同一市场主体的多个检查事项，逐步实现计划先行、一次完成的目标。避免多头执法给企业造成不必要的负担，缩减执法项目行政成本，提升执法效能。要加强统筹结合。将行政执法"三项制度"和"双随机、一公开"有机结合，进一步确保自贸试验区推行"双随机"的公正性，确保"有权不任性"。

二是要强化数据共享应用。以数据集中和共享为途径，进一步推动技术融合、业务融合、数据融合，增强区级各部门监管系统的关联性，努力实现"数据多跑路、执法人员少走路、企业少被打扰"。进一步提高执法效能，实现跨层级、跨地域、跨系统、跨部门、跨业务的协同管理和服务。加强政企合作、多方参与，加快公共服务领域的数据集中和共享，推进同企业积累的社会数据进行平台对接，形成社会共治合力，加快推动大数据和实体经济深度融合，以大数据助力政府事中事后监管。

三是要强化"双随机"结果运用。进一步完善经营异常名录和"红黑名单"联合奖惩制度，依法及时向社会公示失信企业名单。建立完善的联合惩戒和社会共治机制，发动社会各界共同监督和联合相关部门共同惩戒被列入经营异常名录以及存在其他违法失信行为的企业及其负责人。进一步扩大信用惩戒覆盖面，促进企业及时改正、守法经营，着力形成"一处违法、处处受限"的社会共管共治、企业自律自治的良好格局。

四是要进一步整合执法事项和执法种类。对监管执法事项动态整合、动态调整，条件成熟一项就整合一项，实现更大范围的综合监管执法。加强对执法人员的业务培训，提升执法人员的知识广度和深度，规范执法人员的权限和资格，确保权力始终在制度的笼子里高效行使。

五是要织密企业信用体系网。加快构建智能化信息归集通道，推进企业信用平台先进化；加快丰富市场主体分类监管手段，推进信用监管科学化；加快探索社会共治有效途径，推进信用信息资源公开化；加快完善信用约束和惩戒制度，推进信用不良责任法律化，构建跨部门协同联动响应机制，从政府监管、行政审批、市场准入等方面制定信用监管工作规范和跨部门协同联动工作措施。

（四）重视行政决策民主化，完善依法行政决策机制

首先，要明确重大行政决策的范围和标准，把专家论证制度作为重大行政决策的必经程序；建立决策问责和纠错机制，重点针对听证制度，出台成都自由贸易试验区重大行政决策程序规定细则，对决策的制定、执行和评估工作进行跟踪检查、督办。

其次，要进一步完善自贸试验区重大行政决策后评估机制。积极探索更加多元有效的评估方式，增强公众参与度，多维度收集各方（包括实施对象及无利害关系第三方）意见建议，通过综合分析和判断，找出问题的实质和重点，为后评估工作提供更加准确有效的信息支撑。

最后，要依照国务院公布的《重大行政决策程序暂行条例》和《四川省重大行政决策责任追究暂行办法》，细化成都自贸试验区重大行政决策的责任追究机制，适时出台各自贸片区的贯彻落实办法。

成都自贸试验区公正司法报告

廖静怡　张雪琪*

摘　要： 成都自贸试验区司法部门深刻领会中央指示，依据上级指导落实公正司法整体部署，为切实保障公平正义、营造良好的营商环境，开展了卓有成效的工作。人民法院扩大了司法审判职能，为自贸试验区的发展提供了坚实的司法保障；人民检察院坚持"监督、服务、研判"理念，积极推进自贸检察工作的实施，对检察职能进行改革和创新；司法局拓展国际司法交流平台，发展涉外法律服务，保障公正司法。

关键词： 成都自贸试验区　司法公正　改革创新

习近平总书记指出："全面推进依法治国，必须坚持公正司法。公正司法是维护社会公平正义的最后一道防线。如果人民群众通过司法程序不能保证自己的合法权利，那司法就没有公信力，人民群众也不会相信司法。"① 深化司法体制改革，建立公正、高效、权威的社会主义司法制度是推动社会主义国家治理体系现代化和治理能力建设的重要举措。

国务院印发的《中国（四川）自由贸易试验区总体方案》（以下简称《总体方案》）对四川自贸试验区做出了"四区一高地"的战略定位。四川省是西南地区重要的贸易中心，得到了党中央、国务院的信任和重托。目

＊　廖静怡，四川省社会科学院助理研究员，法学博士。张雪琪，四川省社会科学院法律硕士。
①　习近平：《在十八届中央政治局第四次集体学习时的讲话》，2013年2月23日。

前，四川省正在加快建设一批体现新发展理念的城市，并努力建设以成都为代表的西部对外交流中心。自贸试验区的建设无疑将为四川省的整体发展带来前所未有的新机遇。

公正司法关系到人民的切身利益，关系到社会公平正义，关系到全面推进依法治国。我们必须坚持司法体制改革的正确政治方向，坚持司法公信力的根本尺度，坚持将符合我国国情与遵循司法规律相结合，坚持以问题为导向，勇于战胜困难，坚定信心、凝聚共识、锐意进取、解决难题，坚定不移地深化司法体制改革，不断促进社会公平正义。成都司法行政系统承担着重要的职能职责，成都市司法部门为优化升级全市法律服务资源，通过多项举措为社会提供更优质、便捷、公平的法律服务，推进公正的司法进程。

一 落实公正司法整体部署

按照《成都市人民政府关于印发成都自贸试验区建设三年试验任务行动计划（2017—2019年）的通知》要求，成都市应当通过以下措施进一步推进法治保障：对标高标准国际规则，建立统一集中的综合行政执法体系，建设网上执法办案系统；建立健全国际仲裁、商事调解机制和工资环境损害监督等制度，完善工资支付保障机制；推动形成权界清晰、分工合理、责权一致、运转高效、法治保障的体制机制；建立行政咨询体系，健全依法决策机制和成都自贸试验区重大事项法定听证制度；建立健全廉洁监督机制，积极探索监察体制改革；建设多方参与的社会治理新体系，优化法治环境。

（一）制定配套制度

成都市司法局制定出台了《关于服务成都自贸试验区建设2017—2019年的实施方案》《服务保障中国（四川）自贸试验区成都片区建设十八条措施》等系列制度，成立了成都市司法局自贸试验区建设工作领导小组，为各项工作扎实有序开展奠定了坚实的基础。

成都市司法局以营造法治化、国际化、便利化的营商环境为目标，在涉外法律服务上正在打造"五个一"工程，即一支队伍、一个论坛、一个联盟、一个综合体、一套指南，推进自贸试验区建设和服务保障的完善。具体而言，一是将举办自贸试验区法律服务高峰论坛常态化，为自贸试验区的法律服务创造国际交流与合作的平台。二是发挥自贸试验区法律服务联盟的作用，有效提升成都法律服务的国际竞争力和区域话语权。三是推进"一带一路"服务机构运作规范化，打造统一品牌，开展专业指导。四是遴选一批成都涉外法律服务领军人物，探索建立法律服务联盟"智库"。五是打造"一带一路"法律服务（成都）中心，为成都市民和企业"走出去"提供便捷高效的法律服务。在具体落地过程中，成都市司法局依据各地实施情况将目标和任务拆分成不同重点，进行具体的部署落实。

（二）开展宣传总结

一是注重总结提炼。对一年来在自贸试验区建设服务保障中的重大进展、特色亮点和主要成效进行总结提炼，努力形成可以推广、特色鲜明的经验做法。二是打造特色品牌。自贸试验区法治建设立足自身职能，深挖自身优势，主动争取试点任务，主动创新工作模式，在创新处找突破，在细节处出特色。三是加强宣传报道。借助微博、微信等媒体平台的资源，加大宣传和报道的力度。同时，成都市司法局还积极对接成都自贸试验区管理机构，提供相关宣传素材，推广介绍司法行政服务保障自贸试验区建设的经验做法，扩大司法行政的影响力，提高司法行政的社会声誉。

二 拓展司法审判职能

根据国务院确定的《总体方案》，成都自贸试验区承担着加快政府职能转变、扩大投资范围、推进贸易发展方式转变、深化金融领域开放创新、完善法律制度保障等方面的任务。为充分发挥人民法院的审判职能，积极服务四川自贸区各项改革与创新，切实保障四川自贸区国际化、市场化、法治化营商环境的构建，四川省高级人民法院于 2018 年 8 月 2 日发布了《关于发挥审判职能作用服务保障中国（四川）自由贸易试验区建设的意见》。成都市人民法院以意见为指导，切实完成司法保障的任务和目标。

（一）拓展审理范围

成都市中级人民法院设立了"自贸试验区案件专门审判合议庭"，建立"跨庭约请"审判机制。在天府新区成立的成都知识产权审判庭，跨区域受理全省范围内有关专利、植物新品种等专业技术性较强的第一审知识产权民事和行政案件，发生在成都市辖区内有关商标、著作权、不正当竞争、技术合同纠纷的第一审知识产权民事、行政案件，不服成都市辖区内基层人民法院判决的第一审知识产权民事、行政、刑事案件的上诉案件。法院继续推行民事、刑事和行政"三位一体"审判模式。在双流区成立首个自贸试验区专业化审判团队，在高新区将自贸区法庭和知识产权法庭合署办公，集中审理公司、金融、保险、其他商事、知识产权五类案件。

（二）应对新型案件

2018年7月12日，四川天府新区成都片区人民法院（四川自由贸易试验区人民法院）经最高人民法院、四川省委编委批准正式挂牌成立。以审理的涉高新自贸试验区案件为代表，自贸试验区各类案件主要呈现以下特点。

在刑事领域，案件主要集中在利用自贸试验区的特殊监管环境来破坏自贸试验区的市场经济秩序。犯罪类型包括侵害知识产权犯罪、虚假出资、非法经营、走私洗钱、逃税、骗取出口退税、非法集资、金融诈骗等。主要呈现以下几个特点：一是案件数量上升且集中，新增刑事案件大多集中在对自贸试验区市场经济秩序的破坏；二是罪与非罪之间的界限更加难以划清，在虚假出资、抽逃出资、非法经营等犯罪的犯罪构成认定上，需要顺应自贸试验区的市场机制，把握尺度；三是跨境犯罪开始出现，随着自贸试验区推进国际化和开放力度加大，跨境侵犯知识产权、走私、逃汇等新型犯罪形式开始出现，这为审判工作提出新的挑战。

在民商事领域，民商事案件作为涉自贸试验区案件的主体，呈现多样化的趋势。案件主要涉及劳动争议、房地产、投资、贸易、金融、知识产权、公司股权等领域。主要呈现以下特点：一是新类型案件不断增多，伴随自贸试验区的经济体制机制不断创新，各种新类型的交易方式不断出现，新类型的纠纷也就随之产生，如融资租赁、商业保理、金融衍生品交易、电子商务、知识产权等领域的新型纠纷。二是案件结构具有新特点，金融类和知识产权类案件占很大比例。金融类案件不仅数量庞大，而且诉讼标的额也较大。三是案件复杂，程序性法律问题也较为突出。一般而言，不仅有大量的民事和商事案件，而且案情一般较为复杂，适用法律多样，送达程序困难。一些案件除了适用我国大陆地区法律外，还要根据当事人的预先选择，适用相关国家或港澳台地区的法律法规或相关规定。同时，涉及港澳台地区以及域外送达取证的案件也增多，涉外案件的送达、取证以及域外法律的查明面临许多亟待解决的新问题。

在行政领域，案件主要集中在支持与监督政府在自贸试验区依法行政方面。自贸试验区承担的一个重大任务就是加快政府职能转变。人民法院在行使行政审判职能时，可以促进政府职能转变和依法行政。自贸试验区成立以来，行政类案件的最大特点在于行政诉讼应诉工作取得积极进展。自贸试验区法院重点构建行政机关负责人出庭应诉的相关制度，作为被诉方的成都市市级机关、自贸区行政机关的负责人出庭应诉率有了显著提升。

（三）提供司法保障

法院积极行使对金融纠纷等商事纠纷的审判职能，采取多项举措维护了自由贸易试验区的金融秩序。

1. 开辟绿色诉讼通道

高新区人民法院针对涉自贸试验区金融类案件较多的情况，为自贸试验区的金融案件建立了快速审理通道，以便快速公正地处理相关案件。一是对于在专项服务中提交立案的案件，推行"立、审、执一站式服务"模式，大力加强诉讼服务。充分利用信息技术，通过"一键提交"立案系统，节省了当事人的诉讼时间和成本。二是增设涉自贸试验区金融类案件专门立案窗口，统一集中立案，建立专业化的审判团队，对金融纠纷进行专项审理，集中保障各金融机构的合法权益。

2. 创新构建诉前调解机制

为了有效解决自贸试验区内金融纠纷案件多、相关处理人员少的矛盾，自贸试验区法院组织力量调研自贸试验区金融机构诉前调解机制。目前，高新区人民法院与四川银行业纠纷调解中心建立了联调联动机制，形成了《成都高新区涉银行业纠纷案件联调联动工作实施意见》。双方正在对进一步的实施细则及布点进行沟通协商，争取尽快落实新型纠纷快速处理机制，为解决自贸试验区的金融纠纷提供更多便利。

3. 解决涉外商事案件送达难题

作为最高人民法院授权的对一些涉外民商事案件享有管辖权的基层法院，高新区法院近年来通过涉外商事审判，有力保障了辖区内国际经济交流的良好法治秩序。同时，通过一段时间的实践，高新区法院也发现涉外商事案件因送达时间长、效率低，易形成长期不能结案的问题。因此，为有效应对此类问题，着力化解积案，高新区法院采取了相关措施。一是系统梳理涉外送达相关规定，对涉外商事案件送达涉及的法律制度进行系统梳理；二是灵活选取涉外送达方式，根据案件的具体情况，制定涉外商事案件司法文书送达的操作流程指引；三是加强送达流程管控与当事人协调，规范涉外送达监管机制，加强法官及助理对送达流程的把控。对通过外交途径的送达，做到慎重启动、随时跟踪，最大限度提高涉外送达质效。

4. 形成金融案件司法建议常态化机制

针对自贸试验区内频发的金融类案件，法院一方面通过司法建议、司法白皮书等形式，根据案件特性对审理流程进行自查自纠，另一方面也建议金融机构加强内部管理，建立和完善信用体系。例如在签订合同和办理信用卡时，必须进行"五查"，即查主体、查用途、查资信、查能力、查手续；加强贷后监管，防止借款用于其他目的或不正当活动，确保贷款使用途径；建立定期回访制度等。金融机构一方面应加强风险内控，并在发卡后定期回访持卡人，确认其地址和单位，防止因其变更地址后未办理信息变更手续，给未来的诉讼留下隐忧；另一方面也要增强法律意识，对于借款人贷款到期不还的，金融机构应尽早向法院起诉，积极依靠法律手段收回贷款，以避免损失的扩大。

（四）保护创新成果

法院积极行使知识产权审判职能，保护自贸试验区的创新成果。在自贸试验区内，创新和发展始终是不变的主题。对创新成果的保护和利用，尤其是知识产权制度的建设完善，尤为重要。自贸试验区各法院为积极加强对知识产权类案件的审理力度，主要采取了以下措施。

第一，切实做好知识产权审判工作。充分利用自贸试验区法院的人才储备和知识优势，开辟专门通道、选派精兵强将专门从事知识产权审判工作，确保依法公正、快速审理知识产权案件。深入完善知识产权民事、刑事、行政案件"三位一体"审判机制，为创新主体提供优质、高效的知识产权司法服务。

第二，拓展知识产权案巡回审理范围。在自贸试验区内各知识产权案巡回审理点的基础上，进一步拓展巡回审理范围。每年选取一定数量的知识产权案件，到不同园区进行巡回审判，让法官深入园区企业，当场处理案件，及时解决矛盾纠纷。通过现场普法，园区企业将提高维权意识和及时保全证据的能力，在企业经营中提前预防法律风险。

第三，建立知识产权专家库。在法院现有知识产权专家陪审员备选库的基础上，四川自贸试验区法院于2019年4月聘请省内外法学、经济学、金融学等领域的15名专家，组建自贸审判专家咨询委员会，支撑国际贸易、国际金融、知识产权等商事纠纷审判。目前，法院已与中国人民大学、电子科技大学、西南财经大学、四川大学等知名院校建立了联系。法院定期组织专家为机关及企事业单位举办讲座、培训，接受咨询，为企业培养、储备知识产权专业人才，为创新生态环境的打造提供智力支持。

第四，建立案例指导和典型案例发布机制。在审判过程中，法院密切关注涉案企业知识产权的创建、管理、应用和保护中存在的问题，并通过交换意见和书面建议提供指导和预警。每年一到两次定期统一发布重大、典型性案例，编撰案例手册发放给机关及企事业单位，使企业熟悉有关知识产权的司法政策导向，并更加有针对性地运作和保护知识产权。

第五，完善司法与行政有效衔接机制。在自贸试验区现有的知识产权保护联席会议制度框架下，进一步加强司法机关与行政机关之间的有效衔接，探索法院、检察院、科技局、工商局、社会事业局、公安局、海关等相关职能部门的协调和联动机制。完善信息预警和共享机制，健全打击知识产权犯罪协同机制，形成知识产权保护协同的扎实长效机制。

（五）监督政府依法行政

法院通过发布行政审判白皮书，公布行政案件审判情况，分析行政执法态势，对行政机关提出针对性建议，促使其提升依法行政水平。法院就政府信息公开、行政复议等依法行政典型个案、类案等向区内行政机关发出司法建议，向党委、政府提交专报，组织实施依法治理专题调研。与区内行政机关建立联席会议长效机制，加强审执联动，实现信息共享。在此机制下定期开展专题交流座谈，促进行政机关与法院之间的良好互动，提高依法治区的水平。

（六）打击涉自贸试验区刑事犯罪

为了满足自贸试验区刑事审判工作的需要，法院坚持推进以"以审判为中心"的审判实质化改革，优化庭前会议、庭前准备，开展刑事庭审证据调查规则研究细化工作，注重与书证、物证出示相关的实证课题调研，进一步完善刑事案件繁简分流、轻刑快处机制。法院在提升效率的同时，确保证据裁判、非法证据排除、疑罪从无、程序公正等法律原则落到实处。

三 提升公正检察能效水平

自贸试验区检察院积极融入国家重大战略，从全面推进依法治国的战略高度，准确把握公诉工作面临的新形势、新任务、新要求，着力提升公诉工作理念，充分发挥公诉的职能和作用，努力探索检察环节治理能力和治理体系现代化的路径方向，维护国家安全稳定、促进社会公平正义、保障人民安居乐业。

（一）推动自贸试验区检察工作落实

成都市检察院积极融入由成都自贸试验区建设工作领导小组牵头，管总、管委会统筹协调，以四个落地区域为主体、八个功能组为支撑的自贸试验区建设工作推进体制，进一步明确自贸检察职能定位。通过前期充分调研、科学论证，成都市检察院在全国第三批 7 个自贸试验区落地区域检察机关中，率先制定了《关于服务保障中国（四川）自由贸易试验区成都片区建设的意见（试行）》。《意见（试行）》从依法惩治经济犯罪、强化知识产权保护以及创新民事、行政检察监督等 10 个方面明确了检察机关履职尽责的路径目标，着力构建全市检察机关服务保障自贸试验区建设的领导统筹、执法办案定期通报反馈和自贸试验区法律风险分级管理等 8 项自贸检察工作机制。围绕《意见（试行）》落地落实，成都市检察院配套制定了全国首个《自贸检察工作规程》，在明确全市两级检察院和相关内设机构工作职责的基础上，分别就监督、研判、服务三项工作明确了相应的具体工作落实措施。高新区、双流区、青白江区检察院也结合落地区域自贸工作实际，分别制定了相应的服务保障工作实施意见。

（二）探索检察工作平台建设

成都市检察院充分研究检察机关服务保障自贸试验区建设的平台载体设置问题，结合成都市落地区域基层检察院机构人员编制和区域特色等实际情况，探索建立了自贸试验区的服务前沿阵地和专业机构。高新区检察院以"三个小组"架构为依托，成立服务自贸建设专班，归口自贸检察事务性工作和办案工作，并在区内高新企业集聚、自主知识产权拥有量较大的腾讯众创空间，设立成都高新技术产业开发区人民检察院驻菁蓉汇知识产权保护检察官工作室，打造"企业门口的检察院"。青白江区检察院设立了首个派驻自贸试验区的检察室——成都市青白江区人民检察院派驻中国（四川）自贸试验区成都青白江铁路港片区检察室，探索派驻检察室常态化履职与具体办案工作专业化归口相结合的工作机制。双流区检察院创新运用"互联网＋检务服务"，设立自贸试验区网上检察室，集成教育、警示、沟通、反馈等多项功能，提供案件程序性信息查询、辩护与代理预约申请、法律文书公开等12项在线服务，为市场主体办理相关检察业务创造便利化条件。同时，成都市检察院深入分析研究深圳前海蛇口自由贸易试验区人民检察院、广东自由贸易试验区南沙新区片区人民检察院等在自贸试验区建立特别检察院的方式及相关经验和做法，推动"设立自贸试验区专门司法机构（检察院）"并纳入成都自贸试验区建设试验任务。2018年11月，最高人民检察院批复同意设立四川天府新区成都片区人民检察院（四川自由贸易试验区人民检察院）。

（三）推动自贸试验区检察协作

成都市检察院积极融入"1＋3＋7＋1"自贸检察协作机制，加强与上海、天津和广东等前两批自贸试验区落地区域检察机关的沟通衔接合作，积极借鉴推广前两批自贸试验区的先进经验。成都市检察院2018年作为唯一的第三批自贸试验区落地区域检察机关，受邀参加在上海举办的全国自贸检察工作座谈会。邀请上海市浦东新区人民检察院代表参加成都市检察机关服务保障自贸试验区建设推进会。会上，两地检察机关代表深入交流沪蓉两地检察服务保障工作，共同探讨自贸检察理论和实践的热点、难点问题，并会签《关于建立自贸试验区检察工作对接合作机制的备忘录》。备忘录就工作信息交流、执法配合衔接和自贸检察典型案例联合发布等五项内容建立了相应工作机制。按照中共四川省委"一干多支、五区协同""四项拓展、全域开放"的战略部署，主动与天津滨海新区人民检察院、深圳前海蛇口自贸试验区人民检察院等建立互动机制，深化与四川省泸州检察机关的协调联动。主办全国"1＋3＋7＋1"自贸试验区检察机关服务支持自贸试验区建设工作交流研讨会，推进新形式的自贸检察工作，形成优势互补、资源共享、协调发展的自贸检察工作新格局，不断提升成都自贸检察工作在全国的影响力。

（四）打击自贸试验区内违法犯罪

成都市检察机关创新履行检察职能，努力营造对标一流的法治化、国际化和便利化的营商环境。充分履行刑事检察职能，依法惩处和预防自贸试验区的违法犯罪。严厉打击阻碍自贸试验区有序发展、改革创新的各类犯罪，努力营造自贸试验区和谐稳定的社会治安环境。从自贸试验区成立至 2019 年 1 月，成都检察院共受理成都自贸试验区范围内审查逮捕和审查起诉的案件 1364 件，涉及 1900 人，批准逮捕涉故意伤害、抢劫和盗窃的犯罪嫌疑人 164 人，起诉 205 人，批准逮捕涉骗取贷款、信用卡诈骗和非法吸收公众存款等破坏经济秩序的犯罪嫌疑人 52 人，起诉 70 人。与此同时，努力营造自贸试验区宽严有序的法治环境，依法对 2 名涉嫌轻微刑事犯罪、确有悔罪表现的自贸试验区企业人员作出不起诉决定。多渠道强化自贸试验区犯罪预防，探索将行贿犯罪档案等数据接入征信平台，推动自贸试验区社会信用体系建设。组织开展"成都自贸大讲堂"和"检力护智、创领发展"等系列活动，将前期梳理出的全国范围内 20 余个涉自贸试验区典型案例在自贸试验区内重点企业进行宣讲。发放《知识产权保护宣传册》《服务自贸检察工作手册》等宣传资料，提示市场主体预防与经营管理活动相关的法律风险。

（五）开展民事、行政检察工作

自贸试验区成立以来，成都检察机关依法对自贸试验区内的民事诉讼和行政诉讼等司法活动进行了法律监督。截至 2019 年 1 月，成都市检察院审理了自贸试验区内的 22 起民事、行政检察监督案件。与此同时，根据自贸试验区制度创新特点，不断强化民事、行政检察履职创新。高新区检察院和双流区检察院根据知识产权刑事、民事和行政案件的密切关联性，在知识产权保护中整合刑事、民事、行政检察引导维权职能。为自贸试验区初创企业、小微企业等提供知识产权案件引导维权服务，并开展相应的支持起诉工作。青白江区检察院着力加强自贸试验区市场主体工资支付检察保障机制建设，会同自贸试验区内相关单位和市场主体召开"基础设施及产业化在建项目清欠工作会"，及时处理与自贸试验区有关的劳动争议案件中工人的工资支付问题。通过支持起诉、提供法律援助、加强法律监督等方式依法支持劳动者的合法诉求，切实有效保护劳动者的合法权益。

（六）推进检察职能改革创新

成都市检察院紧紧围绕制度创新这一核心任务，努力在自贸试验区开放创新的环境中探索既适应自贸试验区法治化、国际化、便利化要求，又符合司法规律、高效运行的检察工作新思路、新模式和新方法。成都市检察院通过前期调研论证提出健全自贸试验区法律检察体系，2018年9月5日，成都市检察院发布《成都检察机关服务保障成都自由贸易试验区建设周年白皮书》。《白皮书》介绍了检察机关服务保障自贸试验区建设的主要做法，一年来全市检察机关办理自贸试验区实施范围内各类案件的基本情况、特点和值得关注的问题，并对进一步完善自贸试验区法治保障工作提出对策建议。高新区检察院针对知识产权司法实践中存在的"报案难"和"取证难"等突出问题，积极探索知识产权刑事案件双报制度改革创新，即当知识产权权利人合法权益受到侵害，在向公安机关进行刑事报案的同时，可以通过邮寄、微信公众号等途径向检察机关报送相关材料，检察院将提前介入，引导取证，对公安机关进行刑事案件立案监督和侦查监督。该机制已进入首批成都自贸试验区"十大典型实践案例"以及中国（四川）自由贸易试验区第二批复制和推广经验案例。

四 拓展国际司法交流平台

中央经济工作会议提出，推动全方位对外开放，要适应新形势、把握新特点。拓展国际司法交流是进一步深化自贸试验区全面开放的制度建设的重要组成部分。为推进自贸试验区进一步扩大开放和创新发展，成都市司法系统出台了具体的司法配套措施，争取形成更多体现司法公正、司法效率、可复制可推广的制度创新成果，进而推动自贸试验区的改革红利在更大范围内释放。

（一）打造法律服务国际交流合作平台

为贯彻落实习近平同志来川重要讲话精神及中共四川省委十一届三次全会、成都市第十三届三次全会和对外开放大会精神，成都市律师协会、中国国际贸易促进委员会（四川）自由贸易试验区服务中心主办了"首届中国（四川）自贸试验区制度创新法律论坛"。论坛受中国国际经济贸易仲裁委员会和成都市司法局指导，体现了成都市司法系统运用法治力量为成都实现"三步走"战略目标和建设全面体现新发展理念城市保驾护航。

论坛围绕中国涉外审判的热点和难点，中美经贸关系中的热点法律问题以及新形势展开，深入探讨海外投资法律风险的防范与应对、服务贸易国际法律保护、争议解决等问题。在"自由贸易区国际铁路运输的制度创新"及"自由贸易区争端解决机制的创新"分论坛上，专家学者就自贸试验区知识产权司法保护的思考、蓉欧铁路提单的国际规则与法律创新、律师参与自贸试验区国际商事调解机制创新以及打造更加优化的自贸试验区运行环境等问题分别进行了圆桌分享。

论坛首次发布了《全国律协涉外律师领军人才成都宣言》，体现了律师团队服务大局、开展服务的坚定决心，向全世界发出了强有力的维护正义、促进公平的法治声音。论坛还发布了新书《"一带一路"沿线国家法律环境国别报告》（第三、四卷）、《涉外律师在行动》（第四册）。此外，成都市律师协会和中国国际贸易促进委员会（四川）自由贸易试验区服务中心、成都天府新区自贸试验区管理局、成都高新自贸试验区管理局、成都双流自贸试验区管理局、成都自贸试验区青白江片区管理局、中国（四川）自贸试验区川南临港片区管委会六家单位正式签署了《中国（四川）自贸试验区建设法律服务战略合作框架协议》。这标志着成都为自贸试验区培育国际化、法治化的营商环境，推动自贸试验区产业发展，将自身打造成内陆开放高地，构建立体全面的开放新格局，在法律保障方面迈出了实质性的一步。

（二）发展涉外法律服务，保障公正司法

发展涉外法律服务，是建立完善的法律服务体系、增强法治保障能力、促进城市全面对外开放的重要举措。自贸试验区法治建设围绕成都市高质量发展和扩大对外开放的目标，坚持创新发展，努力提供优质高效的涉外法律服务。为深入贯彻成都市对外开放大会会议精神，成都市司法部门积极推进涉外法律服务创新、方法创新和管理创新，不断丰富服务载体，提高涉外法律服务的能力和水平。自贸试验区的司法建设坚持协调"走出去"和"引进来"，促进涉外法律服务，以匹配内陆开放高地的建设。从法律服务的实际情况出发，为遵循发展规律，充分发挥政府主管部门、行业协会和法律服务机构的作用，共同促进发展，成都市政府采取了一系列促进措施。

一是为建立现代公共法律服务体系，成都市在自贸试验区内建立公共法律服务中心。通过整合律师、公证人、司法鉴定、法律援助等法律服务资源，集中提供国际贸易、跨国企业并购、知识产权、破产清算等"一站式"法律服务。加快自贸试验区"社区法律之家"、涉外法律援助工作站建设，为自贸试验区内的企业和人员提供便捷的法律服务。

二是为成都自贸试验区中企业和公民"走出去""引进来"提供法律服务。鼓励法律服务机构开展外国法律制度和法律环境咨询服务，加强对市内企业主要投资国家法律制度和法律环境的研究，努力做到市内的企业和公民走到哪里，涉外法律服务就跟进到哪里。参与企业涉外商事尽职调查，开展风险评估防控，协助成都市企业建立健全境外投融资风险防范和权益维护机制，防范法律风险。鼓励成都律师事务所积极参与跨境投资和融资、跨境兼并与收购、国际贸易争端解决，参与反倾销、反垄断调查和诉讼，做好涉外诉讼和仲裁工作。拓展涉外知识产权法律服务范围，加强在专利、商标和著作权保护以及涉外知识产权纠纷解决方面的法律服务。依法维护成都市公民、法人在海外的正当权益。依托"外籍人士之家"服务点，贴近外籍人

士生活，通过"12348"公共法律服务热线，开展英语、韩语等多语种法律咨询，提供符合国际惯例的法律服务。

三是进一步完善涉外民商事法律服务平台。建立"一带一路"国际仲裁中心、"一带一路"国际商业调解中心和外国法律查明中心，提供符合国际惯例的法律服务。依托"四川·成都涉外法律援助工作站"，全面覆盖涉外刑事庭审的法律援助。建立健全知识产权海外维权援助机制，加快构建企业海外知识产权援助平台。组织涉外法律服务交流活动，吸引国际高端法律服务资源到成都。

四是进一步创新涉外法律服务。鼓励律师事务所和其他法律服务机构与信息技术公司合作，在全球化和信息化的背景下探索新的涉外法律服务方式。利用大数据、物联网、移动互联网、云计算等新一代信息技术，推动涉外法律服务模式的创新。培养和发展涉外法律服务网络平台，促进在线法律服务与线下法律服务的整合。促进涉外法律服务与会计、金融、保险、证券等其他服务行业的各种形式的专业合作。深化法律服务业的开放，加强宣传推广。引导涉外法律服务人员在实践活动中开展法治宣传，向有关国家和地区宣传中国的法律制度，特别是投资、贸易、金融、环境保护等领域的法律规定。增进国际社会对中国法律制度的了解和认知。采用多种形式，加大对涉外法律服务的宣传和推广力度，为涉外法律服务的发展营造良好氛围。

在社会主义法治理念提出之后，司法公正就已经成为人民群众与理论和实践领域的学者较为关注的问题之一。诚然，从我国现阶段司法公正的实际情况来看，还没有达到理想的目标状态，但是自贸试验区作为改革试验的先锋，可以针对这一问题采取更广泛、更新颖的应对措施，来提高人们对于司法公正的社会认同，把司法公正的制度福利辐射到更广、更深的领域，推动自贸试验区的整体发展。

成都自贸试验区社会法治报告

张虹 胡洲*

摘　要： 自 2017 年揭牌以来，成都自贸试验区各项改革创新纵深推进，其中社会法治涉及广泛，本文择取了与社会经济密切相关的社会信用、食品安全、法律服务、社会治理等领域予以重点阐述。成都自贸试验区遵循重大改革于法有据，实现自上而下的顶层设计与自下而上的公众参与双向并进，逐渐形成了协同共治的社会法治格局。

关键词： 成都自贸试验区　社会法治　协同共治

前　言

　　成都自贸试验区各项改革正在路上，犹如"千树万树梨花开"。而社会法治涉及方方面面，成都自贸试验区在社会信用、食品安全、法律服务、社会治理等方面锐意改革，以法治引领改革，做到重大改革于法有据。成都自贸试验区在社会法治进程中积累了自身的经验，包括：政府主导，深化政府服务；社会共治，前瞻性推进自贸试验区改革；依法治理，构建自贸试验区制度；过程监管，事前事中事后监管并重。

---
* 张虹，四川省社会科学院法学研究所副研究员，硕士生导师。胡洲，四川省社会科学院研究生院法律硕士。

一　成都自贸试验区社会法治建设概况

（一）社会信用体系建设：科技助推奖惩并举

1. 深化社会信用支持政策

《中国（四川）自由贸易试验区总体方案》将信用体系建设列为构建事中事后监管体系的重要内容与支撑。《中国（四川）自由贸易试验区实施方案》将信用体系建设分解为五大方面：完善社会信用体系、建立企业网上信用承诺制度、规范开放征信服务、健全守信激励和失信惩戒机制、加强对第三方开展企业信用评价工作的引导和监督检查。

为更好地支持自贸试验区社会信用的建设，成都市政府出台了《成都自贸试验区建设三年试验任务行动计划（2017—2019年）》，指定由市工商局作为牵头人负责此项试验任务的落地实施。为了将试验任务转变成可操作、可试验、可检验的行动和实施程序，陆续出台了一系列方案、政策，针对自贸试验区信用体系建设的政策支持体系逐渐形成。在全国首创"信用预审"模式，前移信用监管，把原设定于事中事后监管的举措同步至行政许可审批环节，对企业集群注册实施信用审核。

为了推进社会信用建设，制定了社会信用体系发展规划，建立健全成都市公共信用信息系统，提升信用中国（四川成都）门户网站相关功能。建立完善工作机制，制订工作计划。例如，青白江区印发《关于调整成都市青白江区社会信用体系建设领导小组组成人员的通知》（青信领发〔2017〕1号）、《成都市青白江区2017年社会信用体系建设工作年度计划》（青信领发〔2017〕2号）和《关于下达2017年社会信用体系建设工作目标任务及考评细则的通知》（青信领办发〔2017〕1号）。

2. 创新建设成都市市场主体智慧监管平台

成都市在全国领先探索市场监管新理念，把大数据、人工智能、智慧管理等新技术应用到市场监管领域，创新建设成都市市场主体智慧监管平台，构建以信用监管为核心的事中事后监管体系，实现全市跨部门协同监管和联合惩戒。《成都市市场主体智慧监管平台建设工作方案》于2018年4月20日由成都市政府办公厅正式印发。6月26日正式启动成都市市场主体智慧监管平台建设工作，覆盖工商、食药监、质监等业务领域的软件开发工作基本完成，12月6日通过了初验，并于12月31日前在成都自贸试验区范围投入试运行。

3. 率先探索建立市场主体信用积分管理制度

在全国率先探索市场主体信用积分监管新思路，自主研究"成都市市场主体信用积分管理"系统，为营造优良新型的营商环境提供技术支撑。围绕联合奖惩、事中事后监管和政务服务，协同推进信用积分在市场监管、公共资源交易、项目审批、专项资金安排、政府资金补贴等重点领域的应用，有效实施联合奖惩。当前已经处于基础软件测试阶段。

4. 加强与银行的信息互通，完善信贷业务

定期将"壮大贷"项目诚信守法支持名单和失信违约名单，以及"民营企业应急周转金"诚信守法支持名单和失信违约名单，通过成都市工业和信息化综合管理平台推送到成都信用信息系统。以成都市银企校院"四方"对接服务平台为载体，建设以"企业库、机构库、产品库、融资需求系统、融资信息登记系统"为主要内容的"三库两系统"，取得了不错的成效。积极推进"壮大贷"工作，及时与银行了解贷款企业守约情况，目前没有企业存在违约现象。例如，截至2017年9月，"壮大贷"已向丽雅纤维、台嘉、瑞奇石化等10户企业投放了7760万元贷款，完成对成都立腾300万元贷款的审批等。未来将强化企业融资信息收集，加强与银行的信息互通，推进"壮大贷"工作开展。

5. 区域实践

（1）青白江片区建立企业网上信用承诺制度。

第一，启动企业网上信用承诺。开展企业事中事后监管社会共治试点，开展"百千万"企业信息诚信公示工作，建立企业经营异常名录和严重违法失信企业名单，推行企业网上信用承诺制度，建立信息公示和预警制度，

探索"线上线下"一体化监管工作机制和模式，制定《成都市工商行政管理局关于推进线上线下一体化监管的实施意见》。未来将充分利用成都市信用红黑名单相关信息，促进《成都市工商行政管理局关于推进线上线下一体化监管的实施意见》的落地和实施。

第二，启动事中事后综合监管平台建设。青白江片区已在"成都信用（四川成都）"开通青白江信用子平台，利用子平台开展工作，并配合市级政府和部门启动事中事后综合监管平台建设工作。

第三，建立成都市市场主体信用积分管理制度。持续坚持与市级牵头部门的工作联系和互动，随时配合市级管理部门做好成都市市场主体信用积分的管理、咨询、相关指标的设计等工作。

第四，构建"三段式"监管方式。组织构建事前提醒告知、轻微违法约谈与告诫、严重违法依法处置的"三段式"监管方式。大力宣传《企业信息公示暂行条例》，督促企业履行相关信息公示义务，在营业执照上加载企业按时年报提示信息，在登记环节指导企业签署网上信用公示承诺书，履行"双告知"职责。

（2）天府新区建立自贸管理信息系统。

首先，天府新区以电子政务大数据平台为支撑，率先建成操作简便、数据精确、实时更新的天府新区自贸管理信息系统。

其次，天府新区主动对接成都市公共信用信息系统，成为首家获得信用信息批量查询权限的区级部门。

最后，天府新区自贸办在对信用数据进行核查的过程中，利用天府新区自贸管理信息系统中企业信用异常名录进行筛选，协调成都市公共信用信息中心与天府新区基层治理和社会事业局，对社保欠费数据进行核实，并主动联系企业，提醒潜在风险。

（3）高新区推进社会信用体系建设。

一是推进统一社会信用代码建设和部门间数据交换共享，建设公共信用信息目录和公共信用信息运用清单。2018年12月，已实施编制公共信用信息目录和公共信用信息运用清单，并编制拟定公共信用信息《数据元》《数据规范》，实现各成员单位的信用数据交换共享和应用，推进公共信用信息共享使用。

二是完善社会信用体系，推动各部门间依法履职信息的联通和共享。内容包括：企业环境信用等级评价制度的建立，完善评价指标和评分方法，夯实信用评价的数据基础，推动信用评价的信息化管理，实施评价结果的动态调整。例如，根据成都市环保局的工作部署和安排，高新区共有25家企业参与企业环境信用等级评价。截至2018年4月，25家企业环境信用评价工作已全部完成（其中，20家获评省级环境信用评价企业，5家获评市级环境信用评价企业），并统一由省环保厅、成都市环保局对评价结果进行公示。

三是健全守信激励和失信惩戒机制。制定了联合奖惩目录清单，重点推动政务诚信、商务诚信、社会诚信、司法公信等领域的联合奖惩机制的落地实施。

（二）食品安全：新量化分级试点提升餐饮业质量安全

食品领域原有的量化分级制度共运行了十余年，2018年起成都自贸试验区积极实施新量化分级试点。2002年，卫生部出台了食品卫生监督量化分级管理制度，主要运用危险性评估原则对食品生产经营单位进行风险度和信誉度量化评价和分级，确定监管重点，强化企业的责任。虽然2012年国家食药监总局进行了大的改进，但随着社会发展，原评价办法等级划分粗放、标准设置老化、评定过程繁琐、评定与应用脱节等问题日渐突出，既没有达到分级分类科学监管的要求，也不能满足餐饮业多样迅猛发展的需求。2018年初始，成都市受领国家食药监总局、四川省食药监局赋予的开展新餐饮服务食品安全等级评定试点工作，以点带面，积极探索试点经验。成都自贸试验区全面配合食品安全试点工作，积极践行。

1.精心筹谋，高位推动

成都市委、市政府高度重视餐饮服务的安全和质量情况，主要领导多次做出重要批示指示，并实地调研、明察暗访。例如，罗强市长带队暗访，实地调研餐饮服务品质提升行动落实情况，对新量化分级工作做出重要指示，要求"进一步擦亮世界旅游名城、国际美食之都的金字招牌，共建共治共享美好家园"。成都市食药监局将餐饮服务品质提升行动纳入全局2018年重点改革任务，印发了《关于开展餐饮服务食品安全等级评定试点工作的通知》，确定了"力争通过三年行动计划，实现餐饮服务食品安全等级管理全覆盖，学校（含幼儿园）食堂基本消除一般等级。到2018年底、2019年底、2020年底，学校（含幼儿园）食堂、中型以上餐饮服务单位食品安全量化分级好和很好以上的分别达到80%、85%、90%"的试点改革任务，并纳入目标管理。辖区内各区（市）县均成立了餐饮服务食品安全等级评定委员会，负责等级评定的组织、协调等工作。

2. 全面覆盖，全域试点

科学合理设定试点区域、试点领域、试点步骤，确保样本量和覆盖面达标。试点区域覆盖辖区内所有区（市）县，要求每个区（市）县选取不少于1个街道（乡镇）的全部餐饮服务单位推行新量化分级试点。同时，针对成都市小餐饮数量庞大的实际，拓宽试点对象范围，不局限于对持食品经营许可证的餐饮服务单位的评级，还将取得备案证的2.1万家小餐饮单位同等纳入了量化分级评定范围，确保试点样本形式的全面覆盖。

3. 标准引领，高端示范

试点中因地制宜，针对餐饮服务产业基础不同，支持有条件的地区优先推行智慧化、标准化、精细化管理模式，建设特色街区。在试点街区，所有取得食品经营许可证和四川省食品小经营店（餐饮服务）备案证的餐饮服务单位推行智慧管理，积极探索"互联网＋明厨亮灶"新模式；鼓励并引导重点旅游景区小餐饮改造就餐环境、规范食品安全操作；卫生间采用水冲式，规范深入推进"厕所革命"；使用符合国家标准和卫生规范的洗涤剂、消毒剂和餐巾纸等，着力树立标准化、精细化、智慧化餐饮服务提升样板，旨在形成示范效应。

4. 智慧透明，社会共治

成都市将餐饮服务等级评定及后续动态管理纳入了全市餐饮服务智慧监管平台，作为全市"从田间到餐桌"全程可追溯监管的重要一环。试点工作实现了从评定到公示采用信息化手段一体化完成，评定项目表格全部实现电子化，评定结果及时推送至全市统一的网络平台进行公开公示，并采用线上线下双公示。消费者可通过扫描食品安全等级公示图上的二维码，查询所有通过评定的餐饮单位的等级信息。通过搭建消费终端的社会监督渠道，倒逼行业加强自律，以市场力量推动餐饮经营单位主体的责任落实。

5. 社会评价，公众参与

新量化分级模式改变了单一的监管部门专业评定方式，引入社会评价机制，公开评价标准与流程，为消费者提供参与评价通道。通过监管部门的专业评定与消费者参与相结合，增强了等级评定的客观性，更贴合市场评价和反馈的真实感受。五个等级相较原有的三个等级更加科学，评定结果更鲜明清晰。值得一提的是，增加了整改等级，有助于消费者迅速分辨、准确判断、科学选择。等级公示图也更具体直观，增加了经营者名称、场所、评定机关鲜章等要素，而且提供了网址或二维码查询功能，既方便消费者行使社会监督权，又切实激发了公众参与的积极性。

2018年6月27日，全国餐饮业质量安全水平提升现场会在成都召开，成都市餐饮服务食品安全等级评定试点经验在大会上得以推广，赢得赞誉。

（三）法律服务：顶层规范和创新实践双轮驱动

1. 涉外服务顶层规范

"一带一路"倡议是由中国首先提出的，意义深远。司法部高度重视服务"一带一路"建设工作，专门成立了服务"一带一路"建设研究中心，并组织全系统开展专题调研，首次专门制定出台了《关于发展涉外法律服务业的意见》。为加强对四川自贸试验区建设和成都"一带一路"战略推进过程中法律问题的研讨，成都市司法局指导市律师协会，组织了部分在涉外法律服务领域有丰富实战经验的专业律师编写了《成都涉外法律服务指南》。《成都涉外法律服务指南》分为境外投资篇和国内投资篇（中英文版），内容包括国内尤其是四川的外商投资法律、四川自贸试验区建设相关法律问题，以及川企主要投资的 11 个"一带一路"沿线国家，即印度、伊朗、巴基斯坦、老挝、缅甸等国的法律法规介绍和投资风险应对。

2. 加强涉外法律服务人才培养

为了更好地服务四川自贸试验区建设和"一带一路"发展，成都市遴选了首批律师涉外法律服务领军人才（20 名）和后备人才（30 名）。尤其注重对律所和律师个人的涉外业务能力予以严格把关，储备通晓国际法律规则、善于处理涉外法律事务的涉外法律机构和人才队伍，以满足"一带一路"和自贸试验区建设的法律服务需求。

3. 构建多元化纠纷解决机制

2017 年 9 月 29 日，成都双流自贸试验区、双流区法院分别与北京融商"一带一路"法律与商事服务中心正式签约，挂牌成立"一带一路"服务机制成都办公室、"一带一路"服务国际商事调解中心成都调解室。这不仅是中国第一个由自贸试验区、法院、"一带一路"服务国际商事调解中心三家合作建设的项目，也是双流区探索"大调解"工作改革，建立多元化纠纷解决机制，搭建民商事纠纷多元化调解平台的创新之举。该举措汇集多国商会（企业）、调解员、专家资源，对标国际规则、国际惯例，提升法治化水平，建立以"ADR 为主，诉讼为辅"的多元化纠纷解决机制。

为贯彻落实最高人民法院发布的《关于为自由贸易试验区建设提供司法保障的意见》和四川省委、省政府《关于构建"大调解"工作体系有效化解社会矛盾纠纷的意见》，成都市双流自贸试验区不断深化法治服务改革，创新多元化纠纷解决机制，取得了一系列重大成果。一是建立西南首个"一带一路"法律联盟服务中心，现已入驻德恒、大成、隆安等十余家律师事务所。二是积极对接新加坡国际仲裁中心、斯德哥尔摩商会仲裁院、瑞士商会仲裁院，引进国际仲裁资源，与上海国际经济贸易仲裁委员会建立友好关系。三是挂牌成立成都仲裁委员会国际商事仲裁（双流）咨询联络处，主要开展国际商事协商、调解、仲裁、诉讼等工作。四是成立四川省首个独立的自贸试验区审判团队，审理自贸试验区内发生的贸易、投资、金融、证券等类的商事诉讼。五是与"一带一路"国际商事调解中心达成合作协议，引进国际国内商事调解资源。

双流区法院将把"一带一路"服务国际商事调解中心成都调解室纳入该院的诉非协同平台，进一步完善矛盾纠纷多元化解机制，打造"诉非协同大超市"的升级版。

4. 积极开展投资促进交流活动

成都自贸试验区陆续举办了"一带一路"法律保障国际研讨会、"2017成都国际投资法律服务论坛"等有国际影响力的交流活动，成立了"一带一路"服务国际商事调解中心成都调解室。依托市律协涉外法律专业委员会、对外交流工作委员会和各分会（工作站），举办了美国投资和税务法律实务专题讲座、涉外仲裁实务沙龙、香港成都两地律师业务发展交流会等培训交流，提升了成都律师涉外法律服务能力，为对外经贸活动提供优质法律服务。"一带一路"法律服务国际交流合作会议，发起成立了"一带一路"法律服务协作体，境外24家律师事务所与成都8家律师事务所签署了《合作章程》，成为"一带一路"法律服务协作体的第一批成员单位，开启了成都律师行业对外开放发展的新征途。

（四）社会治理：多元参与社会共治

1. 搭建平台，培育社会意识

天府新区管委会及相关各部门积极承办"自贸大讲堂"活动，努力构建共建共治共享的社会治理格局。如成都市大数据和电子政务管理办公室，承办了第二十一期"成都自贸大讲堂"活动，以"深化'放管服'改革，聚焦企业和群众办事的痛点堵点，创新开展自贸区政务服务"为主题，邀请了成都市发改委、成都市经信委、成都市教育局等30余个市级相关部门和22个区（市）县政务中心的代表，自贸试验区内企业代表，及市民代表等参加，介绍自贸试验区政务服务改革创新情况，并与现场观众进行了精彩的互动交流，企业、市民的获得感大大提升。

2. 激发市场和社会活力，构建"四位一体"的社会共治新格局

成都自贸试验区的建设，注重发挥市场和社会力量的作用。例如，成都市公安局出台了《关于开展企业事中事后监管社会共治试点工作方案》，并在全国首推零售商行业社会共治新模式，联合成都市商务委、成都零售商协会等签订了《社会共治合作备忘录》，指导制定全国首个"企业公共信用等级划分标准"，努力构建企业自律、行业自治、政府监管、社会监督的社会共治格局。

同时，建立完善相关工作机制，畅通信息渠道，保障公众的知情权、参与权和监督权，强化行业协会自我规范和信用约束能力，发挥市场专业化服务组织的监督作用，引导社会公众、社会组织参与市场主体监管，推动市场主体强化主体责任，政府部门依法履行法定义务，并形成了"1+4+1"新格局，推动积累社区共建共治共享的改革案例。

3. 着力培训，规范市场竞争

以成都市质监局为例。该局为加强各行各业积极参与市场竞争的意识，推动自贸试验区建设，有针对性地开展了相关领域的培训工作。

2018年5月，在崇州市举办"成都市家具产业标准化与质量提升培训会"，邀请国家家具产品质量检测中心（成都）主任刘劼、英国标准协会（BSI）中国区战略发展总监全振军、成都市标准化研究院标准研究中心副主任欧阳青燕授课。专家分别围绕国内外家具产业标准化、质量发展趋势，对重要标准以及市场准入政策等进行解读，并就成都市家具产品质量主要问题提出改进措施和建议。

为提高成都市出口型企业积极应对技术贸易壁垒的主动性，帮助企业掌握标准话语权，服务"走出去"战略，2018年7月24日，成都市质监局与成都出入境检验检疫局联合主办了一期"主要出口产品遭遇技术贸易措施情况分析以及应对建议"培训会。来自政府机构、出口企业以及研究国际贸易和WTO/TBT市场准入的近百名代表参加了培训。

7月26日，成都市质监局组织了"成都市电子政务标准化培训会"。受邀的国务院发展研究中心李广乾处长、中国电子技术标准化研究院赵菁华主

任等专家，解读了国家电子政务相关政策、规划、标准，并从政府数据整合共享的探索历程、主数据与主数据管理、国家主数据库建设案例分析以及成都市电子政务标准化实践等方面和与会人员做了交流。

12月6日，"国内外合格评定及国际互认机制介绍培训会"在成都"中国－欧洲中心"举行，来自电子、机械、测量等领域相关企业和科研院所的60余名代表参加了培训。会议围绕合格评定的基本概念和重要性，中国以及国际上主要国家和地区的合格评定体系、认可机构和认证制度等进行了培训。

二 成都自贸试验区社会法治建设的经验

（一）政府主导：深化政府服务

在成都自贸试验区的建设中，政府各部门进一步加强责任感、使命感和紧迫感，站高谋远、务实求进，全面推进片区建设工作。进一步统筹自贸试验区建设和产业发展方向，充分发挥空港、水港、铁路港的特色和优势，培育市场主体，强化投资促进工作；夯实改革主体，培育和引进企业，增加企业数量。加快推进行政执法综合体制改革，建立"双随机、一公开"制度，开展大市场、大城管行政执法，强化事中事后监管，有效规范市场行为。加快改革创新，通过"大调研"等活动，找准制约企业发展的障碍和瓶颈，并将这项工作纳入成都自贸试验区改革试验任务，助推区域产业发展等各项举措实施。深化政府服务，全方位推动自贸试验区建设。

（二）社会共治：前瞻性推进自贸试验区改革

社会治理是一项浩大的工程，仅针对单方面治理，难以收到良好的社会效果；仅仅依靠政府单方主体推动，难以形成公众参与持久有效、形式多样的格局。

党的十九大报告在治理路径上提出推动社会治理重心向基层下移，建立共建共治共享的社会治理格局。社会治理不再只是从上而下，仅仅依靠国家、政府制定法律法规政策，靠强制力来推进相关改革，而是还包括了自下而上的，由个人、企业、社会组织共同参与的治理，是一种全新的、全面的社会治理格局。自贸试验区建设，一方面由政府主导推进改革，另一方面还需要社会主体积极参与进来，共同推进自贸试验区改革，折射出自贸试验区改革中的前瞻性、系统性、规范性特征。

（三）依法治理：构建自贸试验区制度

中共十八届三中全会提出"建设法治中国"的要求，指出："建设法治中国，必须坚持依法治国、依法执政、依法行政共同推进，坚持法治国家、法治政府、法治社会一体建设。"自贸试验区必须坚持制度创新与法治建设双轮驱动，改革和制度创新必须于法有据。只有依靠法治引领创新，自贸试验区才会有持续的发展空间，获得良性的溢出效应。只有依法治理，构建并完善自贸试验区制度，才能使得自贸试验区的改革创新之路越走越宽。

（四）过程监管：事前事中事后监管并重

监督是完善国家法治的内在要求，其有利于促进权利主体积极行使权利，促进义务主体如实履行义务。在自贸试验区建设中，事前事中事后监管是不可或缺的重要环节。构建多元主体的社会治理局面，有利于过程监管，能够促进自贸试验区各项制度更好地实施。

三 成都自贸试验区社会法治建设展望

（一）党建引领聚合力

新时代，党建是引领发展、汇聚合力的重器，也是促进自贸试验区改革创新的重要动力。人是创新的主体，深化党建工作将引领社会治理创新。中国共产党是中国工人阶级的先锋队，同时也是中国人民和中华民族的先锋队，是中国特色社会主义事业的领导核心。在四川省自贸试验区的建设中，同样应该发挥党的领导作用，加强党组织建设，发挥党建的作用，尽快实现以党建作引领，聚合各类资源、各业精英、基层民众，搭平台、促创新的愿景。

（二）公众参与兴自贸

社会治理应当涵盖自上而下的路径与自下而上的路径，两条路径有机结合，并深度融合，这是社会治理的未来趋势。成都自贸试验区建设应当拓宽社会治理的公众参与路径。坚持党的领导，党建工作应当引导社会治理向公众延伸，引领人民群众广泛参与到自贸试验区的社会治理中来，真正形成共建共治共享的格局。如此，在自贸试验区建设中，既坚持党建引领，服务大局，深化改革，勇于创新；又坚持公众参与，凝心聚力，上行下效，联动发展。

成都自贸试验区是改革的试验田与创新的沃土。社会法治建设欣欣向荣，将助推成都自贸试验区的改革创新百尺竿头更进一步！

专 题 报 告

成都自贸试验区知识产权保护报告

徐秉晖*

摘　要： 科技体制创新是四川全面创新改革的一个重点，多项知识产权领域的创新改革经验成果被纳入国务院推广支持的改革举措。中国（四川）自由贸易试验区创新知识产权运行服务体系，逐步形成"平台＋机构＋高校院所＋金融＋企业"的全方位、多层级、综合性知识产权运营服务体系，加大力度支持自贸试验区内国际科技合作项目、知识产权金融和保险创新，并设立国家知识产权运营公共服务平台成都运营中心。中国（四川）自由贸易试验区加快推进知识产权综合管理改革，构建知识产权领域的行政管理、行政执法和综合服务"三合一"大管理工作格局。位于成都自贸试验区科学城的成都知识产权审判庭挂牌成立，标志着四川省的知识产权审判进入了审理专门化、管辖集中化、程序集约化、人员专业

---

* 徐秉晖，四川省社会科学院法学研究所助理研究员，法学博士。

化的新时代。中国（四川）自由贸易试验区加快创建国家知识产权服务业集聚发展示范区，深化与国际和区域的知识产权信息资源及基础设施建设和利用方面的交流合作，持续开展多样化的知识产权宣传推广，增强公众保护知识产权及维权意识，有效提高了市场主体创新、运用、管理、维护知识产权的综合能力。

关键词： 四川自贸试验区　知识产权　创新　保护

前　言

党的十九大报告提出要"倡导创新文化，强化知识产权创造、保护、运用"。党的十九大以来，习近平同志针对知识产权工作做出了一系列重要指示，提出了"保护知识产权就是保护创新"，"产权保护特别是知识产权保护是塑造良好营商环境的重要方面"，"加强知识产权保护是完善产权保护制度最重要的内容，也是提高中国经济竞争力最大的激励"等重要论断。近年来，四川省在知识产权发展与保护领域取得了良好成绩：知识产权法规政策体系逐步健全，知识产权拥有量快速增长，知识产权保护水平不断提高，知识产权营商环境日益优化。四川省的国际影响力逐渐增强。中国（四川）自由贸易试验区为成为西部门户城市开发开放引领区、内陆开放战略支撑带先导区、国际开放通道枢纽区、内陆开放型经济新高地、内陆与沿海沿边沿江协同开放示范区，基本形成了知识产权创造、运用、管理、保护和服务的全链条，知识产权对经济发展、社会进步的激励保护作用日益彰显，四川自贸试验区的营商环境更加优化。

一 知识产权创新

（一）知识产权创新改革成绩斐然

2015 年 9 月，中共中央公布《关于在部分区域系统推进全面创新改革试验的总体方案》，四川、京津冀、上海、广东等 8 个区域被确定为全面创新改革试验区，科技体制创新是四川全面创新改革中的一个重点。截至 2018 年底，四川省知识产权领域形成创新改革经验成果 11 项，其中国务院复制推广的四川经验成果 6 项，省政府推广的知识产权改革举措 6 项；2 项入选省委全面深化改革典型案例，4 项入选知识产权强国建设典型案例。

其中，职务科技成果权属混合所有制改革被纳入国务院第二批推广支持的改革举措。2015 年 11 月，中共四川省委十届七次全会明确提出，开展高校职务科技成果权属混合所有制试点是四川省系统推进全面创新改革试验的重要任务。2016 年 6 月，成都市发布《促进国内外高校院所科技成果在蓉转移转化若干政策措施》，支持在蓉高校院所开展职务科技成果权属混合所有制改革。12 月，四川省科学技术厅、四川省知识产权局发布《四川省职务科技成果权属混合所有制改革试点实施方案》，在部分高校和高新技术企业正式启动职务科技成果权属混合所有制改革试点工作，职务发明人权益制度突破性改革率先在高校启动。成立职务科技成果"三权"改革联盟，大力推广"早分割、早确权、共享制"改革经验，形成协同推进、抱团突破的工作局面，以往"东南飞"的科技成果项目纷纷就地转化。目前，西南交大 184 项科研成果分割确权，吸引投资 8.8 亿元，成立科技公司 20 家。四川大学已有近 60 项技术成果申请确权，作价入股创办的企业近 20 家，仅生物医药领域的 7 项成果确权价值就达 3.6 亿元，获得近 8 亿元融资，预计拉动后期投资 100 亿元。

（二）激励政策保障体系更加完善

成都自贸试验区细化落实《关于创新要素供给培育产业生态提升国家

中心城市产业能级知识产权政策措施的实施细则》，着眼加快构建具有国际竞争力和区域带动力的现代产业体系，发挥知识产权制度的激励保护功能，覆盖知识产权创造、运用、管理、保护和服务的全链条，基本构建了适应成都创新发展、体现国内一流水平的知识产权政策体系。

在成都自贸试验区内推行信用评级费用补贴。引导科技企业购买信用评级报告，促进科技企业融资，落实科技金融资助政策，对科技企业融资过程中产生的信用评级费用进行补贴。2018 年，成都英黎科技有限公司等 11 家企业获得了信用评级补贴。

（三）知识产权创新创造增长明显

2018 年 1～11 月，成都高新自贸试验区新设各类型企业 18708 户，新增注册资本（金）1677.5 亿元，分别占成都自贸区新增总量的 79.6% 和 71.5%，占高新区新增总量的 70.45%、70.4%；其中外资企业 259 户，注册资本（金）12.42 亿元，累计注册外资企业数 437 户，同比增长 199.3%。2018 年 1～9 月，高新区"走出去"项目 34 项，同比增长 13.3%。

2018 年，全省新增专利申请 15.3 万件，其中发明专利申请 5.3 万件；新增授权专利 8.7 万件，其中授权发明专利 1.16 万件；有效发明专利 5.2 万件，每万人发明专利拥有量 6.28 件。2018 年 1～11 月，成都市全市专利授权量 52393 件、有效发明专利 35465 件、每万人发明专利 22.3 件，分别同比增长 46%、20%、21%，累计获得中国专利奖金奖 4 项、优秀奖 60 项（见图1）。

（四）探索扩大国际合作项目资助

2017 年，经过企业申报、专家评审、会务审议等环节的严格遴选，成都市确定了第一批国际科技合作立项项目，支持自贸试验区内的诺基亚通信（成都）有限公司、成都先导药物开发有限公司 2 家企业与芬兰、美国联合建设国际性研发机构，支持成都冷云能源科技有限公司、成都市美幻科技有限公司等 5 家企业与德国、英国等国家联合实施国际科技合作项目，合作金

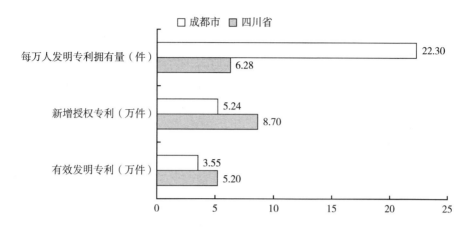

图1　2018年四川省和成都市（截止到11月）知识产权创新创造增长情况

资料来源：成都市专利局。

额达300万元，涉及信息技术、生物医药、新材料等技术领域。2018年，国际科技合作项目将重点支持自贸试验区内的国际科技研发机构建设、国际合作项目研发。

（五）推动创新产业合作平台建设

成都自贸试验区协助市商务委大力推动中德（四川成都）创新产业合作平台建设，促进中德在蓉高校国际科技合作项目发展。目前，四川大学、电子科技大学、西南交通大学等在蓉高校院所，与克劳斯塔尔工业大学、马尔堡大学、柏林工业大学、德累斯顿莱布尼茨聚合物研究所等德国高校院所，在新材料、生物医药、新能源等高新技术产业领域开展的项目合作进展顺利。

按"一中心两园区"模式，推动成都－以色列科技创新中心项目、成都－硅谷科技金融中心项目建设，完成成都－以色列科技创新中心和成都硅谷科技金融中心项目合作备忘录签署。促成了成都高新区、欧盟项目创新中心与俄罗斯斯科尔科沃基金会签署合作备忘录，蒲江县人民政府与德国康联有限责任公司签订《中德（蒲江）中小企业合作区战略合作协议》，与德国拜仁激光设计公司签订《德国拜仁激光设计公司生产基地落户中德（蒲江）中小企业合作区协议》。下一步将继续推进中德高校院所国际科技项目合作，加大资金扶持和政策指导力度，组织成都技术转移机构，认真做好德国高校、科研院所、企业科技成果在蓉转移转化等服务工作；通过驻外使领馆积极向德国政府、科研机构、科技园区和企业推介成都自贸试验区的创新创业和投资促进环境。

二　知识产权管理

截至 2018 年底，四川省共培育国家知识产权试点示范城市 10 个，数量居全国第 5 位、中西部地区第 1 位，国家知识产权强县工程试点示范县（市、区）55 个，居全国第 1 位，知识产权试点示范园区 57 个（其中国家级 3 个），国家知识产权示范优势企业 189 家，省级知识产权试点示范企业 541 家。

（一）深化中小企业知识产权战略推进

中小企业长期以来主要依靠低价竞争，缺乏拥有自主知识产权的产品、技术，缺乏品牌竞争优势，受资源环境的约束越来越大。为了在"十三五"期间鼓励和支持中小企业创新发展，提升中小企业自主知识产权水平，加快培育拥有自主知识产权、知名品牌和较强竞争力的中小企业，国家知识产权局、工业和信息化部在 2017 年 1 月联合发布《关于全面组织实施中小企业知识产权战略推进工程的指导意见》。成都市积极申报"中小企业知识产权战略推进工程试点城市"，并在 2017 年 12 月成功获批，新津工业园区、青白江区工业集中发展区、天府生命科技园等三个园区获批中小企业集聚园区。

（二）建立专利导航产业发展机制

为了探索专利信息分析与产业运行决策深度融合、专利创造与产业创新能力高度匹配，实现专利布局对产业竞争地位保障有力、专利价值实现对产业运行效益支撑有效，我国自 2013 年起开始实施专利导航试点工程。专利导航以专利信息资源利用和专利分析为基础，把专利运用嵌入产业技术创新、产品创新、组织创新和商业模式创新之中，引导和支撑产业科学发展。成都市出台《关于创新要素供给培育产业生态提升国家中心城市产业能级知识产权政策措施的实施细则》，明确发展专利导航产业发展机制。目前，在多部门、多家企业和科研机构的配合下，已完成《精准医学产业专利导航研究报告》。四川自由试验贸易区将进一步支持相关科技型企业、专利服务机构开展专利导航业务。

（三）积极参与知识产权军民融合试点建设

四川省和成都市入选全国首批知识产权军民融合试点，成都市更是成为全国唯一获得知识产权领域 4 项国家级试点任务的副省级城市。四川省出台《四川省建设国家知识产权军民融合试点省实施方案》，启动知识产权军民融合特色小镇（2 个）建设。成都自贸试验区联合 7 个省直部门出台扩大职务科技成果权属混合所有制改革试点的指导意见，试点单位数量从 20 家扩大到 45 家，明确了 6 个方面改革任务，试点单位累计共享确权 460 余项，累计成立 60 余家高科技创业公司，带动社会投资 100 亿元。

三　知识产权运用

成都自贸试验区创新知识产权运行服务体系，逐步形成"平台＋机构＋高校院所＋金融＋企业"的全方位、多层级、综合性的知识产权运营服务体系。

（一）设立国家知识产权运营公共服务平台成都运营中心

成都获批设立国家知识产权运营公共服务平台成都运营中心。该中心位于自贸试验区天府新区成都科学城菁蓉中心 C 区，一期面积约 3600 平方米。中心建设坚持政府引导、市场主导，引进专业人才，组建专业团队，按照市场化模式，组建实体机构，着力打造国家"1＋N"知识产权运营平台体系。成都自贸试验区依托"科创通"创新创业服务平台"创业天府"云孵化体系，引导实体经济搭建载体促运用，完善知识产权权益分配机制。该平台促进创新要素资源的互联互通与开放共享，聚集创业企业约2.6万家、科技和知识产权服务机构688家，双创导师852名。引导社会投资建设西部首家"知创空间"专利孵化器，示范带动一批优质专利加快转化。

（二）成都知识产权交易中心正式运行

线上打造知识产权运营平台，线下建立成都知识产权交易中心。成都知识产权交易中心于2018年12月21日正式揭牌。作为全省唯一获批的拥有金融牌照的知识产权类交易场所，中心致力于打造涵盖交易服务、金融服务和运营服务的多方位、一站式服务平台，并形成立足四川、辐射西南、联动全国、融入全球的知识产权交易平台，切实通过多渠道盘活、用好知识产权资源，促进知识产权加快向现实生产力转化。

（三）知识产权金融服务实现新提升

成都市专利权质押融资模式得到国务院的肯定并被纳入全国13条改革创新经验推广，科技创新券模式被纳入四川省首批复制推广的21条改革经验。

成都自贸试验区依托"创业天府"科技金融服务平台、"科创通"创新创业服务平台，推广"科创贷""科创投"等信用融资产品。其中，通过天使投资引导资金成立的子基金已投资科技型中小微企业78家，投资总额5.28亿元；通过"科创贷"产品支持1620家（笔）企业获得信用贷款35.6亿元，2018年有539家科技中小企业获得"科创贷"贷款，共计12.19亿元。同时，依托"科创通"平台汇集科技企业信用基础数据，截至2018年底，共汇集27046家双创企业团队、3549家入库科技型中小企业、2472家高新技术企业、53家技术先进型服务企业的相关数据。

着眼企业融资难、融资贵难题，成都自贸试验区着力打造"政府引导、银企互动、投贷联动"的知识产权质押融资成都模式升级版，初步构建了"创业投资＋债权融资＋上市融资"的多层次知识产权金融服务体系，为科技型中小微企业提供了精准化的知识产权金融服务。同时，通过设立知识产权运营基金、实施"科技创新券"计划等方式，充分发挥财政资金的杠杆放大作用，引导金融机构对企业专利权融资贷款，以股权投资方式直接参股知识产权运营机构等知识产权项目，初步构建了"创业投资＋债权融资＋上市融资"的多层次知识产权金融服务体系。完善知识产权质押融资风险补偿机制、金融"四贴"资助资金和"天府知来贷"金融产品，推广支持专利权质押融资的新模式，建立知识产权财政金融协同推进机制，专利质押融资累计近100亿元。

截至目前，引导设立了20亿元规模的知识产权运营基金，正在遴选运营基金管理机构，抓紧组建募集基金；引导组建了12支总规模达11.05亿元的天使投资基金，联合建立了信贷规模达50亿元的科技企业债权融资风险资金池。

四　知识产权保护

知识产权保护是维系技术优势、保护贸易利益、提高竞争力的战略决策。成都自贸试验区在知识产权行政保护、司法保护领域，积极推进构建知识产权"三管合一、三审合一、三检合一"的"三三制"模式，在知识产权综合管理，知识产权案件管辖集中化，知识产权案件快速审判，知识产权行政保护与司法保护，知识产权民事、行政、刑事保护协调机制等领域收到良好成效。

（一）知识产权案件逐步实现集中化管辖

四川省除了各地市州中级法院外，还有成都市高新区人民法院、成都市武侯区人民法院、成都市锦江区人民法院、成都市郫都区人民法院、泸州市江阴区人民法院和绵阳市高新技术产业开发区人民法院共6家基层人民法院，是最高人民法院指定的具有第一审知识产权民事案件管辖权的基层法院。2017年1月9日，位于成都自贸试验区科学城的成都知识产权审判庭挂牌成立，成都成为西部第一个建立知识产权专门法庭的城市。审判庭可以跨区域集中管辖涉及全省专利、植物新品种、计算机软件等技术类领域的知识产权民事和行政案件，标志着四川省的知识产权审判进入了审理专门化、管辖集中化、程序集约化、人员专业化的新时代。2017年，成都知识产权审判庭共受理各类知识产权案件2852件，占全省知识产权案件总数的55.49%；审结2266件，同比增长29.49%。2018年，全省法院共受理各类知识产权案件8618件，较2017年增长了67.67%；审结7336件，较2017年增长了67.38%。成都自贸试验区人民法院正在申报知识产权案件管辖权。

（二）知识产权综合管理改革不断推进

目前，天府新区成都直管区、成都高新区、德阳高新区、绵阳高新区、德阳罗江区、泸州高新区已实现专利、商标、版权集中管理。

2018年8月，成都高新区将专利、商标、版权的行政管理权整合到知识产权局，成立集专利、商标、版权等领域行政管理、行政执法和综合服务于一体的知识产权行政管理部门，设立知识产权行政执法大队和区知识产权服务中心，打造"一个部门管理、一支队伍执法、一个大厅服务"的知识产权行政综合管理模式，努力实现知识产权领域的行政管理、行政执法和综合服务"三合一"的改革目标，构建知识产权大管理工作格局，在全国率先开展知识产权综合管理改革。"实施'创业天府'行动计划，打造'双创'升级版"的典型经验做法，被国务院办公厅通报表扬，知识产权"三合一"综合管理体制改革经验被纳入全省第二批21条改革创新经验推广。目前，成都天府新区正加快推进知识产权综合管理改革。

（三）知识产权行政保护力度进一步加大

《中共中央国务院关于深化体制机制改革加快实施创新驱动发展战略的

若干意见》《中共四川省委关于全面创新改革驱动转型发展的决定》均提出要实行严格的知识产权保护制度。四川省出台了《关于严格知识产权保护营造良好营商环境的意见》，制定实施了知识产权保护体制机制改革实施方案，以及跨区域知识产权行政执法、侵权查处、纠纷大调解和仲裁、电商和展会专利行政执法、企业海外知识产权维权援助、行政执法与刑事司法衔接等工作方案。中国（四川）知识产权保护中心加快建设，知识产权举报投诉和执法维权中心实现市（州）全覆盖，国家知识产权局专利局专利审查协作四川中心和中国成都（家居鞋业）知识产权快速维权中心全面建成。2018 年，专利案件受理 5108 件，结案率达 99.8%，受理率、结案率分别增长 63%、71.4%。

（四）探索知识产权刑事案件"双报"制度

四川历来十分重视知识产权审判专业化建设，通过深化知识产权审判机制改革，强力推进知识产权民事、行政和刑事审判"三合一"，构建"三级联动、三审合一、三位一体"的知识产权审判模式，试点推广法院知识产权类型化案件快审机制，设立成都经济开发区知识产权检察室。中国（四川）自由贸易试验区首创知识产权刑事案件"双报"制度，通过"两法衔接"信息共享平台移送涉嫌侵犯知识产权的案件 107 件。各级检察机关依法及时履行批捕、起诉职能，建立重大、复杂知识产权案件集中审理机制。深入探索知识产权案例指导以及技术调查官制度，同时加大对知识产权侵权行为的惩处力度，提高知识产权的侵权赔偿额，设立对情节严重的恶意侵权行为实施惩罚性赔偿的规则。

（五）持续开展知识产权专项整治行动

成都自贸试验区通过先后开展"云鹊行动""百日平安会战""冬攻行动"等一系列打击侵权假冒犯罪专项整治行动，加大对知识产权的保护力度，为企业发展创造良好的营商环境。2018 年，全省公安机关共立侵权假冒伪劣犯罪案件 846 件，破案 456 件，抓获犯罪嫌疑人 4483 人，涉案金额

17 亿元。以打链条、捣窝点、摧网络为目标，成功破获了泸州"1·08"制售假酒案、宜宾"11·10"系列制售假酒案、达州"5·28"特大制售假冒电缆案等一批侵犯知名企业品牌权益的重特大案件。抓获制贩假酒成员50人，捣毁生产假酒窝点37处，现场缴获假冒五粮液、泸州老窖等名优白酒6万余瓶，假冒五粮液、国窖1573等名优白酒包装材料62万余件，扣押假冒"黑象""川东电缆"等电线电缆60余吨，涉案金额2.1亿余元，为受害企业挽回大量经济损失。泸州"1·08"制售假酒案入选2018年全国公安机关侵犯知识产权犯罪典型案例。

（六）完善知识产权保护协调联动机制

成都市知识产权局与相关部门共同制定印发《成都市展会专利保护暂行办法》，完善展会执法机制，强化展会专利保护的部门协作；制定印发《关于加强专利行政执法与刑事司法衔接工作的实施意见（试行）》，完善专利行政执法与刑事司法衔接工作机制，提高知识产权行政和司法保护的质量和效率。2018年，四川省法院与省检察院、公安厅、知识产权局等6家单位建立了知识产权行政执法与刑事司法衔接机制，形成了全面有效的知识产权保护联动机制。同时，各级法院分别与新闻出版局、知识产权局、贸促会等相关部门和机构建立了知识产权纠纷联动处理和委托调解机制，共同化解矛盾纠纷。2018年，全省法院的知识产权民事案件中共调解、撤诉结案4274件，调撤率达到59.61%，多元化纠纷解决机制的优势得以持续体现。

（七）创新建立知识产权案件快速审判机制

成都知识产权审判庭探索建立"基于'两表指导、审助分流'的知识产权案件快速审判机制"，实现"简案快审，繁案精审"。成都市人民法院率先在商品销售、作品传播的侵权类案中尝试要素化审判模式改革，以"两表"统领类案审判思路，优化庭审效果，确保知识产权侵权类案审理的高效优质。所谓"两表"审理是指，以"诉讼要素表"披露案件审理思路，以"有效抗辩释明表"披露常见的没有法律依据的主张、抗辩、质证方式；以"集中审理"实现庭审优质化；新模式下的庭审由合议庭根据法官助理的汇报及双方签署的"两表"，对双方的诉请、抗辩、主张、举证和质证意见直接归纳，当事人进行确认和补充，庭审仅针对争议点，从而减少当事人无效诉辩主张，使案件的审理思路、裁判标准更加明晰、准确，确保知识产权侵权类案的审理专业化。成都市中级人民法院顺利以"要素化庭审"模式审结了法国香奈儿公司起诉四家皮具经营部侵犯"CHANEL"注册商标专用权案、四川广播电视台侵犯著作权纠纷案等典型案例，收到了良好的社会效果，赢得各方一致好评。同时，在总结提炼审理思路、裁判标准及知识产权案件的审判规律的基础上，还先后研讨制定了《侵害商标权案件审理指南》《著作权侵权案件审理指南》，使知识产权审判工作形成了可复制、可借鉴的司法工作经验。该项成果入选国家发改委"全面创新改革实验百佳案例"，并作为四川独创经验，列入国务院在全国推广的"第二批支持创新相关改革举措"。

（八）加大知识产权侵权查处和判赔力度

通过加大民事赔偿力度，增强对制假源头、重复侵权、恶意侵权及群体性侵权行为的打击力度，有效遏制了知识产权侵权行为。如四川省人民法院审理的3A合成物有限公司诉临沂阿鲁克邦复合板有限公司等侵害商标权纠纷案，判决侵权人赔偿商标权利人经济损失及合理维权开支共计600万元，充分发挥了对恶意侵权行为加大惩治力度的司法裁判引导作用。

案件数量的变化趋势尤其是民事案件的持续增长，充分体现出"创新驱动"发展战略对司法审判的高需求，也充分反映出当前成都经济发展和社会转型环境下矛盾、纠纷的新变化。随着社会经济和科学文化的快速发展，知识产权审判保护创新的责任更大、促进发展的作用更大，而从"加强保护"到"严格保护"，也蕴含了对知识产权司法保护质量和效果的更高期待。2018年，四川省三级法院共受理知识产权行政案件12件，审结12件，结案率达100%。近年来，法院不断强化对知识产权行政执法案件的司法审查职能，有效促进了行政机关依法行政。知识产权行政案件处于低位运行状态，体现出知识产权行政执法部门依法行政的意识和能力不断增强，知识产权行政相对人的合法权益得到了有力保障。

五　知识产权服务

（一）知识产权服务业改革持续优化

深入推进国家首批专利代理行业改革试点省（四川）、全国唯一开展专利代理行业进一步改革试点城市（成都市）的改革工作。西部首家"全领域、全链条、一站式"的省级知识产权公共服务平台边建设边运行，成都高新区国家知识产权服务业集聚发展试验区获批示范区。"5＋1"现代产业专利分析报告、全省3571家高新技术企业核心技术检索完成。培育国家级知识产权服务品牌机构10家，四川省专利代理机构94家，国家级专利运营试点单位7家，国家级知识产权分析评议服务示范机构及创建机构6家。拥有执业专利代理人464人，从业人员3.65万人，营业收入近40亿元，列全国第六、西部第一。

（二）深化专利代理行业"放管服"改革

成都为争取获批成为全国唯一的专利代理行业进一步改革试点城市，充分利用了设立有限责任制专利代理机构的放宽准入条件的优惠政策。根据要求，设立有限责任制专利代理机构，在符合其他规定的情况下，不超过2/5的股东可以是年满18周岁、不具有专利代理人资格、能够在专利代理机构专职工作的中国公民；但公司法定代表人应当取得专利代理人资格证，有2年以上专利代理人执业经历。试点以来，成都市新增专利代理服务机构13家，专利代理服务机构累计达到75家。截至2017年底，四川省共培育全国知识产权服务品牌机构和品牌培育机构7家，国家级知识产权分析评议服务示范和示范创建机构6家；共有知识产权服务机构1398家，知识产权从业人员达 3.65 万人；共有商标代理机构 118 家，从事商标代理工作的服务机构达 1021 家。成都高新区获批创建国家级知识产权服务业集聚发展示范区；成都高新区服务业联盟加快建设，聚集各类知识产权服务机构 84 家，接受知识产权托管服务企业 1300 余家。

截至目前，成都市共有国家级专利运营、品牌培育服务机构 20 家，各类知识产权中介服务机构超过 200 家，持续领跑中西部地区，放宽专利代理机构股东条件限制改革经验被纳入四川省首批复制推广的 21 条经验。未来，成都自贸试验区将加大宣传力度和核心业务培训力度，规范专利代理服务行为，推动专利代理行业迅速发展。

（三）知识产权宣传推广多样化

成都自贸试验区成功举办"创新者之夜·2018"四川省专利奖颁奖特别节目、第二届天府知识产权峰会、"2018 中国（四川）非公有制经济发展论坛专题论坛"。依托"创业天府·菁蓉汇"活动品牌，进一步强化"菁蓉汇"的"知本"和"资本"对接功能，服务自贸试验区改革发展。在每年"3·15"消费者权益保护日、"4·26"世界知识产权日、"5·15"打击和防范经济犯罪宣传日活动中，都将预防和打击侵权假冒犯罪作为宣传重点，通过案例曝光、发放宣传材料、现场答疑等形式，向广大群众宣传打击侵权假冒的重要意义，提高消费者识假辨假能力，增强公众保护知识产权及维权打假的意识，营造全社会打击侵权假冒的良好氛围。

2018 年 1～11 月，成都自贸试验区举办"创业天府·菁蓉汇"各类主题系列活动共 173 场，带动社会创新创业活动 1789 场，290 家（次）创投机构、8340 家创业企业及团队、近 24 万人以多种方式参与。举办 2018 年成都市知识产权宣传周启动仪式，组织开展 10 项重点活动、30 项群众性活动，发布《2017 年成都市知识产权发展与保护状况》白皮书，编发《成都市知识产权案例选编（2017）》3000 册。积极承办成都自贸大讲堂"加强知识产权运营和保护，助力自贸区发展"第十三期主题活动，从知识产权运营模式、运营人才、运营平台、知识产权侵权判定、自贸试验区知识产权案件审判等角度与听众做了精彩的分享，受益群众超 100 人。

（四）知识产权交流合作得到新拓展

成都自贸试验区成功举办"第十届金砖国家知识产权局长会议暨首届金砖国家知识产权研讨会"。全国首个国家知识产权国际合作基地在四川正式授牌。成功举办"德国知识产权金融培训班"和"2018 年四川省出口型企业海外知识产权维权培训班"。接待日本特许厅长官宗像直子一行来川访问交流。深化与泛珠三角地区及北京、上海、厦门等地的知识产权合作交流。在省级层面，四川牵头与重庆、云南、贵州、西藏建立了西南五省（区、市）专利行政执法协作调度机制，同时还签署了《丝绸之路经济带九省（区、市）专利协作执法与联合执法工作备忘录》《长江经济带十一省市专利协作执法与联合执法工作备忘录》等，覆盖全国的专利执法协作网络基本形成。

通过建立和完善知识产权领域的对外信息沟通交流机制，加强与国际和区域的知识产权信息资源及基础设施建设和利用方面的交流合作，鼓励开展知识产权人才培养的对外合作，引导公派留学生、鼓励自费留学生选修知识产权专业，支持引进或聘用海外知识产权高层次人才等多项举措，四川省积极参与国际知识产权秩序的构建。目前，已经完成四川省知识产权公共服务平台下的子平台——企业海外知识产权维权援助平台的方案制定、系统设计，平台于 2019 年上半年正式试运行。2018 年 7 月，全国首个国家知识产权国际合作基地落户四川。

四川省委十一届三次全会通过的《关于全面推动高质量发展的决定》，提出了建设国家引领型知识产权强省的目标，对知识产权保护体系，知识产权金融、军民融合知识产权、知识产权审判、知识产权保护等提出新要求、新规划。成都自贸试验区自主知识产权的水平和拥有量有限，社会公众的知识产权意识仍较薄弱，市场主体运用知识产权的能力有待进一步提高，知识产权服务支撑体系和人才队伍建设还较滞后。成都自贸试验区需要进一步提升知识产权创造、运用、保护、管理和服务能力，充分发挥知识产权制度对经济发展、文化繁荣和社会建设的促进作用。

六 存在的问题及分析

虽然成都自贸试验区知识产权建设取得了瞩目的成绩，但在营造良好营商环境方面还存在一些不足，主要表现在以下几个方面。

（一）受行政保护体制制约较多

知识产权行政保护在地方层面采取的是分散管理。专利管理工作，由地方知识产权局负责；商标行政管理工作，主要由各级工商管理部门或市场监管部门负责；著作权行政管理工作，主要由各级版权局负责；行政执法职能，主要由当地文化执法部门来承担。且各类管理部门级别、性质不一。这种零散且不统一的分散管理体制导致知识产权保护的效率低下，这一点从中央到地方已经形成共识。

从理论上而言，更加细致的分工产生更高的效率。仅从事先的授权程序看，各个部门均能有效管理各自范围内的知识产权，但在保护环节，由于知识产权侵权行为和违法行为往往比较复杂，涉及假冒侵犯多种类型的知识产权，这就给执法来带了许多问题。对维权者而言，遇到知识产权问题，要么不知道应该求助于哪个部门，要么必须在多个行政管理部门间进行周旋，增加了维权成本，"跑一次"办成事基本成为奢望。对于行政管理部门而言，由于在职能和管辖权限上存在交叉和重叠，容易导致相互推诿，或者在执法过程中产生矛盾冲突，导致行政效率低下。如在四川省知识产权局接收的举报投诉和中国（四川）知识产权维权援助中心接听的电话咨询中，有约70%是对专利以外的知识产权侵权或违法行为的投诉。由于职能所限及缺乏在各知识产权管理部门间的案件移送机制和转办平台，维权者对于让其转到其他部门寻求处理的答复非常不满甚至抵触。具体到执法实践中，同一客体也会因为依据不同的法律规定、归属不同的法律状态而产生冲突，如外观设计权与商标权、著作权之间的冲突，著作权与商标权之间的冲突等。同一侵权或违法行为，不同部门可能同时受理并均做出处理或处罚。

（二）司法保护分布散差异大

成都知识产权审判庭是成都市中级人民法院的派出机构，位于成都自贸试验区科学城，对四川省专利、植物新品种、计算机软件等技术类知识产权民事和行政案件实行跨区域集中管辖，为成都自贸试验区的知识产权司法保护提供了强有力的支撑。2008年5月，最高人民法院批复同意成都市高新区人民法院作为第一审法院，审理发生在所辖区域内的除专利、植物新品种、集成电路布图设计纠纷案件外的知识产权民事纠纷案件。成都天府新区片区、成都青白江铁路港片区、川南临港片区辖区基层法院尚不具有第一审知识产权民事案件管辖权。

（三）知识产权执法力量不匹配

知识产权行政执法力量往往是上强下弱，头重脚轻，这与我们倡导的"执法重心下移"形成强烈反差。成都自贸试验区包括成都天府新区片区、成都青白江铁路港片区、川南临港片区三个片区，知识产权管理部门执法人员配备情况差异甚大。有的没有专门的知识产权行政管理部门，而是将知识产权行政管理部门与其他职能部门进行二合一甚至多合一整合，一个人负责多项工作，很难抽身执法。有知识产权行政管理部门的，也往往只有两三名甚至一名执法人员，执法力量非常薄弱。

（四）执法保障环节较为薄弱

一是执法机制不完善。如在市场经济充分发展、网络经济较为发达的条件下，知识产权行政违法往往是跨区域的，由此相应地产生了知识产权跨区域行政执法的问题，但目前相关执法机制尚缺乏。又如当前分散管理、多头执法的问题，尚缺乏知识产权综合行政执法机制来解决等。

二是执法工作缺乏必要的物质保障。目前知识产权管理部门没有执法专项经费，致使执法工作难以开展。公务用车改革之后，大多数知识产权管理部门没有执法车辆，给案件办理过程中送达、调查取证、执法办案带来很大不便。

三是电商、会展等新领域的知识产权保护机制不健全。四川省电子商务产业发展迅猛，2017 年电商交易额达 2.76 万亿，比上年增长 30%，规模稳居全国第六位、中西部首位，已跻身全国电商第一梯队，电商产业已成为经济增长的重要引擎。但由于受对电子商务领域知识产权侵权责任的规定不明确、执法权限不足、程序不明等因素制约，电商领域的知识产权保护行政措施较少、保护力度较弱。四川省的会展业也在快速发展，2017 年，仅成都一个城市的会展业总收入就达 930.5 亿元。在会展业不断发展的同时，相关知识产权保护的需求也日益强烈。但执法保障亦较为困难，原因在于取证复杂、保护方式综合性高、保护手段技术性强，而一般展会时间很短，很难采用传统知识产权保护方式。成都自贸试验区在电子商务、会展业领域具有突出优势，其知识产权保护机制亟待健全。

四是知识产权调解和仲裁机制有待进一步完善。完善知识产权纠纷调解和仲裁机制，不仅有利于促进知识产权行政执法与司法的有效衔接和相互协调，降低维护成本，提高法律效率，同时，也能充分发挥调解、仲裁在解决知识产权纠纷方面的"准司法"和"自治"作用。因此，从这一角度看，知识产权调解、仲裁机制可以作为知识产权执法保障机制而存在，降低知识产权的司法与行政保护压力。但就目前而言，知识产权保护存在快速调解机制尚未建立，行政调解与司法裁判的衔接机制尚未有效衔接，行业协会调解和重点市场调解机制尚处于探索之中，仲裁解决机制固化，对当事人缺乏吸引力等问题。

（五）专业人才数量缺口较大

知识产权保护人才往往属于懂法律、懂管理、懂技术的"三懂"人才[1]，

---

[1] 邱均平等：《论国家创新体系建设中的知识产权保护》，《武汉大学学报》（社会科学版）2011 年第 2 期。

但这种人才极为稀缺：懂法律的往往不懂管理和技术，懂管理和技术的又常不了解法律。加之现阶段知识产权保护领域难以实现财富积累，导致无论法律界人士还是管理、技术领域人才都不愿"转岗"至知识产权保护领域，从而造成知识产权保护人才奇缺。而对于中小微企业而言，要严格控制经营成本，也很难高薪聘请知识产权保护人才为其服务。这导致一些中小微企业只有创新，没有保护，不仅难以防止他人侵权，甚至在很多时候自己反而是他人知识产权的"侵权者"[1]，不但会成为侵权诉讼案件的被告，甚至还会被挤出市场。

（六）社会环境有待改善

近年来，虽然政府加大了对知识产权的宣传力度，知识产权宣传周、知识产权保护白皮书、"雷霆""护航""秋风"等行动深入人心，社会公众的知识产权保护观念比以往有一定增强，但由于知识产权制度形成时间较晚，知识产权宣传尚未深入基层，尚有相当部分民众对知识产权保护仍处在低层次、形象化的认识阶段，导致当前知识产权保护的形势不容乐观，问题仍然较为突出。

一是民众权利意识薄弱。虽然知识产权专利行政执法案件数与知识产权民事案件数呈逐年上升趋势，但就全社会而言，当前民众的维权意识仍然不强。未能及时申请专利和商标而被他人模仿利用的例子比比皆是；权利人被侵权后报案不及时，给执法人员收集证据带来困难的现象较为普遍[2]。民众权利意识不强还体现在主动维权不充分，权利人对其他主体涉嫌侵犯其知识产权的行为感到无从下手，甚至认为得不偿失，往往听之任之。此外，民众维权能力差与维权意识差形成恶性循环。很多当事人只知道侵权赔偿，但对如何赔偿、赔偿标准、相关证据规则等一无所知，由此导致维权效果不好，维权兴趣降低，从而最终不愿维权。

① 涂赤枫等：《建设创新型中小企业知识产权保护体系的思考》，《中国发明与专利》2012年第3期。
② 孙赫：《我国知识产权行政保护长效机制建设分析》，《现代商贸工业》2011年第11期。

二是靠侵权牟利成为一种不良社会风气。不尊重他人的知识产权，仿冒别人的专利产品或名牌商标，并在市场上大肆销售在我国并不鲜见。假货市场、A货市场甚至在很多城市形成了一定规模并得到某种保护，甚至还有个别企业以高仿率为荣。知识产权保护水平低导致创新成果很快被盗版、假冒等，使得创新主体的创新收益及积极性降低①。如成都某智能科技有限公司发明了一种名为"多功能铲（刃齿虎）"的专利产品，但产品上市即遭侵权，淘宝、天猫商城以及京东等电商平台上，仿制、销售该刃齿虎专利产品的比比皆是。甚至在2017年5月，有商家将仿制的"多功能铲（刃齿虎）"专利产品在京东上进行众筹，众筹金额超百万元人民币。

三是不注重知识产权确权工作，造成大量知识产权流失。除科技创新企业外，当前相当多的企业、科研院校并没有意识到知识产权保护的重要性，或者说没有将知识产权和创新创造提升到同样的战略高度。不仅大量的专利因为没有续缴年费而丧失权利，而且因为知识产权人缺乏对知识产权的足够认识，低价转让甚至无偿转让知识产权的行为比比皆是。这不仅使自身遭受严重损失，而且助长了"专利流氓"和"专利海盗"行为。而从国际视域来看，知识产权流失海外可能会对我国企业未来的国际竞争产生极大的负面影响。

七　展望与建议

成都自贸试验区作为四川改革创新的排头兵，非常重视知识产权建设，在知识产权创造、运营、管理、保护、服务等领域，近年来出台了一系列政策文件，实施了大量富有成效的举措，完善了知识产权体系，取得的成绩有目共睹。但在新形势下，有必要进一步构造立体式知识产权体系，为营造更加良好的营商环境而努力。这种立体式构造旨在发挥体制、司法与行政执法

---

① 李平等：《中国最优知识产权保护区间研究——基于自主研发及国际技术引进的视角》，《南开经济研究》2013年第3期。

"一基础、一保障、一发展"的功能①。"一基础"是指完善知识产权制度体系，确立知识产权保护的原则与模式，为司法保护和行政执法奠定基础；"一保障"是指发挥司法保护作为最后一道防线的保护作用；一发展"是指发挥行政执法的公共政策功能，在原则和规则的框架之内为知识产权提供短平快的救济措施，从而实现立体化、全方位的知识产权保护。具体而言，可从以下几个方面加以完善。

（一）稳步推进知识产权行政管理体制改革

只有建立完备的保护体制和体系，加大对知识产权的保护力度，严厉打击侵权行为，让侵权行为、"山寨"产品付出巨大代价，让知识创新主体真正能够分享到创新的收益，才能激发各创新主体的积极性。

从"分散管理"向"统一管理"逐渐过渡，是我国知识产权行政管理体制改革的总体趋势②。2018年3月，中共中央印发的《深化党和国家机构改革方案》第四十三条也明确提出，要"解决商标、专利分头管理和重复执法问题，完善知识产权管理体制，将国家知识产权局的职责、国家工商行政管理总局的商标管理职责、国家质量监督检验检疫总局的原产地地理标志管理职责整合"。从改革方案可以推知，改革知识产权行政管理体制的核心是执法主体以及人力资源的整合和优化。在中央牵头推进机构改革的背景下，提升知识产权行政执法水平的有效措施是：克服目前知识产权行政执法体系的多样化和条块分割导致的对知识产权保护和行政执法制度的质疑和诟病，并提升相关知识产权管理部门的层次和级别设置，使其与当前知识产权管理和行政执法工作的需要和要求相适应，从而提升知识产权行政执法的效率和权威③。这一改革包括三方面内容。

---

① 王淇等：《知识产权保护三元架构研究》，《科技促进发展》2018年第14卷第1期。
② 孙彩红、宋世明：《国外知识产权管理体制的基本特征与经验借鉴》，《知识产权》2016年第4期。
③ 徐波、刘辉：《知识产权综合管理改革背景下知识产权行政执法探析》，《电子知识产权》2018年第1期。

首先，建立统一的知识产权管理机构。分散的知识产权管理与企业对知识产权一体化服务的需求严重脱节①，企业不得不将一件事分成多件事来办，往返于多个政府部门。而将专利、商标、地理标志等知识产权纳入同一机构管理，不仅能提高管理效率，也能解决知识产权支撑创新创造的瓶颈问题。结合四川省实际，在省级层面可将省知识产权局由参公管理的事业单位转为政府组成部门，并作为全省统一的知识产权管理部门，负责全省知识产权的管理和保护工作，推动知识产权保护体系建设，负责商标、专利、原产地地理标志的注册登记和行政裁决，并指导全省商标、专利执法工作等。

其次，建立统一的知识产权执法机制。《深化党和国家机构改革方案》第五十条提出，要"整合工商、质检、食品、药品、物价、商标、专利等执法职责和队伍，组建市场监管综合执法队伍"。统一管理与统一执法是知识产权保护中两个不可或缺的要素，通过整合政府内分散的知识产权行政执法资源，能有效解决多头执法、交叉执法、标准不一等问题，构建体系完善、权责明确、运转高效的知识产权综合执法机制，形成统一、高效的知识产权综合执法工作格局②。按照《深化党和国家机构改革方案》的改革要求，市场监管综合执法队伍由国家市场监督管理总局指导。应按照中央机构改革方案的模式上行下效，由四川省市场监督管理局领导市场监管综合执法队伍。在队伍类别设置上，应考虑到商标、专利、地理标志等知识产权执法的特殊性，确保知识产权行政执法队伍单列，从而进一步强化知识产权保护力量。

最后，完善以跨区域知识产权行政执法协作机制为核心的一系列保护机制。组织体系建设是强化跨区域知识产权行政执法的基础③。为顺利推进跨区域的知识产权行政执法工作，需要整合各区域的行政执法资源。在当前知识产权行政执法协作的初始阶段，对于跨区域的知识产权执法工作，设区的

---

① 丁素芳：《略论中国知识产权保护体系之构建》，《福建广播电视大学学报》2013 年第 3 期。
② 吴汉东：《"一带一路"战略下知识产权保护的中国选择》，《人民论坛》2017 年第 1 期。
③ 王智源：《以专利行政执法跨区域协作促进知识产权保护效能提升的思考》，《产权导刊》2018 年第 2 期。

市可以在四川省政府的领导下，在国家知识产权局的宏观指导和省知识产权局的直接指导下，通过签订行政执法合作协议的方式，加强行政执法的调度，实现知识产权行政执法的联动和协作。具体地说，在知识产权行政执法协作调度上，遵循依法行政、统一调度、积极协作、合作共享的原则，共同促进跨区域知识产权行政执法办案水平的提升。

（二）建立知识产权大保护格局

一是完善知识产权行政保护体系建设。首先，要积极融入全省统一的知识产权举报投诉和执法维权网络体系。四川省正在建立保护知识产权举报投诉和执法维权网络平台，旨在建立保护知识产权的新机制，构建知识产权严保护、大保护、快保护、同保护的工作格局。成都自贸试验区应当积极融入此网络体系，充分利用知识产权举报投诉和执法维权网络平台，增强知识产权保护的时效性与实效性。其次，完善知识产权侵权查处机制。加大对知识产权侵权的查处力度，打击恶意侵权、群体侵权，切实维护专利权人和社会公众的合法权益是民之所向、国之所需。通过建立完善的举报投诉快速反应机制、联合执法机制、监管责任机制、结果运用机制和保障机制，初步构建符合实情的知识产权侵权查处新机制。再次，建立不同行政程序之间的快速协同保护机制，实现行政处理程序与无效、撤销等请求程序的无缝衔接[①]。在行政处理程序中出现专利无效请求、商标撤销请求等程序的，地方知识产权管理部门应与国家专利复审委员会、商标评审委员会等建立衔接机制，在国家相关部门审理关联案件时，地方知识产权管理部门应参与旁听，待案件审结时迅即恢复行政处理程序，以提高行政处理效率。又次，完善知识产权海外维权援助机制。当务之急在于结合四川企业知识产权海外维权工作存在的问题，参考相关国家和地区的经验，建立有政府部门、行业组织、企业和境内外专业机构共同参与，由政府主导，企业自主，依托境内外专业法律机构、中介机构、行业协会，充分利用知识产权海外维权资源，在重点海外市

---

① 李胜平：《完善知识产权保护促进创新发展措施探究》，《中国市场》2017 年第 12 期。

场，服务四川省重点产业、龙头企业和中小企业的多层次海外维权服务网络。同时，根据重点产业海外发展战略，针对不同行业、不同规模企业的实际需求，按照知识产权海外维权工作的特点，搭建包括培训、服务、协调、预警等功能的"企业海外知识产权维权援助平台"。最后，建立行政执法与刑事司法之间的快速协同保护，强化部门间的定期沟通和重大案件会商、通报制度，实现案件信息共享、案情通报、案件移送制度，形成联合执法协调机制和纠纷快速解决机制。

二是完善司法保护机构与职能。①积极支持成都自贸试验区人民法院取得第一审知识产权民事案件管辖权，方便辖区内市场主体及时维权。②充分运用法律、法规和政策，提升司法保护力度，在法定赔偿数额上限范围内加大侵权损害赔偿力度[1]，让权利人得到充分补偿，让侵权者付出沉重代价。③进一步明确知识产权案件中需要鉴定的事由范围，提升司法保护效率。专利侵权案件中对于哪些案件应该鉴定、哪些不应该鉴定，存在不同审级、不同地区的法官认识的不同。④加强部门协作，形成知识产权司法保护合力。建立公检法与知识产权行政执法部门的沟通联络机制，加强行政执法与刑事司法的有效衔接，构建严密的预防知识产权违法犯罪的网络体系。防止以罚代刑和有案不立，实现资源共享，形成工作合力。⑤简化恶意无效请求程序，提升裁判效率。妥善处理行政、民事交叉的知识产权案件，对于权属稳定性较强、被诉侵权人恶意提起专利无效宣告请求、撤销商标申请的知识产权案件，应强化民事程序对纠纷解决的优先作用，缩短知识产权案件的审理周期。⑥适当放宽临时保护措施审查标准，解决取证难问题。依法运用司法临时保护措施，对于知识产权权利人为要求停止侵权或实现权利保护，在诉前或诉中提出的行为保全、财产保全、证据保全等申请，只要符合法律规定的条件，均应积极受理、快速审查、依法执行，满足权利人有关迅速保护权利、获取证据的正当需求。对于权利人难以取得维权证据的，凡符合证据保全条件的，应当及时采取保全措施，切实解决权利人举证难的问题。对于有

---

① 罗东川：《国家知识产权战略背景下的知识产权司法保护》，《法律适用》2006年第4期。

类案在先的知识产权侵权纠纷，可根据当事人的申请直接适用诉前禁令。通过上述举措，最大限度解决司法保护中存在的赔偿低、周期长、举证难等问题。

三是完善知识产权调解、仲裁机制。一方面，要将知识产权各种调解工作进行有机整合。调解工作有利于有效化解社会矛盾，定纷止争，促进和谐社会的建设。要大力完善多层次、多方位的调解机制，促进由知识产权管理部门的行政调解、行业协会的社会调解、人民法院的司法调解共同构建完备的调解体系。在办理知识产权纠纷案件中，按照当事人自愿原则，将调解工作贯穿案件全过程，达成调解协议的，要引导当事人向人民法院申请司法确认。另一方面，要开展知识产权纠纷仲裁、调解的组织培育和发展工作。培育知识产权纠纷仲裁、调解组织，推动在重点领域、重点行业的商会、协会内设立知识产权仲裁机构，加强与国家主要仲裁机构和地方分支机构以及本地区有较强影响力的仲裁机构合作，鼓励依法建立知识产权仲裁院（中心），或者选取工作基础好、积极性高的现有机构进行能力提升和业务规范。同时，加强与本地区司法行政部门、仲裁委员会的沟通联系，探索规范工作流程，促进调解、仲裁机构顺畅运转。

四是健全知识产权信用体系建设。通过知识产权诚信体系建设，实现知识产权保护的社会共治。人无信不立，业无信不兴。让失信者寸步难行，让守信者一路畅通，是建设知识产权诚信体系的目的和宗旨所在。这项工作的内容包括：首先，明确与知识产权保护有关的信用标准，将故意和严重侵权行为处理结果纳入企业和个人信用征信系统[①]，进行严管，将诚信档案的有关内容通知给相关机构，录入企业或者个人信用征信系统；其次，推进知识产权公共诚信信息系统建设，优化整合现有数据库，按照统一的信息标准和技术规范，构建知识产权诚信信息共享平台，形成政府服务、媒体监督、群众参与的知识产权诚信系统模式。

---

① 罗斌：《构建我国知识产权保护征信机制的法律思考——从引入征信机制的角度》，《贵州社会科学》2012年第1期。

（三）加强人才培养与宣传推广

应多管齐下增加知识产权保护人才。首先，加大对知识产权人才培养的学科建设和投入。目前在川有近百所高校，设有知识产权专业或相关院系的高校不足十所，无论知识产权师资力量还是人才产出都较为薄弱。建议政府加大对在川高校知识产权学科建设的投入，除继续培养具有法学、管理学、经济学、工学背景的知识产权教学人员外，还应在更多高校增设知识产权学科学位。其次，为知识产权人才引进提供更好的政策支持。据相关统计，四川省知识产权人才约占全国知识产权人才的 4%，不仅远远低于广东、北京和上海，也落后于江苏和浙江，和陕西、湖北等省属于一个档次，因此，有必要制定更加具有吸引力的人才政策来为知识产权保护提供足够的智力和人力支持。最后，探索建立知识产权职业资格认证制度。知识产权领域缺乏职业资格认证制度，导致很多知识产权人才待遇得不到保障，地位不被认可，级别很难跟上，这直接或间接地导致知识产权人才流失。2019 年 6 月，国家人力资源社会保障部发布《关于深化经济专业人员职称制度改革的指导意见》，指出："为进一步体现专业属性，部分专业的职称名称直接以专业命名。人力资源管理专业的职称名称为助理人力资源管理师、人力资源管理师、高级人力资源管理师、正高级人力资源管理师。知识产权专业的职称名称为助理知识产权师、知识产权师、高级知识产权师、正高级知识产权师。其他专业在职称名称后标注，如经济师（金融）、经济师（财政与税收）等。"成都自贸试验区应结合本地区实际，积极探索建立知识产权师试行条例。

应提升知识产权保护意识，优化舆论环境。知识产权观念淡薄仍然是制约知识产权保护乃至影响实体经济发展的内在因素[1]。当前，民众的知识产权保护意识还较为薄弱，由此导致市场上出现了很多不正当竞争的现象，阻碍市场经济的健康发展。盗版和"山寨"产品在我国市场上大为流行，很

---

[1] 皇甫静：《论实体经济知识创新与知识产权保护问题》，《大庆社会科学》2018 年第 1 期。

多消费者对此也保持着一种无所谓的态度，支持和购买盗版产品。从某种程度上来讲，消费者的默许态度也纵容和助长了盗版的猖獗。但我们应当清醒地认识到，无论贩卖还是购买盗版和"山寨"产品，均是侵犯原创者知识产权的违法行为①。这种不正当的竞争行为，不仅严重影响了正当竞争经营者的合法利益，也在客观上扰乱了经济发展秩序，破坏了营商环境。据美国一家研究机构调查统计，如果没有专利保护，60%的药品发明、38%的化学发明就不会被研究出来②。因此，当前有必要提高全民对知识产权的保护意识，不仅要使公众更深一层地了解知识产权，而且要使公众在知识层面对保护知识产权有更为系统的了解。同时，在深刻了解知识产权的基础上，使公众能够明确自己依法享有哪些权利，并在自己的合法权益受到侵犯时主动运用法律手段加以维护。而要提升民众的知识产权保护意识，最直接的手段就是加大宣传力度。首先，知识产权管理部门要充分利用门户网站、微博、微信等媒介，开展知识产权法律法规宣传。其次，要定期组织执法人员进行业务培训，强化执法人员的法治思维和素质能力。再次，知识产权管理部门要深入企业园区乃至社区开展对知识产权保护的宣传和指导，从基层抓好知识产权保护。最后，充分利用"雷霆""双打""秋风"等专项行动，向群众宣传知识产权法律法规知识，增强其保护知识产权的意识，提高识假辨假能力，引导群众自觉抵制假冒伪劣商品。

加强知识产权建设，营造良好营商环境，不仅要依靠上述机制体制的改革，也同样需要依赖社会公众知识产权保护意识的提高。相关部门应通过多种方式的宣传、教育和实践，普遍提高社会公众对知识技术创新、经济社会发展、知识产权保护和政府适度干预之间关系的认识，在全社会树立起加强和改善知识产权保护的正确理念，努力营造有利于科技、经济与社会健康协调和可持续发展的知识产权文化环境。

---

① 李姝帛：《山寨现象与知识产权保护研究》，《法制博览》2018年3月（中）。
② 姜颖：《专利制度在技术创新中的作用》，《中国专利报》1999年4月16日。

青白江片区国际营商环境建设报告

方 芸[*]

摘 要： 成都自贸试验区青白江片区自 2017 年挂牌以来，坚持把打造国际化一流营商环境作为提升区域经济综合实力的重要抓手，在深化简政放权、促进贸易和投资便利化、推进金融创新、创新监管方式以及加强政策法律制度保障等方面进行了大量卓有成效的探索，并取得了瞩目的成绩。2019 年青白江区政府将在企业开办、施工许可、企业服务、通关服务、信贷支持、能源获取、财产登记、办税纳税、事中事后监管、法治保障等十个方面继续深化改革，以高标准推进内陆开放门户铁路枢纽建设，高能级创建国际化营商环境标杆城区。

关键词： 营商环境 国际化 青白江区

前 言

2017 年 7 月 17 日，在中央财经领导小组第十六次会议上，习近平总书记指出："要改善投资和市场环境，加快对外开放步伐，降低市场运行成本，营造稳定公平透明、可预期的营商环境，加快建设开放型经济新体制，推动我国经济持续健康发展。"这是中央首次就改善营商环境而召开专题会议，对于地方政府研究如何打造法治化、国际化、便利化的营商环境具有重

---

* 方芸，四川省社会科学院法学研究所助理研究员，法学博士。

要的引领和指导意义。2017 年 3 月 15 日，《中国（四川）自由贸易试验区总体方案》经国务院同意正式印发，其目标定位是：经过三至五年改革探索，力争将成都自贸试验区建成法治环境规范、投资贸易便利、创新要素集聚、监管高效便捷、协同开放效果显著的高水平高标准自由贸易园区，在打造内陆开放型经济高地、深入推进西部大开发和长江经济带发展中发挥示范作用。要实现这一规划，必须构筑开放、包容、创新、发展的良好营商环境，以提升成都自贸试验区的经济软实力，以法治化、国际化、便利化的环境形象加快推动资金、技术、人才、信息等创新要素向自贸试验区内集聚。成都自贸试验区青白江片区作为国内唯一以铁路枢纽为特色且独立成片的自贸片区，在构建国际一流的城市政务环境、产业环境和法治环境方面积极探索，多措并举，使国际化发展成为成都自贸试验区青白江片区的最大特色和优势。

一 青白江片区国际营商环境发展状况概述

青白江片区位于成都国际铁路港核心区域，实施范围 9.68 平方公里［含成都铁路保税物流中心（B 型）0.18 平方公里］。作为国内唯一以铁路枢纽为特色且独立成片的自贸片区，青白江片区重点发展国际商品集散转运、分拨展示、保税物流仓储、国际货代、整车进口、特色金融等口岸服务业，以及信息服务、科技服务、会展服务等现代服务业，着力打造"四向拓展"战略通道重要支点和泛欧泛亚门户枢纽。

自挂牌以来，青白江片区坚持把打造国际化一流营商环境作为提升区域经济综合实力的重要抓手，进行了大量卓有成效的创新和探索，并取得了亮眼的成绩。2018 年 6 月 15 日，广州中山大学自贸区综合研究院发布《中国自由贸易试验区发展蓝皮书（2017—2018）》暨"2017～2018 年度中国自由贸易试验区制度创新指数"。在"投资便利化"和"金融管理与服务创新"两个一级评价指标的排名中，成都自贸试验区成都区域（包含青白江片区）在第三批次的自贸试验区排名中均位居榜首。2018 年 10 月 8 日，《人民日报》发布"2018 年中国中小城市科学发展指数研究成果",成都市青白江区首次跻身"全国投资潜力百强区"。2019 年 1 月 12 日,《环球时报》发布第八届环球总评榜·城市榜单,成都市青白江区获评"2018 中国营商环境质量十佳县（市、区）"。这些荣誉无疑是对青白江区创建国际化营商环境成果的充分认可。

二 青白江片区创建国际营商环境的主要举措与实践成效

为了打造"效率最高、服务最优、管理最佳、作风最好"的国际一流营商环境,青白江片区自 2017 年以来学习借鉴上海、深圳、厦门等地前两批自贸试验区改革的先进经验,积极自我创新,大力持续在企业开办、施工许可、贸易通关、要素保障、法治环境等重点领域深化改革,有多项改革措施走在了四川省甚至全国的前列。

（一）深化简政放权,推动政府职能转变

1. 建立行政权责清单制度

青白江片区行政权力清单已公布,片区印发了《成都市青白江区自贸试验区行政权力事项目录》（青府办发〔2017〕56 号）,目前共有行政权力 2054 项。在成都市首批印发《成都市青白江区责任清单动态调整管理办法（试行）》（青审改办〔2017〕2 号）,确保责任清单动态管理制度化、规范化、常态化。目前正在开展自贸试验区责任清单编制工作。下发了《关于印发〈成都国际铁路港体制机制优化调整实施方案〉的通知》,在成都国际铁路港管委会设立挂牌机构"中国（四川）自由贸易试验区成都青白江铁路港片区管理局",实行一体化管理。制定《关于全面深化临港经济示范区（自贸区）干部人事制度改革的实施意见（试行）》,按照"员额总控、全员聘用、以岗定薪、以绩定奖"的思路稳步推进自贸试验区干部人事制度改革。

2. 深化相对集中行政许可权改革

青白江片区政务大厅暨青白江区企业服务中心于 2017 年 5 月 2 日正式启用，可一站式办理外资审批、企业注册、环境评价、规划建设、报税办税等涉企事项 200 多项。青白江区政府坚持"精简、统一、效能、便民"原则，以"放管服"为目标，以审管分离为核心，以相对集中为重点，以标准化建设为引领，深化相对集中行政许可权改革，简化行政审批流程，切实方便企业办事。

一是组建成都市青白江区行政审批局，将区民宗局、区发改局、区科经信局（区新经济局）、区教育局、区民政局、区司法局、区财政局、区人社局、区建设局、区交通局、区统筹城乡和农林局、区水务局、区商务局、区文体广新旅游局、区卫计局、区市场和质量监管局等 16 个部门 129 项行政许可事项和 85 项其他行政权力事项的审批权限一次性划转区行政审批局。自贸试验区铁路港片区政务中心作为区行政审批局的派出机构，全权行使自贸试验区范围内的审批职能。

二是改革现场踏勘方式。在区行政审批局设立行政审批现场勘验中心，从相关职能部门划转、调入技术骨干，招考专业人员，组建一支跨行业的现场踏勘专业队伍。由区行政审批局牵头开展联合踏勘和综合踏勘，相关职能部门在现场踏勘完成后的规定时限内，将签字盖章的踏勘结果反馈至区行政审批局，减少到企业现场的次数。

三是建立审管联动机制。充分运用大数据、云服务等信息技术，共享审批、监管、执法信息和档案，确保区行政审批局和各职能部门在审管分离机制下各司其职，审批和监管有效衔接，不留空档。区行政审批局在实施行政审批后，及时向相关职能部门通报审批事项办理情况，各职能部门负责审批后的监管。各职能部门逐事项细化监管方案，完善信用评价体系，对违法违规的企业实行黑名单管理。

四是建立监督长效机制。制定行政复议工作制度，严格执行"首问责任、限时办结、责任追究、投诉举报"等各项规定，强化制度监督。完善区行政审批局音频、视频监控系统，运用电子监察、在线视频等信息化手段，强化技术监督。自觉接受人大、政协、纪检监察、司法、新闻媒体和社会公众的监督。定期开展问卷调查、电话回访，畅通多种监督渠道，增强监督的全面性和有效性。

从实施效果来看，首先是全面降低了行政成本，将各部门的行政审批职能归并到区行政审批局。改革前区级涉及审批工作人员240余人，改革后仅70余人即可完成相关审批工作。其次是大幅提升了行政效能，精减审批环节，打破了部门之间的壁垒，使相同、相近、相似的事项合并办理，实现一套体系强服务、一套机制严监管，审批内部流转环节得到有效监管，大幅缩短了办理时限。最后是显著优化治理能力，政府管理方式由传统的以审代管向审管分离变化，改革倒逼各职能部门将主要精力集中到事中事后的监管上来，而且对行政审批局的违法违规审批行为，形成了强有力的制约和监督。

3. 改革企业开办登记模式

为了全面贯彻党的十九大和十九届二中、三中全会精神，按照国务院、四川省、成都市关于简政放权、放管结合、优化服务和自贸试验区建设的相关要求，根据国务院办公厅《关于进一步压缩企业开办时间的意见》（国办发〔2018〕32号）、市工商局《关于在成都自贸区开展企业住所（经营场所）申报登记制改革试点的指导意见》（成工商发〔2017〕18号）和《关于扩大企业住所（经营场所）申报登记制改革试点范围的通知》等精神，青白江片区为缩短企业开办流程，创新证照联办工作机制，采取了以下改革措施。

一是深化"多证合一"改革。推行企业名称自主申报，实现区级权限当日办结，新增市著名企业2个工作日领取营业执照、省著名企业3个工作日领取营业执照的规定。

二是完善"容缺登记"制度。打破申请材料不齐不能办的传统审批限制，按照"谁承诺谁负责"的原则，对重点招商引资企业或信用度高的企业推行"容缺登记"制度。

三是推进外资登记改革。全面推行外商投资企业商务备案与工商登记"单一窗口、单一表格"改革。

四是试点推行"政银合作"。在银行设置工商登记窗口，为新注册登记的企业一站式办理营业执照和基本账户开户。

五是规范印章刻制。通过政府购买服务，为新注册企业免费刻制一套印章，严格限定公章制作单位在一天以内完成印章刻制，并按照规定向公安机关备案。

上述措施进一步降低了企业开办成本。通过推行企业名称自主申报改革、全程电子化登记、"容缺登记"、政银合作等一系列措施，并通过政府购买服务，采用公开招标方式选择印章制作单位入驻政务大厅，为新注册登记企业免费刻制印章，新开办企业注册登记时间压缩在3个工作日以内。

从实践反馈的结果来看，企业从设立到具备经营条件所必须办理的审批环节得到了进一步精简优化，提前完成了国家要求的压缩企业开办时间至8.5个工作日的目标，切实解决了企业办照容易办证难、准入不准营等问题。2019年1～3月，全区共新增各类市场主体7259户，同比增长221.05%。其中：新增企业2977户，同比增长457.49%；新增个体工商户4282户，同比增长147.94%。自贸区内新增各类市场主体2299户，同比增长1555.39%。其中：新增企业2229户，同比增长2174.48%；新增个体工商户70户，同比增长70.73%。

4. 探索重大项目"承诺制"改革

在遵守法律精神的前提下，按照"事前审批"向"事中事后监管"转变的工作思路，青白江区按照"服务前置、审批后置、技术先行"的理念，在自贸试验区和各产业园区范围内探索企业投资项目承诺制改革试点，有力促进了重点项目早开工、早落地、早投产。主要的创新措施包括：

一是简化办事流程，全面提高办事效率。投资项目承诺制改革要求进一步优化流程，简化申请材料，明确了管委会代办完成15项事项材料准备，企业配合完成11项工作，企业做出承诺就可开工建设。

二是优化服务机制，避免企业走弯路。项目开工前，由园区管委会组织各部门、企业联合会商，明确了建设标准和要求，畅通相关信息，让企业对自己承诺的内容了然于心，对自己建设项目的审批流程和相关管理规定都清楚明了。"专员制＋一窗式"的服务模式，进一步明确了工作职责，优化工作机制，整合提供企业选址、开办设立、资助政策、融资上市等方面的信息服务、办事服务、公共服务和诉求服务内容，确保项目建设有人跟、项目问题有人管、企业事项有人办。

三是调整管理方式，促进政府职能转换。推行企业投资项目承诺制改革，进一步确立了企业的投资主体地位，通过加强信用体系建设，强化部门监管责任，探索建立"政策性引导、政府强服务、企业作承诺、过程重监管、失信有惩戒"的新型企业投资项目监管和服务模式，促进政府从"事前审批"向"事中事后监管"和"全程服务"转变，打造法治化、国际化、便利化的营商环境。

通过企业投资项目承诺制改革，在企业相关技术材料准备充分的前提下，最快3个月就可以开工，大大缩短了项目开工时间。目前，区欧管委有1个项目、区工管委有14个项目已按投资项目承诺制开展实施。

5. 推进行政审批电子化建设

从解决人民群众反映强烈的办事难、办事慢、办事繁等问题出发，简化办事流程，建立完善企业全程电子化登记管理系统。按照"应上尽上，全程在线"的要求，逐步实现了企业登记网上申请、网上受理、网上审核、网上发照、网上公示、网上归档的全程电子化。目前采取的主要措施包括：

一是开展全程电子化。申请人在"全程电子化登记平台"自主申报名称并经核准后，可直接在该平台提交设立登记申请。在申请材料通过登记机关审查人员网上审核后，只需一键打印，一次性将登记材料提交到窗口，即可当场领取营业执照，实现了从"名称预先核准"到"市场主体登记"全流程"网上申报"。同时，开展网上名称预先核准及登记预审，缩减内部流转时长。对网上申报名称的，不再要求另行提交《企业名称预先核准申请书》和相关证件纸质材料，同时可自主选择是否领取通知书。

二是承接企业（集团）冠省名称核准。按照四川省工商行政管理局《关于委托四川自贸区实施企业（集团）冠省名称核准的指导意见》（川工商函〔2018〕958号）文件精神，成都市青白江区行政审批局可办理成都自贸试验区青白江铁路港片区内冠以或名称中间使用"四川（省）"字样的企业名称（企业名称可申请冠用"四川自由贸易试验区""四川自贸区青白江铁路港片区"字样）的核准，资料齐全的企业可现场申报或网上申报，1个工作日内即可完成企业核名。

三是建立"零见面"电子营业执照发放机制。在核准企业设立登记后，即自动生成电子营业执照。电子营业执照在保存到电子营业执照库的同时，通过国家企业信用信息公示系统展示，并依当事人申请发放纸质营业执照或电子营业执照，推广"零见面"的发照模式。

截至2018年11月底，青白江区已发放私钥版电子营业执照1500份，全程电子化网上核名1135户，全程电子网上办照1户；承接企业（集团）冠省名称核准83户，显著降低了企业办事成本，提高了登记效率，提升了服务水平。

6. 创新个体工商户迁移登记模式

为促进区内个体工商户健康发展，支持个体工商户根据发展需要自由迁移，青白江片区结合区域发展实际，由区市场和质量监管局牵头，就本区范围内个体工商户跨辖区监管所管辖区域迁移登记进行了有益探索。主要措施包括：

第一，建立全域通办机制。为减少办事群众的往返、周折，合理分流办理行政审批的申请人，区市场和质量监管局打破分辖区、分层级办理行政审批业务的旧有格局，创新审批服务机制，实行行政审批业务"全域通办"。申请人可以跨辖区监管所管辖区域，自由选择到就近的登记窗口办理。

第二，完善档案管理制度。制定了《成都市青白江区市场监督管理局档案管理制度》《青白江区市场监督管理局行政审批"全域通办"暂行办法》等文件。建立了由局征信科保管全区企业登记档案、各监管所保管个体工商户登记档案的分层分级档案管理机制，并明确：全域通办的登记档案，由受理的监管所登记窗口定期整理并移交给该个体工商户经营场所所在的辖区监管所统一保管；若个体工商户申请变更经营场所跨越原监管所管辖区域的，则由原监管所将其历史档案整理后移交给变更后的新经营场所所属辖区监管所保管，并由局相关部门做好业务指导和档案移交。

第三，构建电子档案体系。区市场和质量监管局自主研发了青白江区企业信用信息协同监管系统，设置个体工商户电子档案上传和查询功能。各登记窗口工作人员，在登记业务办结后，利用配发的电子扫描仪，将本次个体工商户纸质档案扫描成 JPG 图片并上传到协同监管系统集中保存。通过协同监管系统的账号赋权，实现对全区个体工商户电子档案的网上调阅和查询，减少了纸质登记档案查阅的不便和低效。

此项工作实施后，个体工商户可就近自由选择办理窗口，减少往返周折。同时，跨经营场所开展经营活动的个体工商户，只需变更经营场所就可继续合法经营，不必注销后重新办。这既延续了主体资格，又减少了资料准备的繁琐程序，从而进一步刺激经营者选择在更大范围内自由经营和自由迁徙。

（二）促进贸易和投资便利化，提升开放型经济水平

1. 探索搭建海外学（协）会创新创业平台

海外学（协）会创新创业平台，是中国（四川）自由贸易试验区青白江片区围绕成都市海外人才离岸创新创业基地建设，为适应青白江片区适铁适欧产业发展需求，由国外企业发起的，以国外企业与自贸试验区实质性合作为基础，吸引海外学（协）会组织共同搭建的创新创业探索型平台。目的是依托自贸试验区良好的工业和物流资源优势，打造具有引才引智、创业孵化、专业服务保障功能的国际化综合性创新创业平台，推进国际经贸合作和人才流动。目前已经落实的措施主要包括：

第一，建立海外学（协）会定期联系机制。成立工作小组，明确专人负责定期与德国华人华侨联合会、德国物流协会等海外学（协）会和组织进行沟通和联系。加大对自贸试验区班列物流、贸易服务等扶持政策的宣传力度，实时响应对方实际需求，做好基础信息对接，建立良好的信任关系。

第二，建立海外企业到我区"一站式"服务机制。对于海外学（协）会内重点企业有实际投资需求的，协调成都铁路港管理委员会企业服务和投

资促进等部门，为海外企业来区注册外资公司提供工商注册、财税、投融资等"一站式"服务，提升服务效率和服务质量。

第三，大力争取政策支持。在区级层面，为海外人才创新创业工作站努力争取政策支持。其中，出台区级人才政策，规定"对进入分基地"（工作站）的海外高层次人才，在申报区内各类人才政策时不受每年在区工作时间限制，使海外高层次人才不受居住时间、国籍等限制，创新更为便利灵活的海外人才服务机制。海外学（协）会创新创业平台的搭建，显著提升了海外企业来青白江片区投资的需求。通过海外人才创新创业工作站，目前已成功吸引了 1 家德国企业到自贸片区内投资注册合资公司。此外，协助海外企业与成都铁路港及下属国有公司之间达成三方合作关系，协调解决合作问题 20 余个。目前，三方已在平行进口车、班列运输方面达成实质性合作协议，并有 1 家企业成为成都铁路港下属国有公司授权的"欧洲地区合作方"。

2. 全国首创中欧班列集拼集运模式

为有效整合中欧班列运力资源，应对低物流成本的海运竞争，青白江片区顺应国际国内贸易订单小型化、高频率的发展趋势，深入挖掘成都国际铁路港功能，在成都海关的指导协调下，加强与乌鲁木齐海关和铁路公司的合作。双方于 2017 年 12 月 8 日共同研究了中欧班列（蓉欧快铁）在乌鲁木齐开展集拼集运的创新运输、监管模式，就两地集拼集运业务操作细节积极讨论并达成一致意见。具体包括以下措施：

一是创新海关监管模式，缩小海关监管单元。成都海关青白江办事处与乌鲁木齐海关合作，双方达成"允许内、外贸货物首次混装比例为 1∶5，缩小中欧班列（蓉欧快铁）海关监管单元"的共识，对中欧班列（蓉欧快铁）的监管由"列"变为"节"，以提高班列运转效率，降低企业物流成本。

二是创新中欧班列运营组织模式，细化集拼集运业务流程。成都和乌鲁木齐两地铁路部门联合制定集拼集运运输方案，推动班列舱位共享、代码共享、资源共享，对班列运行实施全程监控，为集拼集运测试提供细致的作业流程，并搭建中欧班列（蓉欧快铁）作业平台。针对空箱、内贸箱和加挂集装箱需求，在乌鲁木齐开展内贸箱换外贸箱、重箱换空箱、补货作业等操作，为下一步中欧、中亚、俄罗斯线路班列混编奠定了基础。

三是两地共享并互认物流和关检信息。通过采取跨区域协同，对中欧班列（蓉欧快铁）物流、商品、关检等信息予以提前传递和读取，实现成都和乌鲁木齐两地对相关信息的共享和互认。通过与乌鲁木齐方面搭建关检铁信息平台，实现铁路信息和海关信息的互联互通，提供班列境内轨迹实施追踪，提升班列运行效率。

四是创新区域合作模式，建立多层次合作关系。分别推动成都海关与乌鲁木齐海关、成都海关驻青白江办事处与乌鲁木齐海关现场业务处、四川出入境检验检疫局陆运口岸办事处与乌鲁木齐出入境检验检疫局、青白江区政府与乌鲁木齐经济技术开发区（头屯河区）、成都国际铁路港管理委员会与乌鲁木齐国际陆港区建设委员会、成都国际铁路班列有限公司与新疆中欧联合物流有限公司达成战略合作，建立全方位、多层次的合作关系，推动班列、贸易和产业一体化发展，打造内陆与沿边城市协同开放、合作共赢的新范式。

中欧班列（蓉欧快铁）集拼集运新模式在全国中欧班列中属首创。该模式通过缩小海关对中欧班列（蓉欧快铁）的监管单元，整合国内外贸易商品的运输需求，充分利用中欧班列（蓉欧快铁）进出口的空箱仓位资源，全面提升了中欧班列（蓉欧快铁）的装载量，有效降低了运行成本。同时，该模式还打造了西南内地与西北边境省份协同开放、合作共赢的新范式，成功探索出通过区域互动实现西北地区出口商品搭上中欧班列（蓉欧快铁）"顺风车"的合作模式。

3. 全国首创多式联运"一单制"

自成都自贸试验区挂牌以来，青白江自贸区先行先试，创新签发基于国际铁路联运的纯陆路运输多式联运提单，并拓展跨境公铁联运、海铁联运模式，探索赋予多式联运提单金融功能，着力推动基于国际多式联运的物流与贸易新规则，为进一步贯彻落实国家"一带一路"倡议，推动"海权时代"向"陆权时代"转变发挥国家"试验田"的作用。具体措施包括：

第一，培育多式联运提单签发主体。作为国内唯一以铁路枢纽为核心的自贸片区，青白江片区创新路地合作机制，由市、区两级政府与中铁成都局集团合作，组建成都国际陆港运营有限公司（以下简称"陆港公司"）。作为地方与铁路部门的合作载体，陆港公司有效整合班列运输、口岸场站操作、园区运营、外贸服务等资源，并获批交通运输部多式联运示范工程，取得多式联运经营人资格、无船承运人资质，开发设计多式联运单证及相关背书条款，制定和固化单证流程，为探索多式联运规则奠定重要基础。

第二，多领域、多品类试点提单应用。按照"一次委托、一口报价、一单到底、一票结算"的目标，率先将多式联运单证应用在中欧班列（成都）。结合铁路港"四向"拓展战略，组织货物从美国经上海到成都的海铁联运试点，目前正拓展在南向海铁联运通道领域试点。货物品类已从平行车拓展到木材、机械设备以及红酒。

第三，创新多式联运提单金融属性。与中国银行锦江支行合作，在全国率先试点以多式联运提单作为银行信用证结汇的凭证，提供全程陆路运输的多式联运提单物权质押解决方案，将发货人的收款周期提前了20天左右。同时，陆续引入开证公司、创新银保联合和银担联合等融资模式，以金融支持多式联运"提单"应用。

多式联运"一单制"的创新性主要表现在以下三个方面。一是创新"一单到底＋一票结算"，解决外贸交易便利性问题。通过打造国际铁路联运外贸单证系统、信用证体系，将货物的交易变成单证的交易，贸易单据处理由原有的"多头接洽"转变为"一窗受理"，单据流转时间缩短30%，有效提高了外贸交易的便利性。二是创新"一次委托＋一口报价"，解决多种运输方式的组织难题。陆港公司作为多式联运单证签发人，提供多种运输方式组织服务，客户只需填记一份多式联提单就可以实现全程便捷化物流服务，不用再多方联系或接洽承运商。三是创新"全程控货＋金融创新"，解决中小外贸企业的融资难题。依靠陆港公司物流资源优势及完善的流程卡控体系，实现对货物的全程可控，达到金融机构对国际结算资金的风险控制，发挥多式联运提单的质押功能，逐步解决初创期的中小贸易企业因无业绩、无担保、无抵押物而导致的融资难、授信难问题。

（三）持续推进金融创新，助力优化营商环境

1. 打造综合治税信息平台

2017年以来，青白江片区以新一轮区乡财税体制改革为契机，积极探索利用信息化手段开发建设综合治税信息平台，利用信息化手段推进财源建设，主要实施了以下措施。

一是搭建平台，让信息"快"起来。区政府拨出专款开展综合治税信息平台建设，并明确各部门责任分工，通过财税部门提业务需求，区综合治税领导小组办公室制定建设方案，实行统一开发软件，统一数据接口，开发"国税治税""地税治税""财政收入分析"三个子系统。通过抽取、加工、转换、汇总等技术手段，分类进行数据比对和分析利用。经过近3个月的紧张工作，平台于2017年9月底成功上线试运行。

二是畅通渠道，让信息"流"起来。为解决长期存在的征收机关与税源信息不对称的困局，需要获取丰富海量的信息数据。通过前期摸底和走访，青白江片区将区房管局、国土局、建设局、人社局等26个部门确立为综合治税信息报送责任单位，并为各部门设计了58套信息采集和上传模板。对需上传的每项涉税信息内容均明确了具体的传递方式、传递内容、传递时限，分类分单位建立了标准化的信息流转模式。

三是大数据分析，让信息"活"起来。通过综合治税信息平台的大数据比对分析，发现了大量有价值的征收疑点。区财税部门设置专岗，安排专人对疑点信息进行核查清理，并建立信息反馈机制，实行分级分类管理。根据信息利用情况，及时调整信息传递时限和范围，确保信息价值最大化。

综合治税信息平台试运行以来，全区各单位通过平台集中报送涉税信息165万条。根据平台的大数据分析指引，区综合治税工作领导小组办公室将房地产、建筑安装、餐饮住宿、驾驶培训等行业确定为重点清理行业，组织区税务部门开展拉网式清查。截至2017年底，区税务部门利用涉税信息开

展专项核查和纳税评估，核实应补缴全口径税款 8745 万元，组织入库税款 5922 万元。

2. 创新跨境供应链金融服务体系

为进一步发挥自由贸易试验区金融开放创新带动优势，打造金融对外开放桥头堡，青白江片区以建设跨境供应链金融特色功能区为契机，从以下几个方面着手创新自贸试验区金融服务体系。

一是构建以港区服务为主的供应链企业综合服务平台。以港投集团为载体，推动成都国际铁路港向现代供应链运营管理中心转型发展，运用区块链和大数据，探索整合海关、公检法、市场监管、中国人民银行征信系统等信息资源，为供应链上下游企业提供一体化供应链综合服务，建设"一带一路"海外仓和供应链金融仓储。

二是促进以跨境贸易为主的供应链交易服务平台发展。支持深圳怡亚通、苏宁云商、成都龙工场、广州宝能、深国际、远洋资本等企业开展跨境供应链业务；依托自贸试验区落户企业开展以商招商、补链招商和配套招商，引导供应链上下游企业集聚。

三是搭建以行业引领为主的全产业链服务平台。以积微物联达海产业园和积微电商两大平台为载体，以 O2O 模式构建大宗商品全链条服务生态圈，提供钢铁、钒钛、化工等大宗商品的在线交易、支付结算、智能仓储、智慧物流、高端加工、金融服务、跨境贸易等一站式服务和整体解决方案。

从实践效果来看，目前成都农商银行成功设立四川自贸区青白江铁路港片区支行，锦泰保险在青白江铁路港片区设立营销服务部，基金公司、保险中介、小额贷款公司先后入驻自贸试验区，成功实现汽车平行进口开证、押汇等供应链金融服务。金融机构与自贸试验区企业合作，创新铁路运输贸易结算方式，中国工商银行青白江支行与成都自贸通供应链服务有限公司合作开立了四川省铁路货运首张平行车进口国际信用证；成都国际陆港运营有限公司与中国银行合作，采用多式联运提单作物权质押信用证结算方式，实现平行车进口供应商提前办理银行议付；成都银行青白江支行与成都自贸通供应链服务有限公司合作，为车商开展平行进口车关税保函业务。与此同时，青白江片区金融服务实体经济水平明显提升。中国银行青白江支行推出"四川自贸卡",中国建设银行青白江支行推出"小微快贷"及"云税贷"创新产品。中国农业银行青白江支行为益海嘉里（成都）粮食工业有限公司办理1.6亿元跨境人民币资本金外债业务。交通银行青白江支行开通自贸试验区业务绿色窗口和离岸业务绿色窗口，联合交通银行法兰克福分行成功为成都天翔环境有限公司办理海外并购业务购汇2.2亿欧元，实现区内首笔海外并购结算业务。成都农商银行青白江支行为成都银犁冷藏物流股份有限公司一、二期冷库项目建设投放贷款4.18亿元。四川天府银行青白江支行办理首笔应收账款质押融资。中国人保青白江支公司、锦泰保险青白江支公司推广环境污染责任险、安全生产责任险等创新责任保险。

3. 开展关税保证保险试点

2018年10月30日，海关总署、银保监会联合发布了《关于开展关税保证保险通关业务试点的公告》，确定自2018年11月1日起，在全国海关范围内开展以《关税保证保险单》作为税款类担保的关税保证保险改革试点。参与试点的保险公司为中国人民财产保险股份有限公司、中国太平洋保险股份有限公司和中银保险有限公司。为推动试点落地，青白江片区多措并举，率先开出了成都首张关税保证保单。

关税保证保险是指企业提供由保险公司出具的关税履约担保保单，向海关申请办理担保通关手续。在该担保模式下，企业为关税保证保险合同的投保人，海关为被保险人，保险公司按照保险条例的约定承担保险责任。关税保证保险是国内保险行业第一个以政府机关（海关）作为被保险人的保证保险产品，通过引入保险机制创新海关担保方式，在不收取企业保证金、无须企业获取授信的基础上，实现"先通关后缴税"。

关税保证保险的优势主要体现在：一是由保险公司直接做税款兜底担保，企业无须准备保证金；二是基于保险方式无银行保函环节，不占用银行授信额度；三是相较于银行保函和担保，保险方式的费率更低，可降低企业交易成本。

2018年11月13日，成都国际铁路港首次试用关税保证保险，由进口企业与中国人财保险签订了关税保证保险协议，通过通关一体化模式完成了首票货物（棉纱）的申报通关工作。截至 2018 年底，港区共开展平行进口车、进口木材、棉纱等货物的关税保证保险业务 201 票，担保税款达 1835.5 万元。

4. 创新"跨境 E +"国际结算

为了顺应纸制单据电子化、融资行为线上化的趋势，也为了更好地服务企业，青白江铁路港自贸区携手中国建设银行推出了一站式线上外汇结算服务。

该服务将传统外汇业务办理从柜台渠道迁移到企业网银渠道，客户不再需要常跑银行、排队办理。建行企业网银提供 7 × 24 小时全天候的服务，客户可以自由选择任意时间提交外汇业务申请。同时，进一步简化了 A 类外贸企业的收付汇流程，客户无须事先提交贸易背景资料即可办理收汇入账，也无须再到柜面填写繁杂的汇款和结售汇申请书等纸质凭证，所有的流程均可在企业网银内完成操作。2017 年 12 月末，中国建设银行总行基于"跨境 E +"系统已上线了"跨境快贷一期工程——平台企业模式"，小微企业可直接占用外贸综合服务平台企业的授信额度，在企业网银线上发起贸易融资业务，无须单独授信即可实现快速融资。

截至 2017 年 11 月，自贸试验区已在 9 家试点企业开展"跨境 E +"国际收支业务。未来，自贸试验区将不断推广此项业务，将有更多的企业享受到更便捷的国际收支服务。

5. 探索商标质押登记试点

青白江片区紧抓企业融资难题，创新建立全省首个商标登记工作联动合作机制，主要的创新措施包括以下两个方面的内容。

第一，建立了两项工作互动机制。2017 年 7 月，初步建立区内金融机构与有商标质押融资需求的企业间的信息交流沟通机制。同年 9 月，与天府新区城市管理和市场监管局（成都商标受理处）签订《推进商标登记工作合作协议》，正式建立全省首个商标登记工作联动合作机制，畅通了青白江区企业办理商标注册登记和商标专用权质押登记的快捷渠道。

第二，设置了两个绿色服务通道。一是与成都商标受理处建立了商标登记办理绿色服务通道，在承诺时限范围内优先为青白江区企业办理相关注册登记；二是在区政务服务中心设置了商标登记、质押咨询窗口，方便青白江区市场主体就近咨询商标注册、商标权质押登记等业务，减少企业往返，节约企业经营成本，提高办事时效。

青白江片区以探索注册商标专用权质押为突破，帮助企业有效盘活商标等无形资产，拓展了企业信用担保方式，实现了知识产权从"权利"向"价值"的转化，一定程度上解决了企业抵押资产不足、无法取得银行融资的问题。

（四）创新监管理念和方式，提高监管效能

1. 探索大市场、大监管格局下的综合执法

随着商事登记制度和多局合一的市场监管体系改革深入推进，青白江片区抓住"只有管得好，才能放得开"这个牛鼻子，以分类综合执法为契机，以"互联网＋监管"为核心，以跨部门"双随机、一公开"检查为手段，在青白江片区内积极探索大市场监管、大城管执法模式。主要创新措施包括：

第一，青白江片区开发建成了四川省首个区级企业信用信息协同监管系统——青白江区企业信用信息协同监管系统，通过关联系统数据、共享业务数据、规范数据标准等举措，实现监管数据的"一网归集、多方应用"。该系统在实现平台建设智能化、推动部门监管协同化、鼓励监督治理社会化、促进执法检查"一次化"等方面具有鲜明的特色和显著的优势，为执法的规范化、集约化、智能化奠定了技术基础。

第二，研发了四川省首个区级大数据监管业务平台。片区以满足部门需求和监管应用为根本，开发了标准规范、信息安全保障、运行维护支撑"三大体系"，建成全省首个区级大数据监管平台——青白江区大数据监管平台，实现了在线监管、执法跟踪、数据分析等监管应用。

第三，创新建立"双随机"行政执法社会监督机制。一是在原随机抽

取检查主体和执法人员的基础上，创新性地引入社会监督机制，建立行政执法社会监督员库，随机抽取社会监督人员参与执法检查，对执法行为的全过程跟踪监督，将整个执法检查过程置于社会公众的监督下进行，规范了执法人员的执法行为，避免选择性执法和随意性执法。二是及时将抽查结果录入青白江区企业信用信息协同监管系统并向社会全面公示，同时利用报刊、网络等主流媒体和新媒体进行广泛宣传，保障公众知情权、参与权、监督权，实现了真正意义上的"阳光执法"。

通过构建企业信用信息协同监管系统，把分散的行政许可、行政执法等企业数据归集，提供全方位、全生命周期的信息跟踪查询服务。一方面，实现了政府部门间企业信息共联共享，让分类监管、重点监管、精准监管成为现实。另一方面，强化了企业信用约束功能，为守信激励和落实"一处违法、处处受限"信用约束提供了平台支撑，有效解决了在实施涉企行政行为过程中信息核查渠道少、市场风险监测难等问题。通过实施跨部门大市场综合监管执法新模式，有效解决了执法部门间监管力量不均衡、权责交叉、执法任性等问题，实现了监管执法力量与专业技术支撑的优势互补。在增强市场监管执法合力的同时，有效规避多头执法扰民等现象。2017 年，以青白江区企业信用信息协同监管系统为依托，先后联合发改、公安、城管、房管、教育、民政等部门，组织开展跨部门"双随机"抽查 59 次，随机抽查市场主体 1046 户，就环境污染、安全生产、企业年报公示、民办培训机构、房地产市场等重点领域进行联合执法检查。共排查安全隐患 49 处，纠正违规行为 10 余起，依法下达责令整改通知书 3 份，对 1 家存在违法行为的企业减扣信用积分，对 1 家未经批准擅自扩大产能规模的企业进行立案查处，并依法向社会公示抽查结果，事中事后监管新模式正在形成。

2. 创新"双随机、一公开"监管治理模式

青白江片区日益便利的国际营商环境极大地激发了市场活力，自贸试验区内市场主体数量成几何倍增长。但市场主体数量剧增与监管人员缺乏、监管手段相对滞后的矛盾也日益凸显。对此，青白江区不断创新推进自贸试验区"双随机、一公开"监管工作，完善"双随机"工作平台，实现执法人

员随机选派、检查对象随机抽取，形成"监督检查—法制稽查—廉政回访"闭环监督机制，着力推动监管重心由事前向事中、事后转变，保证了市场主体权利平等、机会平等、规则平等，营造了国际化、法治化、便利化的营商环境。

首先，立足监管实际，建立专门平台。在建立供全区多个执法部门开展"双随机、一公开"的工作平台的基础上，根据自贸试验区监管部门实际，专门建立了自贸试验区企业监管抽查系统，形成了纵向特色鲜明、横向统一规范的平台体系，为推进监管部门对自贸试验区进行跨部门"双随机"检查打下坚实基础。

其次，明确等级划分，科学合理监管。对自贸试验区内企业、个体工商户等进行系统梳理，根据监管对象近两年的行政处罚记录、全国企业信用信息公示系统的司法协助信息、特殊行业特殊监管的要求，建立监管对象信息库，将监管对象划为 A、B、C、D 四个监管等级，在抽查事项全覆盖和抽查比例不低于 3% 的框架内，科学确定抽查频次。

最后，注重点面结合，创新推进体系。一是抓"点"型示范。积极鼓励执法力量强、专业素质好的区卫计局、区市场和质量监管局等六个部门大胆创新，在自贸试验区内先行示范、积累经验，通过现场观摩、经验交流等形式，带动全区面上工作整体推进。二是抓"线"型领域。以重点领域为主线，增加抽查比例和频次。2017 年以来，开展自贸试验区安全生产、环境保护、市场监管主题抽查 329 次，涉及企业 1034 家，事项实现全覆盖。三是抓"面"上工作。为解决自贸试验区内多头执法、重复检查、标准不一等问题，探索推进跨部门跨行业联合随机抽查机制，对同一市场主体的多个检查事项，协同多部门开展抽查。

"双随机，一公开"监管治理模式践行以来，市场监管效率显著提高，政务服务不断优化，在一定程度上缓解了青白江片区企业主体剧增与监管人员相对缺乏、市场主体对公平竞争的需求与监管手段相对滞后之间的矛盾。同时，解决了部门各自为政、标准不一的问题，极大地节约了行政成本，加强事中事后监管，有利于推动面上工作形成整体推进态势。自贸试验区青白江片区分享相关工作经验，在全市做交流发言。此外，将监管对象划为A、B、C、D四个监管等级，根据监管等级科学确定抽查频次，维护了市场主体的正常经营秩序，更加激发市场主体的活力，提高了监管的精准度，得到了企业的认可和好评。

（五）加强政策制度保障，营造法治化营商环境

区域经济的发展离不开政策制度保障。自贸试验区是制度创新、先行先试的特殊经济区域，为了让政府决策更加科学有效，营造更优质的法治营商环境，青白江区从以下三个方面进行了大胆创新和积极探索。

1. 打通重大行政决策科学性的"最后一公里"

青白江区率先在县级层面出台了重大行政决策后评估制度，推动重大行政决策后评估工作规范化、程序化、常态化。通过形成后评估报告，为决策事项是否需要进行调整、完善和终止提供决策依据，有利于政策资源的合理配置，提高政策运行的科学性和准确性，对青白江区的经济社会发展和自贸试验区建设具有重要意义。具体内容包括：第一，明确责任主体，重大行政决策的实施或牵头单位是开展后评估工作的责任主体，涉及自贸试验区探索创新的重大决策事项，由牵头单位会同自贸办共同进行评估；第二，明确评估内容，制定了较为科学的后评估报告表，采取访谈、抽样问卷、抽样分析、统计分析等方式，围绕决策实施结果与决策制定目的是否相符、决策实施的成本、效益分析、决策带来的负面影响、收到的主要成效、实施对象的接受程度等方面进行定性和定量说明，形成评估报告供决策参考；第三，明确评估时限，重大行政决策中长期工作或自贸试验区创新工作，须在决策实施满1年时开展过程性评估，并于工作完成6个月后进行最终评估。

目前，区房管局、区商务局已完成对《成都市青白江区推进供给侧结构性改革促进我区房地产市场健康发展的实施意见》《成都市青白江区关于深入实施"蓉欧＋"战略推动内外贸易加快发展的若干意见》所要求项目的后评估工作。下一步将对"证照分离"改革试点、促进产业发展的若干政策等27项行政重大决策（包括自贸试验区重大行政决策9项）进行后评

估。决策的后评估实际上也是工作的"回头看",有利于把政府的决策和群众(市场主体)的需求与认知度、接受度无缝衔接,有效激发市场主体的活力。自2018年以来,青白江区新增市场主体8116个(含自贸试验区市场主体1026个);2019年上半年,固定资产投资增长12.8%,增速居全市第一;社会消费品零售额增长11.6%,增速居中心城区第一。

2.创新矛盾纠纷多元化解机制

自青白江片区挂牌成立以来,企业与企业、企业与劳动者之间的经济、劳动合同等各类纠纷大部分是通过寻求港管委调解或聘请律师走诉讼途径两种方式解决,方式单一且效率低下。自贸试验区建立了商事调解委员会,却没有入驻能够获得外资企业认可的商事仲裁委员会。为更好地服务于自贸试验区矛盾纠纷化解,区司法局联合多部门,从四个方面着手,建立了矛盾纠纷多元化解机制。

一是完善与多部门的协作机制,加大排查力度。区司法局与区法院、区人社局、区公安分局、区信访局、区工商联分别建立工作联席会议制度,并与区法院共同制发《关于进一步加强司法调解与人民调解衔接工作的实施细则(试行)》,与区公安分局共同制发《关于建立完善人民调解与治安调解衔接联动机制的实施办法》,与区信访局共同制发《关于进一步加强人民调解参与信访问题化解工作的实施方案》。在港管委园区和成都银犁冷链专业市场范围内,协调大同司法所和祥福司法所指导辖区基层人民调解员开展"调解跟着重大项目走"活动,对自贸试验区内的重大建设项目开展"一对一"贴近式的矛盾纠纷排查、化解工作。

二是健全组织构架,确保机制有效运行。构建区级民商事及劳动人事纠纷调解委员会,与区工商联协调组建青白江区工商联(商会)民商事纠纷调解委员会,与区人社局协调组建青白江区劳动人事争议纠纷调解委员会。指导自贸试验片区所辖乡镇——大同镇及祥福镇建立青白江区大同镇工业园区人民调解委员会、成都市银犁冷藏物流股份有限公司调解委员会,层层递进、层层压实,健全服务自贸试验区的人民调解组织框架,确保机制落实、有效运行。

三是完善自贸试验区法律服务机制。建立自贸试验区警务工作站、诉讼服务站、检察室、商事调解服务中心，调解室配备双语人员，投放中英文双语诉讼指南，提供个性化司法服务。联合政法各部门，筹建集法律服务、诉讼服务、法律监督等功能于一体的自贸试验区公共法律服务中心，并引进2家精通涉外法律服务的律师事务所入驻自贸试验区公共法律服务中心。与四川大学、中国国际经济贸易仲裁委员会四川分会、成都仲裁委员会、市律师协会等机构合作，搭建专家＋仲裁＋律师＋公证＋沿线国家法律工作者"五位一体"的法律服务联盟，构建自贸试验区法律保障服务体系。

四是建立律企对接机制。引进精通涉外法律服务的2家律师事务所入驻自贸试验区，为企业提供国际贸易、知识产权保护等"一站式"法律服务。加强与欧洲产业城、智慧产业城等园区合作，开展"法治体检"活动，建立"实习律师进园区企业"机制，搭建覆盖全区律师和多家企业的"青白江区律企互动平台"微平台，为企业创设、运营等提供精准的法律服务。

自2017年4月以来，自贸试验区所辖乡镇共调解纠纷84起，比上年同期的60起增长了40%；同时，全区调解案件数量也比上年同期的645起增长了10%左右。2018年，新建区工商联（商会）民商事纠纷人民调解委员会等调解组织15个，成功调解合同、生产经营类纠纷103起，涉及金额800余万元；全区律师线上线下为企业提供法律服务1500余次，为自贸试验区的纠纷化解工作营造了一个良好的外部环境。

3.创新监督、服务、研判"三位一体"检察工作机制

为充分发挥检察工作服务大局的职能，青白江区检察院把服务四川自贸试验区成都青白江铁路港片区作为着力点，紧密结合片区功能定位，与园区管委会、市场监管部门、公安部门等建立了常态化的沟通机制，打造了"服务、监管、执法、办案"一体协作流程。

一是积极构建工作机制，推动服务保障全面落实。成立服务保障自贸试验区建设工作领导小组及日常工作机构，推动工作有效开展。建立部门职责清单制度，落实工作责任，形成全员参与工作格局。

二是加强协作机制建设，增强服务保障工作合力。区检察院、园区管委会、市场监管部门、公安部门等建立常态化的沟通机制，打造"服务、监管、执法、办案"一体协作流程。区检察院与港管委签订合作协议，定期召开联席会议，开展自贸试验区物流、口岸服务、贸易等相关法律政策信息的沟通交流。围绕自贸试验区综合行政执法体系建设，与区市场和质量监管局签订《自贸试验区内行政执法与刑事司法相衔接工作机制》，参与自贸试验区综合监管，监督行政执法机关依法行政。与区公安分局会签《自贸试验区刑事案件快速办理机制》，实现自贸试验区内刑事案件优先办理。与成都铁路检察分院签订协作机制，积极探索专业检察机关与地方检察机关案件线索双向反馈机制。

三是充分发挥检察职能优势，法律服务方式进一步创新。青白江片区设立了全省首个自贸试验区派驻检察室。采用"立足前沿、依托后台"的工作模式，构建派驻检察室主任"常态化"履职与具体办案工作"专业化"归口相结合的工作机制。采取走访、座谈等形式，深入四川物流集装箱有限公司、中铁八局物流公司等自贸试验区内 18 家企业了解司法需求，开展"法律进企业"活动，提供《涉外法律指南》等书籍，更好地预防犯罪。通过多形式、多途径让检察工作走进自贸试验区，充分利用青白江区"绣川讲座"平台、门户网站、"晶晶热线"、自贸检察服务 QQ 群等媒介，向自贸试验区内企业提供法律咨询、司法救济等更加高效便捷的服务。

三 青白江片区创建国际化营商环境
标杆城区的发展路径

2019 年是成都市委、市政府确定的"国际化营商环境建设年"，青白江片区按照成都市委对青白江提出的"高能级创建国际化营商环境标杆城区"的要求，专门出台了《关于高能级创建国际化营商环境标杆城区的实施意见》和相关配套文件，形成"1 个实施意见 + 10 条措施 + N 个配套文件"的覆盖企业全生命周期的政策服务体系。青白江片区从以下十个方面持续深化改革，以高标准推进内陆开放门户铁路枢纽建设，高质量构建开放型一体化大港区，高能级创建国际化营商环境标杆城区。

（一）企业开办：一站式、零收费

落实国家《市场准入负面清单》，推动"非禁即入"。推行"多证合一、证照联办、照后减证"，优化企业名称核准机制，支持"个转企"，推广"首证通"，实现"当日办结、5日营业"。全面推行外商投资企业商务备案与工商登记"单一窗口、单一表格"。设立银行、中介窗口，通过政府购买服务方式，实现印章刻制、银行开户、税务社保登记"一站式、零费用"。

（二）施工许可：集成评估、容缺承诺

优化工程建设项目前期服务，推行施工许可容缺承诺，推广使用中介服务网上超市，实行"多规合一、区域评估、多评合一"，全流程并联审批总时间压缩至60个工作日内。推行产业园区企业投资项目承诺制，实现企业拿地即开工。自贸试验区内，外资建筑企业承揽业务不受投资比例限制。

（三）企业服务：全域通办、全程帮办

营造优质人才环境，加快推动国际人才集聚。实行"全域通办"，设置基层服务站点，推行"全科审批"模式，方便企业和群众就近办事。优化政务大厅"全程帮办"服务，推行"一门、一窗、一网、一章、一次"审批服务模式，为企业提供全流程保姆式、专业化帮办服务。建设商事登记资料库，实现申请材料"一次提交、全程通用、多方共享"。

（四）通关服务：低成本、高效率

加快推进口岸清费、降费工作，继续实施政府购买铁路口岸公共服务，进一步降低进出口环节合规成本。大幅压缩货物整体通关时间，提升口岸通关时效，到2019年底力争整体通关时间压缩1/3以上。持续提升口岸通关服务能力，开展"24小时预约通关服务"。全面推广应用国际贸易"单一窗

口"。完善场站管理系统，推行无纸化、电子化作业，推动口岸信息互联互通。加快实施铁路舱单申报，提升口岸物流监控水平。推进关税保证保险试点改革，实现"先通关后缴税"。降低企业税务负担。

（五）信贷支持：供应链金融 + 便利服务

打造供应链金融服务平台和中小微企业科技金融服务平台，大力发展商业保理业务，鼓励开展应收账款融资，为企业提供"债权 + 股权 + 增信"一站式融资对接服务。推广"一单制融资"，支持企业依托多式联运提单、铁路运单开展进出口贸易融资。设立产业投资引导基金和政府性融资担保风险资金池，降低小微企业和"三农"融资担保费用。建立健全招商引资主办行制度和产融对接机制，引导银行设立政务大厅服务窗口，为企业办理银行开户、融资贷款提供便利。

（六）能源获取：进大厅、集中办

水电气服务企业入驻政务服务大厅集中办理。水电气申请材料缩减至2～3种，当日完成受理。低压电力接入时间为3～5天，高压普通用户用电报装时间21天，高压特殊要求用户用电报装时间为29天，小微企业用户实现"零成本"接电。水、气接入全程办理时限缩减至10个工作日。

（七）财产登记：一窗受理、一口办结

设立"一窗式"综合受理窗口，不动产登记缩减至3个环节。土地的首次登记、抵押类登记办理时限分别缩减至3个工作日、2个工作日，注销登记、查封登记和异议登记当日办结。开通 App 网上预约和官方微信公众号预约服务，并通不动产权证书（证明）EMS 送达服务。

（八）办税纳税：互联网 + 自助办理

实施智慧办税"三张清单、九化服务"，推动智能、集成、非接触办税。落实"全程网上办""自助办税""容缺办税"三张清单，打造全流

程、多渠道智慧办税体系。推进出口退税网上办，实现出口退税全流程网上无纸化，纳税人"一次都不用跑"。推进"容缺办税"服务，简化纳税人办税流程，压减涉税资料1/4以上。

（九）事中事后监管：双随机+三分类

推进"一单四库、五化同步"跨部门双随机综合监管，对多个检查事项实施联合检查，推进"阳光执法""柔性执法"。加强知识产权保护，实施企业信用风险三级分类监管。探索建立跨境电子商务事中事后监管及消费者权益保护机制。推进招商引资、政府和社会资本合作等重点领域政务诚信建设。加强企业信用信息交换共享和互认互用，持续推进企业信用体系建设。

（十）法治保障：府院联动+多元化解

健全"政府—法院"重大破产事务信息、职能沟通联动机制，稳妥推进破产案件处置，依法清算僵尸企业，盘活优质资产。发挥成都仲裁委员会国际商事仲裁（青白江）咨询联络机构、商事调委会的作用，完善纠纷多元化解方式。依托"蓉欧+"法律服务联盟，引入优质涉外法律服务资源，为企业提供精准法律服务。

与此同时，为推进营商环境的国际化进程，青白江还将在六个方面着力，构建国际一流的城市政务环境、产业环境和法治环境。一是推进港口建设和班列运行国际化，以"世界一流、亚洲领先、全国第一"为目标，加快推进国际铁路港吞吐量、智能化成都和产业配套达到世界先进水平；二是推进基础设施体系国际化，建立以城际铁路为主的国际化轨道交通体系和客货分离区域交通路网，解决城市间快速通道问题；三是推进产业体系的国际化，以全球眼光和全球视野，根据新一轮供应链变革和市场配置要求，优化产业布局体系，国际铁路港大力引进供应链管理企业，重点发展国际贸易、保税加工、现代物流，欧洲产业城重点发展先进材料、智能制造，发展"两头在外"组装基地和出口产业化基地；四是推进人才体系国际化，与世界最先进理念、观念接轨，引进国际化专才；五是加强事中事后监管，让所有的企业按照国际惯例来办事，政府按照国际惯例来服务；六是建设国际化"蓉欧会客厅"，城市形态、休闲方式、商务环境都满足国际化的需要。

2019年，青白江在营商环境打造方面有更高目标。一是明确到2019年底，营商环境短板弱项明显改善，涉企事项网上可办率达100%，办理时限压缩50%以上。二是到2020年底，以企业为中心的全生命周期服务水平显著提升，各领域营商环境指标全面进入国际先进行列。三是明确加强组织领导，成立以区委、区政府主要领导为组长的领导小组，形成全区上下共同创建国际化营商环境标杆城区的强大合力。四是明确严格督查考核，将国际营商环境建设工作纳入区委、区政府年度重点督查事项和目标考核内容，强化过程监督和结果运用。明确严查损害营商环境行为，着力构建"亲""清"政商关系。

"种好梧桐树，引来金凤凰。"青白江区立足"陆海联运枢纽、国际化青白江"发展定位，聚焦市场主体反映的难点、痛点和堵点，对标世界银行营商环境评估标准和国内外先进城市，坚持制度创新，着力打造国际化、市场化、法治化、便利化营商环境。相信在党和政府以及社会各界的共同努力下，青白江的营商环境建设将更上一个新台阶，有力助推青白江经济高质量发展！

成都自贸试验区公共服务改革报告

姜　芳*

摘　要： 成都自贸试验区围绕贸易自由化与投资便利化，积极推进简政放权，深化"放管服"改革，加速推进政府职能转变，打通"最后一公里"，在公共服务改革上取得了显著的成绩。表现在：深化了行政审批制度改革，推进了税收征管体制改革，构建了事中事后监管体系，建立了统一集中的综合行政执法体系。成都在"放管服"改革中，"服"方面取得了明显的改善，但在"放"和"管"方面则显得相对不足。应当进一步提升公共服务水平，下放管理权限，精简行政审批流程，提升管理流程的透明度，深化商事制度改革，优化纳税服务，完善事中事后监管综合体系。

关键词： 自贸试验区　公共服务　改革

一　成都自贸试验区公共服务改革概况

自贸试验区深化改革的过程，就是厘清政府和市场边界，不断提高政府效率，让市场更加有效配置资源的过程。成都自贸试验区围绕贸易自由化与投资便利化，积极推进简政放权，深化"放管服"改革，加速推进政府职能转变，打通"最后一公里"，在公共服务改革上取得了显著的成绩。

---

* 姜芳，四川省社会科学院法学研究所助理研究员，法学博士。

简政放权是推进公共服务改革试验的先手棋。成都自贸试验区主要围绕"放得更开、管得更好和服务更优"的根本方向转变政府职能。首先，深化了行政审批制度改革，着力争取国家、部委和省级审批事项下放，为成都自贸试验区争取了更多有利于建设发展的审批权限。2017年12月通过的《中国（四川）自由贸易试验区片区管委会实施的首批省级管理事项清单》，包含了33个将省级管理权限下放至自贸试验区片区管委会的事项，涉及项目投资、商事登记、药品管理、交通运输、教育、新闻出版广电等领域。2018年9月通过的《四川省人民政府关于中国（四川）自由贸易试验区实施第二批省级管理事项的决定》下放或委托了109项省级管理事项，其中行政许可事项51项，行政处罚51项，行政检查事项1项，公共服务事项1项，及其他行政权利5项。在下放的省级管理事项中包含了内地居民前往港澳通行证、往来港澳通行证的签注签发（下放受理权限），设立技工学校（技师学院）的审批，国际道路运输许可等。积极推动市级审批事项下放，赋予落地区域相同的审批权限。此外，还动态调整了行政审批事项。其次，实行统一审批。对于自贸试验区落地区域内需逐级转报审批的事项，取消了预审环节，简化了申报程序，可由自贸试验区相关部门直接向终审部门转报，具有公共属性的审批事项，则由相关部门进行整体申报或转报。最后，推进行政审批信息化和标准化建设。在成都自贸试验区建立了一窗受理、协同审批的"一站式"政务服务专区，正在积极探索建立国际化人员往来单一窗口。在此基础上，建设完善统一政务服务受理平台，建立统一身份认证系统和电子证照系统，探索电子印章在审批中的应用，实现线上、线下审批服务的"一号申请、一窗受理、一网通办"，自贸试验区审批信息统一发布，实现信息共享，全面建成涵盖"全事项、全过程、各环节"的行政许可实施、监督和评价体系。

围绕"放管服"改革，成都自贸试验区完善了行政权力清单和责任清单，在清理、规范的基础上，形成了统一的行政权力清单和责任清单并对外公布，实施动态管理。开展了知识产权综合管理改革试点，建立了高效的知识产权综合管理体制，构建了便民利民的知识产权公共服务体系，形成了权界清晰、分工合理、权责一致、运转高效的体制机制。还对工程建设领域涉审评估、评定、评价、评审等中介服务进行了全面梳理，在项目立项阶段试点推行"多评合一"模式。此外，建立了统一集中的综合行政执法体系，集中食药监、工商、质监、商标、专利、版权、物价、文化等领域的执法权，构建大市场监管格局。在"放管服"改革上，开展了"证照分离"99项改革试点。取消了5项行政审批，允许企业直接开展相关经营活动。将2项审批事项改为备案，企业根据备案条件报送材料后即可开展相关经营活动。全面实行告知承诺的有22项，企业承诺符合审批条件并提交有关材料即可办理。提高透明度和可预期性的事项有37项，进一步优化了办事流程，缩小了自由裁量空间。强化市场准入监管33项，加强了市场准入管理。下放了省级管理权限142项。

经过一系列改革，成都自贸试验区的营商环境大大改善。2018年11月，普华永道中国联合数联铭品、财新智库和新经济发展研究院发布了《2018中国城市营商环境质量报告》，对中国内地GDP规模排在前80名的城市进行了营商环境质量的量化分析和排名。成都仅次于深圳、北京、上海，排名第四。

除此之外，成都自贸试验区公共服务改革在制度创新方面也表现突出。四川自贸试验区设立两年来，中央赋予的159项改革试验任务实施率逾95%，形成超过400个实践案例，探索形成了"首证通"行政审批改革、多式联运"一单制"等全国首创经验。四川这片国家"试验田"在全面深化改革和扩大开放进程中迈出了自己的步伐。中山大学自贸区综合研究院此前发布了"2017～2018年度中国自由贸易试验区制度创新指数"。根据该创新指数，在同步启动的第三批自贸试验区（15个片区）中，成都区域排名第一，川南临港片区排名第九，整体而言，四川自贸试验区是有特色的、走在全国前列的。成都区域在"投资便利化"以及"金融管理与服务创新"两方面，在第三批自贸试验区中居首位，在"贸易便利化"及"政府职能转变"方面也居前三名。成都区域在投资制度改革、投资环境改善方面做了大量的制度创新，尤其在市场准入和商事登记方面突破较多，金融服务创新也收到了明显成效。天府新区直管区块截至2019年2月末形成了57个制度创新案例，创新了"首证通"行政审批改革，多领域推进基层政务公开标准化规范化建设的"7+1"模式。高新区发行了全国银行间市场首单"双创债"。双流区累计形成创新案例56个，其中"进口非特审批改备案"、航空保税租赁均实现全省首单，率先在全国开展低空空域协同管理试点，创新通航"目视自主飞行"新模式。成都青白江铁路港片区创新了中欧班列多式联运提单"一单制"改革，创新了中欧班列"集拼集运"新模式，在全国首创了以海铁联运方式开展整车进口。川南临港片区在《中国（四川）自由贸易试验区总体方案》要求的141项试验任务中已推进实施139项，累计形成创新成果215项（2018年104项）、全国首创27项，已在全省推广10项，创新了企业开办小时清单制，首创了生产企业出口退税服务前置新模式并在全国推广。这两年，四川自贸试验区共形成400多个实践案例，小切口、低风险、大成效，是绝大多数案例的共同特点。在现有制度框架下进行的一些修正或突破，往往不是涉及面广的系统性改革，也不会因突破现行规定而遭遇风险，效果却立竿见影。以"放管服"为标志的政府职能转变就是一个典型例证。成都在"服"的方面有了明显的改善，但更多表现为相对容易的流程合并优化等，而在"放"和"管"方面则改善不明显。不过，这也是符合规律的正常现象。试验总是由浅入深、循序渐进的过程。在严控风险前提下，从相对有把握的领域入手，有利于为后续改革打好基础，同时也有利于社会保持一个良好的预期。成都自贸试验正逐步走进"深水区"，如建立以信用为核心的企业监管制度等，要求跨区域、跨部门、跨层级的集成创新，有的试验甚至会与现行规定抵触。这都为成都自贸试验区的公共服务改革提出了新要求和新挑战。

二 成都自贸试验区公共服务改革的具体实践

（一）深化行政审批制度改革

在政务服务环境优化上，成都持续深化行政审批制度改革，推进99项

"证照分离"改革试点，全面实施"多证合一、一照一码"改革。推行"一枚印章管审批"，政务服务实现一窗式、一站式、一号式办理，85%的审批事项"仅跑一次"，90%以上的基本公共服务事项实现网上办理。这仅是成都在政务效率创新突破方面的一个缩影。近年来，成都在营商环境打造上全面发力，进行一系列积极探索，形成了全省及全国可复制的经验。

一是建立了一窗受理、协同审批的"一站式"高效服务模式。设置了集商事登记、税务服务、投资建设、外籍人员往来等服务于一体的单一窗口，可一站式办理外资审批、企业注册、环境评价、规划建设、报税办税等涉企事项200多项，努力营造法治化、国际化、便利化的政务服务环境。全面实行企业、个体工商户、农民专业合作社"多证合一"的新登记模式，在原来"五证合一"的基础上，整合了公安、房管等7个部门的16项登记、备案事项。按照"一套材料、一表登记、一窗受理"的模式，申请人办理企业注册登记时只填写"一张表格"，向区市场和质量监管局窗口提交"一套材料"，就可领取加载统一社会信用代码的"多证合一"营业执照，不用再跑其他部门办理其他证照。

二是试点企业投资项目承诺制。在成都投资的企业须做出信用承诺，行政机关将按照承诺书规定的时限和内容，对投资项目进行监管和失信惩戒。用一纸"承诺书"代替20余项行政审批（许可）事项，把项目开工时间从近200个工作日缩短到60个工作日。

三是实行"首证通"行政审批改革试点。即市场主体开办时，在环保、城管、市场监管局等部门申请获得首个审批许可（备案核定）后，"后证"部门见"首证"后直接"发证"，不再要求市场主体提交重复的申请材料，"后证"部门只做合规性审查。"首证通"打通了"先照后证"改革的"最后一公里"，有效降低了企业制度性交易成本，系统地解决了某一行业的市场准入和准营问题，激发了市场主体投资创业的活力，获中央改革办肯定并推广。

四是"网购式"审批服务再升级为"主题式"审批服务。通过整合396项政务服务事项，以"网购体验"为标准，围绕企业和群众需求优化设计，延伸服务，变"政府端菜"为"群众点餐"，共推出55项"主题式"服务项目。企业和群众办事、创业、开店，只需将与办理营业执照、印章刻制、银行开户等相关的一整套流程资料递交到"主题式"审批服务的一个窗口，即可办完证照。"主题式"审批服务推出后，办理环节减少58%，办事材料精减49%，办理时限缩短39%，群众办事不用再来回奔波于多个部门反复提交材料，最快可以在5个工作日内完成一个主题的所有办照事宜。

五是加快"证照分离"改革，实现市场主体"一照一码走天下"。以企业和市民体验为导向，加快推进审批服务便民化。聚焦企业和市民办事慢、办事难、办事繁问题，着力打造"蓉e办"政务服务品牌，努力建设全国政务服务效率最高的城市，推动市、区（市）县两级审批服务事项认领及通过率100%。全面推行"一窗式"服务和"全域通办"模式。大力推行高频事项和重点领域事项"快速办理"。以高频事项和重点领域事项为重点，再减材料、减环节、减时限，优化办事系统，提升办事效率。

六是加快完善"11637"网络理政框架体系。将互联网、大数据等现代信息技术与政府决策、执行、监督和公共服务深度融合。以企业和市民需求为导向，大力推动网络理政。推动市、区（市）县、乡镇（街道）三级政府干部带头"网上访民情、网下解民忧"，构建网上网下解决问题的闭环机制。以智慧治理中心为龙头打造"城市大脑"，精准支撑营商环境建设。建立"一数一源、动态更新"的政务数据资源采集体系，依托全市统一的数据共享交换平台，破除业务协同的"数据壁垒"。

七是建立行政权力清单和政府部门责任清单。根据权责相一致的原则，明确清单的管理模式与政府行政职权的边界。一方面，清晰划分政府的行政职权，公开透明，从而实现简政放权和对政府部门权力的规范。另一方面，建立政府部门责任清单，实施动态调整并对外发布，凸显权责一致的原则，明确权力所对应的责任范畴和主体。

八是建立"以负面清单管理为核心"的投资管理体制。对自贸试验区外商投资企业的设立及变更实行备案管理，办理时限由20多个工作日缩减到3个工作日内。同时，开展企业住所（经营场所）申报登记制改革，出台个体小额经营社区备案制度，充分激发了市场主体的活力。

总之，成都自贸试验区主动深化"放管服"改革，在政务效率上大幅提高，能减的彻底减到位，能放的坚决放到位，努力实现审批最少、流程最优、效率最高、服务最好；同时，在要素配置、市场监管、权益保护上创新突破。面向企业送出营商环境"1+10"文件的"新春大礼包"，涉及资源市场准入、服务效率、要素配置、市场监管、权益保护等涉企事项的方方面面。成都的目标是到2019年底，营商环境的短板、弱项明显改善，所有涉企事项网上可办率提高至95%以上，办理时限压缩30%以上，部分领域的营商环境指标达到国际公认的先进水平。到2020年底，以企业为中心的全生命周期服务水平显著提升，力争涉企事项网上可办率达100%，办理时限压缩50%以上，各领域的营商环境指标全面进入国际先进行列，在全国营商环境评价排名中位居十强，加快打造国际化营商环境先进城市。

（二）持续推进征管体制改革

四川省税务局将外贸企业审批权下放到四川自贸试验区成都和泸州两个片区，将外贸企业退（免）税由市县两级审核压缩为县区一级审核，减少了管理层级，提升了审批效率，企业平均退税时间缩短12个工作日左右。在深化国税、地税征管体制改革的基础上，成都结合实际，创新实践。

推行"实名办税"，强化风险管理。推行办税实名制证像认证，通过采集、认证身份证明信息和人像信息，确保办税人员人、证、像一致，真正实现"实名办税"，使纳税人一次采集信息便可终身便利办税，从根本上改善纳税人的办税体验。通过实施实名办税，为打击涉税违法犯罪案件提供证据、线索，防止冒领、虚开发票，严控税收管理风险，从源头上遏制涉票违法犯罪行为。同时，完善纳税人征信机制和信用评价体系，建立不良信用企业库，将非正常户、走逃户以及有虚假注册嫌疑的法人、股东、经办人员等纳入失信名单，加大对失信人员的惩处力度，倒逼办税人员增强诚信意识和协税护税意识。

加速电子发票推广，降低办税成本。大力推广增值税电子发票系统，助力电子商务行业纳税人降低能耗、提高效率。正式推广该系统以来，截至2017年6月，全市共有包括零售、电信服务、快递、电力、电商、餐饮、住宿、保险等行业及部分供货商在内的1600余户增值税一般纳税人申领使用增值税电子普通发票，累计开具电子发票4571万份，极大地节约了社会资源，降低了企业经营成本。

积极开展无纸化出口退税试点。建立了全省统一的出口退税网上申报平台，为出口企业提供"足不出户""7×24小时"的出口退税申报服务。在自贸试验区范围内全面实施出口企业无纸化申报和审核，实行无纸化试点以后，提升了申报、审核效率，申报和办理出口退税的速度提高一半以上，减少纳税人办税成本至少2/3。企业只需一次性在网上提交电子数据即可完成当月免抵退税申报，省去资料报送等诸多环节，使退税工作由"慢车时代"进入"高铁时代"。无纸化出口退税试点，不仅减轻了企业资料报送之苦，更重要的是，使办理周期大大缩短，有效缓解了出口企业的资金压力，真正为企业减轻包袱，使其轻装前行。

扎实推进商事登记制度改革。在"五证合一"基础上，全面实施个体工商户营业执照、税务登记证和社会保险登记证"三证整合"；按照"优化""整合""一体"的原则，引入纳税信用管理体系，整合登记流程，在办税服务厅推行一窗受理、一站式服务，实现登记制度改革与企业信用信息公示、共享等工作统筹推进，有效降低商事主体的登记准入门槛，持续激发成都自贸试验区的经济活力。

创新拓展"互联网＋纳税服务"。创新打造"蓉易"系列智能化办税品牌，先后推出了"蓉易填"系列申报辅导软件、"蓉易约"双向预约服务、纳税遵从风险提示警示系统等，搭建了以微信、微博、客户端等新媒体平台为主导的"蓉税通"移动办税服务平台。依托"微信企业号"搭建掌上智能大厅管理平台，实现了对全市基础办税服务基础数据的全面掌控，对窗口服务状态的实时预警、动态监控和靠前指挥。创新掌上操作模式，变庞杂繁琐的数据为简单直观的图表，突破了常规管理局限，实现了办税大厅管理智能化水平的新提升。

推进信用信息建设。运用新标准、新系统、新流程开展纳税信用等级评价工作。为建设成都市信用体系，成都市发改委、成都市国税局、成都市地税局联合下发了《关于对纳税信用 A 级纳税人实施联合激励措施的合作备忘录》，向"成都信用信息平台"提供信用相关信息，逐步实现信用信息查询、共享、公示等功能。与四家银行签署合作协议，推进"银税互动"，惠及民生。

积极优化办税服务。实现网上办税，建成配置高性能电脑的实体"网上办税体验区"，实行"网上＋自助发票"，实现了邮寄、自提柜、办税窗口的多渠道取票。在自助办税上，全市配置了自助办税终端，实现发票认证、代开等涉税业务的自助办理。同时，加强税务合作办税。扩建税务局联合办税大厅，统筹整合双方的办税资源。全市目前有 15 个区县税务局联合进驻了政务中心窗口，7 个区县实现了税务局办税窗口互派人员，部分区县试行税务局"一人一窗一机双系统"办税模式，进一步减轻纳税人的办税负担。

优化整合业务流程。天府新区及时统一资料归档，实现了"一次申请、一套资料、一窗出件"的办税流程。同时，还开展"纳税人开放日"活动，通过"观摩体验"与"共话税收"相结合，邀请外宾畅谈办税体验，实现税收文化的互动交流；精准掌握外籍纳税人关注的热点问题，不定期举办"一带一路"企业专题税收辅导，以此帮助企业了解境内外税收差异，解答企业涉税疑难问题，有效防范境外税收风险。

（三）构建事中事后监管体系

成都自贸试验区创新构建事中事后监管模式，在"一线全面放开，二线高效管住"的基础上积极创新，以信用监管机制为核心，构建了企业自治、行业自律、社会监督、政府监管的多元化社会治理新体系。成都自贸试验区将信用监管作为事中事后监管改革的重点，健全了以"双随机、一公开"为基本手段、以重点监管为补充、以信用监管为基础的新型监管机制。

第一，建立"双随机、一公开"监管模式。"双随机"是指抽检的企业与抽检人员都随机选取，"一公开"是指将抽检的结果向大众公开公示。

"双随机、一公开"改革是自贸试验区监管改革过程中的标志性成果，对于自贸试验区的公共服务改革大有裨益。四川自贸试验区统筹规划，指导各级执法单位根据不同主体、不同领域、不同行为的监督对象进行差异化管理，依照企业经营异常名录和企业信用信息公示制度，归集政府各部门之间的信息，建立由市场统一监管的"双随机、一公开"信息平台。对四个地区的行政执法人员的资格进行全面审查，完善了执法检查人员名录库。

第二，建立线上线下一体化的信用监管机制。在工商登记方面，探索全程电子化登记、电子营业执照管理。全程电子化登记业务为无纸化登记，向企业发放电子营业执照，建立企业网上信用承诺制度。构建企业经营异常名录，并建立严重违法失信企业名单管理制度、企业网上信用承诺制度、信息公示和预警制度，探索"线上线下"一体化监管工作机制和模式，制定《成都市工商行政管理局关于推进线上线下一体化监管的实施意见》，并对成都市场主体实行信用积分管理。

第三，加强行业监管审查。深入推进企业标准自主声明公开，实现了"纸质标准转变成数字标准""线下办理转变成线上声明""事前审查转变成事后评价"三个转变。加强产品质量监督抽查力度，对产品开展风险监测。规范职业资格和证书管理，并于2017年12月全面完成清理职业资格认定工作。优化教育、文化政务服务管理系统，对网络文化经营单位进行现场核查，大力整治校外培训机构，停办违规教育赛事，相关经验做法在全国推广。组织开展职业健康安全认证，建立保险机构参与安全生产与职业健康的一体化的监管执法机制。

第四，完善社会信用体系建设。加强统一社会信用代码制度建设，实现不同部门间数据共享，推动各部门依法履职，建立健全成都市公共信用信息系统。将经营企业诚信守法支持名单和失信违约名单通过成都市工业和信息化综合管理平台推送到成都信用信息系统，进而影响企业周转贷款等经营活动，从而利用信用管理约束企业。

第五，采用"三段式"监管模式。对有违法迹象的企业预先警告、对轻微违法的企业进行约谈和警示、对于严重违法的企业坚决依法办理的

"三段式"监管方式，从事前、事中、事后各个环节督促企业履行相关义务，深度践行"放管服"的管理理念，督促企业自主履约，形成良好的市场环境。

（四）建立统一集中的综合行政执法体系

一是推进市场监管领域综合执法。成立自贸试验区市场监管执法机构，通过内部授权和相关部门委托授权的方式，将工商、食药监、质监以及专利、版权、物价、文化等部门的相关执法权集中到分局，实现对包括自贸试验区在内的大市场综合行政执法。

二是成立城管局自贸试验区执法机构。以城市管理执法力量为依托，整合相关领域的执法权，在自贸试验区开展"大城管"综合行政执法工作。

三是全面推进"互联网＋行政执法"。推行柔性执法，对新经济、新业态、新模式实行"三张清单"制度。

三　成都自贸试验区公共服务改革展望

（一）进一步提升公共服务水平

成都自贸试验区在公共服务水平方面仍有提升空间。以"放管服"改革为例，应该从重视规模、速度向重视质量的提升转变。不仅要强调"放管服"改革项目的减少，更需要强调行为的规范化和法治化，尤其是对行政审批权力的规范，对公共服务权力的规范。此外，要更多强调获得感，从企业的需求导向反过来倒逼政府的改革。根据人口流动、产业分布，考量各个区域基本公共服务的承载力，化解公共服务配置不均衡的矛盾，以提升基本公共服务的质量。这与中央提出的高质量发展的要求是一致的。高质量发展的公共服务环境，不仅能够更好地保证全体人民在共建共享中拥有更多获得感，还能使经济在民生提质增效过程中释放强大的消费动力，提振市场信心、国民信心和国家信心。高质量发展，是成都自贸试验区未来努力的方向。

（二）进一步下放管理权限

简政放权是《中国（四川）自由贸易试验区总体方案》对四川自贸试验区深化行政体制改革的要求，也是打造服务型政府的关键。为提高自贸试验区的行政效率，激发其行政活力，进一步理顺条块关系，目前四川共下放142项省级管理权限，其中首批33项，第二批109项，但仍然少于同属第三批设立的部分自贸试验区，可进一步加大下放力度。这也与对上积极争取国家差异化政策、获得先行先试授权密切相关。从全国看，2018年交通领域试验成果不断涌现，就和此前下放相关权力直接相关。《中国（四川）自由贸易试验区条例》规定："省人民政府、自贸试验区片区所在地市人民政府及其有关部门根据自贸试验区改革创新发展需要，依照国家规定向自贸试验区下放经济社会管理权限。自贸试验区片区管理机构、工作机构依据授权或者委托，行使自贸试验区改革发展需要的其他权限。"不过，这也仅仅规定了自上而下的授权和委托，可借鉴浙江省条例的相关规定——"管委会也可以根据发展需要，主动提出行使省级管理权限的目录，依法报有权机关批准"——扩充自下而上的倒逼机制内容。

（三）进一步精简行政审批流程

应当动态调整权责清单和公共服务事项，清理整顿变相审批和许可。按照"一网通办"要求，持续深化全省一体化政务服务平台建设，做好与国家政务服务平台的深度对接融合，强化电子印章、电子证照、数据共享等基础支撑。通过一系列举措，实现2019年底前，省、市、县三级政务服务事项网上可办率达到100%。同时，进一步放宽对社会资本市场准入的限制，全面实施市场准入负面清单制度，确保"非禁即入"普遍落实。组织开展招投标领域专项整治，消除在招投标过程中对不同所有制企业设置的各类不合理限制和壁垒。全面推开工程建设项目审批制度改革，推行区域评估、联合评审、并联审批，将审批时间压减至120个工作日内。落实重点项目审批创新措施。按照"服务前置、审批后置、技术先行、容缺受理"的理念，优化重点项目服务工作机制，精简优化审批流程。在立项阶段，依托四川投资项目在线审批监管平台实行网上立项，企业不用再到窗口提交纸质材料。使文勘与地勘同步开展，节省项目时间。对实行环境影响登记表管理的项目，指导项目业主开展网上环评备案。在项目开工前，根据企业申请，对符合条件的项目按基坑部分、主体部分分段核发施工许可证，促进项目提前开工。项目建成后，建立"联合现场告知、分类分步验收"工作机制，开展联合验收，减轻企业负担。按照全市统一安排，对自贸试验区范围内的项目探索开展多评合一和区域评估。

（四）进一步提升管理流程的透明度

行政权力清单与责任清单的作用在于使无限政府转变为有限政府，并对各职能部门的职责加以规范，使各部门在权力范围内行使行政职能。通过明确各个行政职能部门的权力和责任，提高政府的工作效率，转变其职能。政务诚信、商务诚信、社会诚信和司法公信是社会信用体系建设的主要内容，行政权力清单和责任清单的拟定和公开是政务诚信体系建设的关键所在。目前，成都自贸试验区在商务诚信和社会诚信的体系建设方面都取得了一定的成绩，但行政权力清单与责任清单所体现的管理流程的透明度还有待提升。成都自贸试验区应当不断提高其政府管理流程的透明度，明确公布政府权力清单和责任清单及其运作流程。要搭建全方位的公开平台，用以公开各类法律法规、规章、政策以及办事流程等信息，以供公众查询。根据地方政府的需求，开通服务对象的信息对接渠道，充分接收反馈意见和建议，进而完善政府管理流程。

（五）进一步深化商事制度改革

要通过督促企业开办"一窗通"平台等举措，进一步压缩企业开办时间。成都自贸试验区探索实施"证照分离"改革全覆盖，对四川省"多证合一"改革中涉企证照事项实行动态管理，条件成熟一批，纳入整合一批。同时，简化、优化高频政务服务事项办理的流程和手续。深化"最多跑一次"改革，聚焦不动产登记、市场准入、企业投资、工程建设、民生事务等办理量大、企业和群众关注度高的重点领域、重点事项，在各级政务服务大厅设置综合受理窗口，实行"一窗受理、分类审批、统一出件"的工作模式。2019 年底前，70% 以上的政务服务事项要实现"一窗分类受理"。

（六）进一步优化纳税服务

随着征管体制改革的深入推进，今后税务部门将进一步优化纳税服务，在优化服务上出实招。下一步将提升国际贸易"单一窗口"标准版的覆盖范围，在条件成熟时开通出口退税业务。争取多部门信息共享，利用好相关信息为企业防风险、促发展。建设智能税务服务平台，包括智能办税体验中心、智能导税咨询中心、社会网点自助办税中心等。积极探索纳税信用评价结果增值应用，深入拓展"银税互动"，助力企业发展活动。以成都建设"信用示范城市"为契机，大力推进部门联合激励、协同监管和联合惩戒措施。做好正、反面典型案例宣传，开展"百名纳税大户双向承诺、千名 A 级纳税人诚信纳税示范承诺、万民新办纳税人诚信纳税首次承诺"活动，积极营造良好的社会舆论氛围。同时将在规范管理上求实效，不断优化和完善税收管理的方式和手段，维护好税收秩序，创建和谐税收环境，全面为自贸试验区企业发展保驾护航。

（七）进一步完善事中事后综合监管机制

继续深化事中事后监管改革。一是加快建立统一规范的产品质量和服务质量体系，引导和促进企业生产经营行为采用国际国内先进标准。二是扩大开放自贸试验区的文化服务，优化对游戏游艺设备的内容审核、对网络文化经营单位的内容审核等工作机制，进一步完善事中事后综合监管机制。

成都自贸试验区临时仲裁
法律制度的构建

黄　勇*

摘　要： 一直以来，我国的《仲裁法》不认可临时仲裁，但是随着各
自贸试验区临时仲裁的实践，加之"一带一路"的推动，临
时仲裁机制在我国的落地变得迫切且必要。2016 年 12 月 30
日，最高人民法院出台了《关于为自由贸易试验区建设提供
司法保障的意见》，为自贸试验区临时仲裁松绑。但目前自贸
试验区临时仲裁的开展面临诸多困境，本文以此为契机，探
讨临时仲裁以及成都自贸试验区临时仲裁制度的构建，希望
能对临时仲裁的实践有所裨益。

关键词： 临时仲裁　成都自贸试验区　司法保障

前　言

　　根据仲裁机构的组织形式，国际商事仲裁可分为两大类：一类是"机
构仲裁"，另一类是"临时仲裁"。临时仲裁也称专设仲裁、特别仲裁，是
指仲裁庭可以独立地组织案件，而不依赖于常设仲裁机构，仲裁庭由当事人
协商选定，争议解决后即解散。临时仲裁于 11 世纪起源于古罗马，在机构

---

* 黄勇，北京德恒（成都）律师事务所副主任，成都市律师协会自贸区法律业务专业委员会主
任。

仲裁出现前是国际商事仲裁的唯一形式。目前，世界上许多国家和地区都承认临时仲裁的合法地位。

但是，根据我国《仲裁法》的规定，境内纠纷约定临时仲裁因欠缺合法性而无效。直到 2016 年 12 月 30 日，最高人民法院发布了《关于为自由贸易试验区建设提供司法保障的意见》（法发〔2016〕34 号，以下简称《最高院意见》），才为自贸试验区临时仲裁松绑。国际上临时仲裁通行采用《联合国国际贸易法委员会仲裁规则》（以下简称《联合国规则》），而我国以前并没有机构或行业协会制定临时仲裁规则的示范文本，2017 年珠海仲裁委员会制定了《横琴自由贸易试验区临时仲裁规则》（以下简称《横琴规则》），对临时仲裁规则进行了制度创新和突破，为我国各地自贸试验区临时仲裁的发展提供借鉴。

一　临时仲裁的特点

1. 更加尊重当事人意思自治

机构仲裁具有自身的组织架构，长期以来由仲裁员主导仲裁实践。而临时仲裁中仲裁程序的控制、仲裁地点的选择、仲裁规则的适用等方面强调和尊重当事人的自主选择权，使得当事人能够更好地按照自己的方式行事，同时也提高了仲裁结果的确定性和可预见性。

2. 仲裁程序更加灵活

临时仲裁的进行更加尊重当事人的意愿并关注特定争议事实，而不拘泥于既定的仲裁模式，这有利于当事人之间为达成仲裁结果相互配合。临时仲的程序和具体处理方法根据实际需要确定，具有较大的弹性。

3. 有利于降低费用

临时仲裁的当事人只需支付仲裁费用，以及向第三方租赁办公场所的费用。大多数仲裁机构一般按照仲裁标的额的大小按比例收取管理服务费用。所以，对于仲裁标的额比较高的案件，机构仲裁的成本也很高，因此，当事人选择临时仲裁会更节省费用。

4. 仲裁过程不确定性增大

临时仲裁中，当事人需要事先约定仲裁员和仲裁条款等，很可能因为当事人的事先约定存在瑕疵，导致实际仲裁过程中没有一套稳定的机构和成熟的仲裁规则，使临时仲裁陷入僵局，无法顺利地进行下去，仲裁便不能如期完成。

表1　临时仲裁与机构仲裁相关内容对比

仲裁构成＼仲裁形式	机构仲裁	临时仲裁
仲裁规则	有确定的仲裁规则	无统一规则，可变更
仲裁员产生	仲裁员名册	无固定范围，可协商确定
仲裁机构	依仲裁协议约定或确定	无
指定仲裁员机构	无	自行约定或依据选用的仲裁规则确定
仲裁地	依仲裁协议确定	依仲裁协议确定
仲裁管辖	仲裁机构、法院	仲裁庭、法院
仲裁庭组成	各自选定或委托仲裁机构指定	完全由当事人双方决定（仲裁员、选定仲裁员的方法）
审理	程序固定	程序不固定
法院审查	中级人民法院、海事人民法院或专门人民法院	中级人民法院或自贸试验区人民法院。如否认效力，应逐级上报至最高人民法院
仲裁保全及临时措施	仲裁前当事人直接申请，仲裁中当事人通过仲裁机构向法院申请	仲裁前当事人直接申请，仲裁中当事人通过仲裁庭向有管辖权的法院提出，可请求指定机构配合
执行	如当事人不自愿履行，向法院申请	如当事人不自愿履行，向法院申请

二　临时仲裁在我国的现状

（一）临时仲裁在我国的法律地位

我国在1986年12月2日加入《承认与执行外国仲裁裁决公约》（即《纽约公约》），该公约于1987年4月22日起对我国生效。根据我国在加入该公约时做出的声明，中国承认并执行外国的机构仲裁裁决的同时，也承认外国的临时仲裁裁决。但 1995 年 9 月生效的《仲裁法》只规定了机构仲裁，不承认临时仲裁的合法地位。我国 2009 年修正的《仲裁法》也明确规定，仲裁协议应当具有选定的仲裁委员会。由此可知，我国的《仲裁法》并不认可在我国境内开展的临时仲裁的法律效力。

2016 年 12 月 30 日，《最高院意见》出台，其中第 9 条就自贸试验区法院对仲裁协议的效力认定及仲裁裁决的司法仲裁做了特别规定。其中，第 3 款称："在自贸试验区注册的企业相互之间约定在内地特定地点、按照特定仲裁规则、由特定人员对有关争议进行仲裁的，可以认定该仲裁协议有效。人民法院认为该仲裁协议无效的，应报请上一级人民法院进行审查。上级人民法院同意下级人民法院意见的，应将其审查意见层报最高人民法院，待最高人民法院答复后作出裁定。"《最高院意见》为自贸试验区施行"临时仲裁"松绑，但是对临时仲裁的适用条件仍规定得比较笼统。我国仍缺乏明确临时仲裁合法性的法律规定和对临时仲裁有普遍指导作用的仲裁规则。

（二）国内对临时仲裁合法性承认的必要性

1. 不承认临时仲裁，造成仲裁裁决执行中的不公平与不对等

我国加入的《纽约公约》中所指的"外国仲裁裁决"以及我国与一些国家缔结的双边司法协助裁定中所指的"仲裁裁决"，不仅包括机构仲裁裁决，还包括临时仲裁裁决。因此，上述适用《纽约公约》或与我国签订司法协助协定的地区或国家依临时仲裁做出的裁决，我国法院是没有理由不予执行的。但是相反，如果一方当事人在我国内地据同一临时仲裁协议提请仲裁，则会因违背现行法律规定而不能提请仲裁，更别说去境外申请承认与执行。

2. 不承认临时仲裁，不利于保护当事人的权利

我国现行《仲裁法》不承认临时仲裁，导致的结果是当事人产生争议后只能放弃临时仲裁而诉诸法院，而判决书往往又因为无法得到强制执行而成为一纸空文，这对我国当事人的权利影响更为显著。

（三）临时仲裁在我国的实践

我国加入《纽约公约》后，涉临时仲裁的案例逐渐增多。以下案列反映出我国对临时仲裁的认识和实践历程。

1. 广州远洋运输公司申请承认及执行伦敦临时仲裁裁决案

申请人广州远洋运输公司，根据与被申请人 Marships of connenction 公司（美国）订立的租船合同的仲裁条款，于 1989 年 7 月在英国伦敦提交仲裁申请。仲裁裁决做出后，申请人遂于 1990 年 7 月向广州海事法院提出申请，请求承认和执行三份仲裁裁决。

广州海事法院受理申请后，经审查认为：伦敦临时仲裁庭对租船合同项下产生的租金纠纷做出了三项裁决，仲裁庭的组成和仲裁程序与仲裁协议相符，仲裁裁决对双方均具有约束力。该案是《纽约公约》对我国生效后，在《民事诉讼法（试行）》施行期间，我国法院受理的第一起申请承认及执行外国临时仲裁裁决的案例。

2. 德国旭普林国际有限公司与无锡沃可通用工程橡胶有限公司申请确认仲裁协议效力案

2000 年 12 月，申请人旭普林公司与被申请人沃可公司签订了一份合同。2003 年 4 月，旭普林公司向国际商会国际仲裁院提出仲裁申请，同月，旭普林公司向无锡市新区人民法院提起确认该仲裁协议效力的诉讼。2004 年 7 月，最高人民法院做出《关于德国旭普林国际有限责任公司与无锡沃可通用工程橡胶有限公司申请确认仲裁协议效力一案的请示的复函》。批复认为：本案所涉仲裁条款，从字面上看，虽然有明确的仲裁意思表示、仲裁规则和仲裁地点，但并没有明确指出仲裁机构，因此，应当认定该仲裁条款无效。

2006 年 7 月，无锡市中级人民法院做出民事裁定书［（2004）锡民三仲字第 1 号］，驳回了申请人旭普林公司申请法院承认与执行该 ICC 裁决的诉讼请求。旭普林案是我国立法上不认可临时仲裁的一次司法实践。

3. 浙江逸盛与卢森堡英威达申请确认仲裁条款效力案

逸盛公司与英威达公司于 2003 年 4 月及 6 月分别签署了两份技术许可协议。2012 年 7 月，英威达公司向中国国际经济贸易仲裁委员会提出仲裁申请。2012 年 10 月，逸盛公司以双方约定的仲裁条款本质上属于我国《仲裁法》不允许的临时仲裁为由，向宁波市中级人民法院申请确认仲裁条款无效。

宁波市中级人民法院逐级报请，最终由最高人民法院审查后，裁定驳回逸盛公司确认仲裁条款无效的诉请。这是我国首次认可当事人约定由中国的常设仲裁机构依据《联合国规则》管理仲裁程序的条款效力，并明确该条款约定的是机构仲裁，而非临时仲裁。

4. 西门子与上海黄金置地申请承认和执行外国仲裁裁决案

2005 年 9 月，黄金置地公司与西门子公司通过招标方式签订了一份货物供应合同，双方在合同履行中产生争议。黄金置地公司在新加坡国际仲裁中心提起仲裁，西门子公司在仲裁程序中提出反请求。2011 年 11 月，新加坡国际仲裁中心做出裁决，驳回黄金置地公司的仲裁请求，支持西门子公司的仲裁反请求。

西门子公司依据《纽约公约》，向上海市第一中级人民法院请求承认和执行新加坡国际仲裁中心做出的仲裁裁决。黄金置地公司抗辩认为，应不予承认和执行该仲裁裁决。上海市第一中级人民法院经逐级报告至最高人民法院并获答复后，根据《纽约公约》的规定，裁定承认并执行涉案仲裁裁决。

该案推动了自贸试验区内企业选择境外仲裁的突破性改革，是自贸试验区积累的可复制、可推广的司法经验，是一宗成功范例。

5. 上海首例自贸试验区临时仲裁案

2018 年 4 月，司法部官方微博转载"上海银行业纠纷调解中心"首例跨自贸试验区临时仲裁案。

该案的当事人双方分别是注册在上海自由贸易试验区内的 A 公司和广东自由贸易试验区内的 B 公司。2018 年 4 月，B 公司就银票兑付纠纷向银调中心特定人员提请临时仲裁，同时，A 公司也表达了由上述特定人员按照特定规则进行临时仲裁的意愿。当日，仲裁庭组织双方在银调中心开庭审理。经双方当事人同意，由仲裁庭主持开展了仲裁调解。经过多番实质性沟通后，A、B双方自愿签署了《仲裁调解书》。

这个案例应该是我国境内临时仲裁的一次真正实践。这一跨自贸试验区临时仲裁案例，对自贸试验区内及跨自贸试验区的临时仲裁的实践具有重要的借鉴指导意义。该案例虽然有诸多重要细节尚未披露，但是也不妨碍本案在自贸试验区开展临时仲裁方面的重要价值。

三　国内外典型的临时仲裁规则

（一）《联合国国际贸易法委员会仲裁规则》

国际上临时仲裁规则有很多，目前普遍适用的是《联合国国际贸易法委员会仲裁规则》（以下简称《联合国规则》）。很多认可临时仲裁的国家都制定了临时仲裁规则，如《美国仲裁协会国际仲裁规则》《新加坡国际仲裁中心仲裁规则》等。但是我国自贸试验区临时仲裁的实践不宜直接适用这些规则。《联合国规则》第6条规定，除非各方当事人已就选择指定机构达成约定，否则一方当事人可随时提名一个或数个机构或个人，包括海牙常设仲裁法院（以下称"常设仲裁院"）秘书长，由其中之一作为指定机构。

在中国自贸试验区内进行临时仲裁的案件，若选择《联合国规则》，双方发生约定不明时，由海牙常设仲裁法院秘书长充当"指定仲裁员机构"，则程序会变得相当复杂。首先，相关程序文件的传递会耗费大量时间，效率降低；其次，仲裁员的选任范围和标准与我国国内对仲裁员的认定标准存在巨大差异；最后，费用成本增加，国外仲裁员差旅费、报酬等的收取标准显著高于国内仲裁员。

（二）《横琴自由贸易试验区临时仲裁规则》

目前，国内仲裁机构根据自己的仲裁规则，管理本机构受理的机构仲裁案件，未规定可进行临时仲裁的"指定仲裁员机构"。各自贸试验区所在地的仲裁机构应当承诺同意可充当临时仲裁中的"指定仲裁员机构",并为临时仲裁提供相应便利。截至 2018 年底,国务院批复成立 12 个自贸试验区,包括上海、广东、天津、福建、辽宁、浙江、河南、湖北、重庆、四川、陕西、海南自由贸易试验区(港)。12 个自贸试验区所在地均设有一个或多个机构仲裁委员会,如上海自贸试验区所在地上海市,有上海国际经济贸易仲裁委员会(上海国际仲裁中心)、上海仲裁委员会、中国国际经济贸易仲裁委员会上海分会。但目前仅有横琴片区制定了中国首个临时仲裁规则——《横琴规则》。

《横琴规则》的制定很大程度上参考了《联合国规则》。在仲裁员的选定和替换方面,解决了指定仲裁员机构本土化的问题,即在当事人没有约定的或指定仲裁员机构未能完成指定的,由珠海仲裁委员会作为指定仲裁员机构,这也是仲裁规则"本土化"的体现。

然而,《横琴规则》不足以为其他自贸试验区直接选择适用,原因在于:首先,其他自贸试验区由于自身的限制,不能都在珠海仲裁委员会进行仲裁,如此一来,其他自贸试验区如何选定临时仲裁规则值得考虑;其次,《横琴规则》毕竟只是珠海仲裁委员会作为一个民间机构颁布的规则,没有普遍适用的法律效力。

四 成都自贸试验区临时仲裁规则的制定

(一)制定成都自贸试验区临时仲裁规则的法律基础

《最高院意见》虽然有意为自贸试验区打开临时仲裁的大门,但我国的《仲裁法》并没认可临时仲裁的法律效力,即实行临时仲裁是与我国的法律规定相冲突的。《中华人民共和国立法法》(2015 年修正)第八条第十项明确规定诉讼和仲裁制度需通过制定法律的方式确立,且最高人民法院也没有获得全国人大认可临时仲裁的授权,即临时仲裁的地位依然是"不合法"的。

如何解决临时仲裁与《仲裁法》相冲突的问题，是临时仲裁是否能够有效开展的关键所在。从上海自贸试验区的法律实践来看，全国人大常委会曾针对上海自贸试验区做出过专门规定。上海自贸试验区的两项新政——准入前国民待遇和负面清单的实施，实际上与三部立法直接冲突，为此2014年8月30日十二届全国人大常委会第四次会议，决定暂停我国《外资企业法》、《中外合资经营企业法》及《中外合作经营企业法》在上海自贸试验区的实施。当前，在对临时仲裁"松绑"，但我国《仲裁法》又尚未明确对其认可的情况下，可以采用这种方式进行自贸试验区临时仲裁立法的过渡。我国应该为临时仲裁制定特别的自贸试验区豁免制度，自贸试验区可以暂停《仲裁法》部分条款在自贸试验区的适用，或者全国人大常委会授权在自贸试验区内适用特别立法。

（二）构建成都自贸试验区临时仲裁制度的操作建议

鉴于临时仲裁在我国尚未获得普遍认可，建议成都自贸试验区参考横琴片区的做法，建立适用于成都自贸试验区的临时仲裁制度。

1. 应制定主动对接临时仲裁的相关制度、规则

临时仲裁中需要有相应的管理机构或指定机构协助仲裁程序的正常推进，因此，机构仲裁与临时仲裁的界限不必完全划清。《横琴规则》便规定了仲裁庭可以使用第三方提供的有偿服务，包括但不限于财务管理、秘书服务、场地租赁、案卷保存、代为送达、协助保全等。国际临时仲裁的实践中，有经验的仲裁员常常会建议当事人将秘书工作委托给某个专业仲裁机构，由该仲裁机构的专职人员来协助临时仲裁程序的推进。比如，在香港进行临时仲裁，双方争议当事人可以要求香港国际仲裁中心介入，为临时仲裁程序提供部分协助。除了作为《香港仲裁条例》授权的指定机构，香港国际仲裁中心还为公众提供免费的查询服务，提供有关香港仲裁的法律和程序的一般信息。此外，在香港国际仲裁中心，还有针对临时仲裁的示范性仲裁条款。国际上许多国家和地区的临时仲裁是依靠机构仲裁帮助的，如在瑞典、新加坡、韩国和日本。

2.尽快制定临时仲裁的统一示范文本

中国仲裁协会应该发挥其协调、统筹国内各仲裁机构的作用，统筹各地仲裁机构，结合各自贸试验区的实践，征求各自贸试验区内仲裁机构、法院意见后，尽快制定有关临时仲裁的统一示范文本。

临时仲裁需要有相应的管理机构或指定机构，但是临时仲裁应该充分尊重当事人的意思自治。仲裁协会既是民间机构，又是仲裁委员会的管理机构，基于其中立性和对仲裁实务管理的便利，由其对临时仲裁进行指导和监督就是很好的选择。仲裁协会对临时仲裁的指导和监督，包括：制定临时仲裁规则，对临时仲裁规范化、合法化、合规化予以指导；制定并执行仲裁员的道德纪律标准，对临时仲裁员开展临时仲裁活动的独立公正性进行监督；组织会员培训活动，对仲裁员的业务能力和仲裁质量进行监督；对仲裁活动中是否有政府干预和法院对临时仲裁的审查进行监督；等等。

另外，由于临时仲裁的仲裁员没有稳定的仲裁机构作支撑，临时仲裁质量的好坏基本由仲裁员决定，且仲裁员常常要面对当事人，那么一个很实际的问题就是，仲裁员和律师一样有很高的执业风险，这种风险不仅仅体现在人身上，还包括仲裁员可能在案件审理中由于偏差所产生的风险。尤其现今中国临时仲裁的发展尚不成熟，仲裁员的执业风险如何得以规避是值得考虑的问题。总而言之，临时仲裁的发展需要多方保驾护航，只有具备充分的客观条件，临时仲裁才能在自贸试验区顺利开展，并将其本身具有的优势和特点发挥出来。

3.制定自贸试验区内临时仲裁与机构仲裁、与法院对接的具体规则

中国互联网联盟的《对接规则》规定了临时仲裁如何实现与机构仲裁的衔接，希望在临时仲裁陷入僵局时能够及时通过机构仲裁起到定纷止争的作用，这对成都自贸试验区临时仲裁与机构仲裁的衔接具有借鉴意义。《对接规则》规定的对接范围主要包括程序的对接和裁决文书的对接。同时，裁决作出后，有可能面临当事人一方不履行，此时应向法院确认效力并要求强制执行，法院须对临时仲裁裁决做出认可、撤销、执行等诸多法律认定，此对接均需在实践积累中推进。

五 结语

综上，作为国际商事仲裁广泛采用的仲裁形式，临时仲裁与机构仲裁相比具有独特的优势和特点。中国已经有了近 60 年商事仲裁的发展历史、近 20 年国内仲裁的发展历史，对临时仲裁的认识和实践已经有了一定的经验积累作为基础。且经济全球化也推动着仲裁制度的国际化，临时仲裁的真正落地也有着切实的需要。《最高院意见》的出台，为自贸试验区开展临时仲裁提供了支撑，但这仅仅只是一个开始，临时仲裁真正落地还需要很长的一段路要走。我们可以期待临时仲裁制度未来在我国会有广阔的发展前景，但这也需要各方克服现有的障碍，并为此做出积极的探索。

特 别 报 告

成都市自贸试验区法治环境评估报告

成都市自贸试验区法治环境评估课题组

执笔人：李红军　鲁家鹏*

摘　要：　当前，社会指标化为国家或地区法治建设观察和量化评价提
供了重要工具。《四川依法治省纲要》明确提出要"建立科
学的法治建设指标体系和考核标准"，四川省人民政府印发了
《四川省市县政府依法行政评估指标》，成都市制定了"法治
城市考核指标体系"。成都自贸试验区法治建设的创新和成就
不能仅仅停留在抽象的概括和个案的描述上，更需要通过科
学、公允的评估来增强可信度、说服力。职是之故，本报告
采取科学合理的指标和评估方法，对成都自贸试验区法治环
境建设中的工作举措、实施效果和存在的问题等进行综合评
判。评估结果显示，成都自贸试验区法治环境评估综合得分

---

* 李红军，四川省社会科学院法学研究所副研究员，法学博士。鲁家鹏，四川省社会科学院研
究人员。

为4.28分，转换为成都市自贸试验区法治环境指数，得分为85.67分，测评得分处于优异区间。

关键词： 成都自贸试验区　法治环境建设　社会指标化

前　言

为进一步增强成都自贸试验区法治建设成效的可信度、说服力，为真实测评并客观展现成都自贸试验区法治建设的创新和成就，成都市法学会与四川省社会科学院共同组建评估项目组，从工作职能评估、专家评价和企业评价三个维度对成都自贸试验区法治环境开展专业评估，以期实现如下目标：

一是全面检验。本次评估基于《中国（四川）自由贸易试验区总体方案》"力争建成法治环境规范、投资贸易便利、创新要素集聚、监管高效便捷、协同开放效果显著的高水平高标准自由贸易园区"的战略定位，对标国际标准，切合地方实际，选择公允可行的评估方法，对成都自贸试验区法治环境建设中的工作举措、实施效果和存在的问题等进行综合评判。

二是展现成绩。合理评价成都自贸试验区法治环境建设的整体水平，客观评估成都自贸试验区法治环境建设的工作绩效，及时总结和展现成都自贸试验区法治环境建设的经验举措，为充分发挥成都自贸试验区在打造内陆开放型经济高地、深入推进西部大开发和长江经济带发展中的示范作用提供动能。

三是查找不足。以评估为抓手，以评促建、以评促改，找准法治环境建设的难点、痛点和堵点，使政策、举措与实施效果保持内在统一性，为成都自贸试验区打造更加公平、便捷的营商环境和可预期、可置信的治理体制提供科学可行的参考建议。

四是建立标准。我国自贸试验区法治建设道路并不同于西方国家，本次评估有利于加强自贸试验区法治环境评估的理论研究和实践探索，努力构建符合发展规律、对标国际标准、体现地区特色的法治环境评价标准和评估流程，为促进国际营商环境评估和法治环境评价指标体系更加公平和完善提供成都样本和四川经验。

经过一段时间的实践摸索，成都自贸试验区法治建设的效果和难点已基本显现。为更有针对性和实效性，客观展现成都自贸试验区制度创新和改革实践的成绩，本次评估包括三个方面的主要内容。一是成都自贸试验区法治建设的制度创新和改革举措成效评价，包括制度设计是否完善，配套政策是否完备、是否科学合理，是否履行了法定程序等。二是法治建设的诸项制度和政策实施的绩效评价，包括各项制度和政策的落实情况，是否达成制度和政策制定的预期目标，这些制度和政策对自贸试验区法治环境建设和营商环境优化的促进作用等。三是成都自贸试验区法治环境建设过程中反映出的问题及其原因，各项制度设计和政策规定是否需要改进以及如何改进的相关建议。

一 评估工作概况

（一）评估组织

本次评估由成都市委政法委、成都市法学会与四川省社会科学院共同组建评估项目组开展专业评估。项目组根据评估目标和时间进度要求，制定评估方案，从评估原则、标准、方法、步骤、工作要求等方面对评估工作提出详细计划，明确工作内容、时间节点、质量要求，确保成都自贸试验区法治环境评估工作顺利推进。

（二）评估实施

1. 科学设计评估工具

鉴于法治环境评估模型和指标体系具有强烈地区特色和功能指向，项目组根据成都自贸试验区法治环境建设的定位和目标，遵循绩效评估与主观评价相结合的原则，从工作职能评估指标、专家评价指标和企业评价指标三大板块架构"成都片区法治环境建设评估指标体系"，并进一步通过规则构建、监管绩效、政府治理、市场环境、纠纷解决和社会法治六个面向对指标体系进行分解细化，最终建立符合法治环境评估要求的多维评估模型，以最大限度满足法治环境评估的科学性、公正性和立体性要求。

2. 多渠道收集评估数据

本次评估所使用的数据来源于四个渠道。

（1）职能部门提供。本次评估中工作职能评估部分使用的数据主要由相关单位提供，项目组对其中部分数据进行抽查验证。项目组根据评估指标，列出需要各单位提供的资料清单，由各单位再结合自身实际情况和特色，提供各个评估指标的全面资料数据，以此作为评估的基础数据。项目组再通过从中国（四川）自由贸易试验区工作办公室和其他途径获取必要的信息数据进行比对印证，从而确保数据真实可靠，评价客观真实。

（2）门户网站提取。在大数据时代，门户网站已经成为国家机关展示自身工作内容和情况的重要平台，也是公众获取相关信息以及与国家机关沟通的重要渠道。据此，评估将相关部门的门户网站作为获取数据的重要渠道。特别是对其他自贸试验区对比数据的采集，主要依托各自贸试验区的官方网站和公众号。

（3）问卷调查。本次评估中专家评价和企业评价均严格遵循问卷调查的方法和程序，根据评估指标设计电子化五级量表，并采取新媒体手段发放和回收问卷，最终获得评估所需的评价数据。

（4）部分较为权威的研究报告。本次评估过程中，工作职能数据去量纲化操作大量对比了其他自贸试验区的相应数据。这些数据除通过网站提取之外，部分参考了既有研究报告和评估报告，例如《关于中国（上海）自由贸易试验区深化改革的评估报告》《中国自由贸易试验区发展蓝皮书（2017—2018）》和"2017~2018年度中国自由贸易试验区制度创新指数"等。

3. 科学开展评估作业

本次评估系对成都自贸试验区法治环境状况的立体监测，由于涉及维度较多，数据载体和类型复杂，不仅包括职能部门的各种工作材料、汇报和总结，也包括来自理论研究专家、实务工作者和企业行业代表的评估意见，评估工作非常复杂。项目组严格遵循可重复验证的原则，采取横向比对、线性穿插、交叉检验等多种方法，将这些材料转换成可纳入评估模型进行运算的评估数据，确保评估结论的科学性和公允性。

4. 反复推敲评估报告

为确保立场公正、方法科学、结论客观，在汇总分析数据的基础上，评估小组撰写评估报告并呈递给相关部门，专家学者和实务人员进行分析论证。经反复修改，数易其稿，最终形成《中国（四川）自贸试验区成都区域法治环境评估报告》及其摘要。

二 评估模型和指标体系

（一）评估模型

本次评估根据自贸试验区企业创立和成长所面临的多元法治场景和立体互动维度，遵循"客观绩效与主观评价相结合""相同维度不同视角"的原则，构建了"一个指数、两个方面、三个视角、六个维度"的综合评价模型，如图1所示。

首先，从评价主体角度，选择"职能部门+专家+企业"的三重评价视角，搭建评估指标体系的骨架，将"成都片区法治环境建设评估指标体系"分为三大板块，分别是工作职能评估指标、专家评价指标和企业评价指标。

其次，从评估指向角度，将评估分为工作职能客观绩效评估和法治感受主观体验评价两个方面，并选择规则构建、监管绩效、政府治理、市场环境、纠纷解决和社会活力等六个观测维度进行分解和细化。

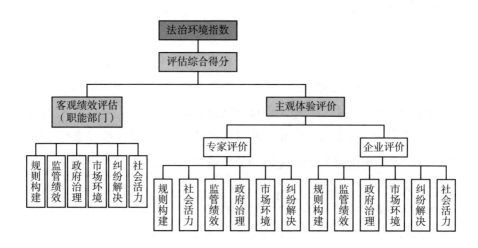

图1　评估指标结构图

再次，从权重设定角度，采用层次分析法（the Analytic Hierarchy Process，AHP)[1] 和因子分析法确定各层级指标的权重，收敛各层级指标得分，最终形成由三个板块构成的综合评价得分计算总公式：

$$Z_{成都自贸试验区法治环境综合得分} = 0.4516 \times C_{工作职能评估} + 0.1671 \times C_{专家评价} + 0.3813 \times C_{企业评价}$$

最后，在综合得分的基础上，将五分制得分转换成更为直观明确的百分制，从而形成成都自贸试验区法治环境指数。公式为：

$$F_{成都自贸试验区法治环境指数} = Z_{成都自贸试验区法治环境综合得分} / 5 \times 100$$

（二）指标体系

根据评估采用的模型和权重确定方法，将本次评估设计和使用的评估指标体系简化为图2所示。

---

[1]　应用层次分析法计算法治建设状况评价指标权重系数，就是在建立有序递阶指标系统的基础上，通过指标之间的两两比较，对评价体系中各个指标进行优劣评判，并利用这样的评判结果来计算各指标的权重系数。参见王称心、蒋立山主编《现代化法治城市评价——北京法治建设状况综合评价指标体系研究》，知识产权出版社，2008，第119页。

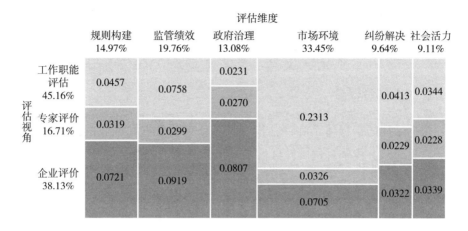

图 2　二级指标权重及占比

从图 2 可以看出，本次评估采用的指标体系突出了三个要点。

一是突出法治环境评估特征。评估指标体系由三个评价视角和六个观测维度两个向度交织而成，形成图 2 所示的由 18 个元素构成的 3×6 矩阵，凸显了法治环境与法律制度的差别。这个评估体系，既展现了法治环境的多维、多面、多阶性，又强调了法治环境的客观外在与主管感知的交互、交融、交织性。

二是突出工作职能评估权重。图 2 中堆积块的体积显示，工作职能评估指标板块的合计权重明显高于专家评价指标板块和企业评价指标板块，占比为 45.16%。这一占比结果首先强调了对工作绩效的客观呈现，避免评价主体因信息不充分或者利益偏好干扰评估结果的公正性。同时，也兼顾了成都自贸试验区的实际：由于挂牌时间较短，若干政策和举措的收益需要更长时间才能展现出来。

三是突出市场环境维度权重。经过市场环境维度工作职能评估、专家评价和企业评价三个视角的权重叠加，该测评维度的累计权重为 0.3345，在六个维度中占比达到三成以上，不仅彰显了市场环境法治在自贸试验区法治环境评价中的重要地位和导向作用，也据此区别于一般化的法治评估，有助于增强此次法治环境评估的导向性、针对性和科学性。

三　评估结论

（一）综合得分

根据采用的指标体系和评估模型，对征集的数据和回收的问卷进行测评。结果显示，成都自贸试验区法治环境评估综合得分为 4.28 分，其中工作职能评估得分为 4.44 分，专家评价得分为 4.28 分，企业评价得分为 4.10分。转换为成都市自贸试验区法治环境指数，得分为 85.67 分，按差、较差、一般、良好和优异的五级评价标准，则测评得分处于优异区间。综合得分构成如表 1 所示：

表 1　法治环境评估得分构成

测量维度	工作职能评估		专家评价		企业评价		维度得分	
	原始分	加权分	原始分	加权分	原始分	加权分	原始分	加权分
规则构建	5.00	0.23	4.46	0.14	3.69	0.27	4.41	0.64
监管绩效	4.33	0.33	4.57	0.14	3.53	0.32	4.07	0.79
政府治理	4.96	0.11	4.14	0.11	3.50	0.28	4.27	0.51
市场环境	4.27	0.99	4.24	0.14	3.71	0.26	4.05	1.39
纠纷解决	4.69	0.19	3.99	0.09	3.76	0.12	4.22	0.41
社会活力	4.46	0.15	4.15	0.09	3.54	0.12	4.06	0.37
综合得分	4.44	2.01	4.28	0.72	4.10	1.56	4.28	4.28

首先，得分构成充分包含法治环境评价指标的多维数据。法治环境系由制度文本、工具载体和社会实践等多种因素共同组成的复杂场景，得分综合了规则构建、监管绩效、政府治理、市场环境、纠纷解决和社会活力六个测评维度的多种数据，在最大限度地挖掘和利用各种信息载体的基础上，通过数据整体展现自贸试验区法治环境的真实样态（见图 3）。

其次，得分构成充分提取了法治环境的交互信息。法治环境是与自然环境不同的社会建构，人的行为既是法治环境的建设因素，又是法治

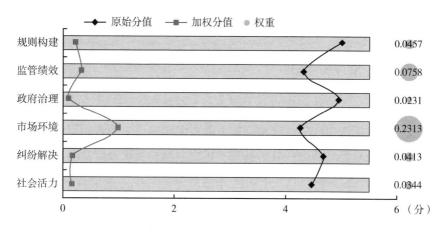

图3 工作职能评估得分结构

环境的组成要素，人与社会、主观认知与客观行为交流互动，共同构成了法治环境的主要内容。得分构成包括工作职能评估、专家和企业评价三个视角，既测量规则、秩序等外在于人的制度及其运作绩效，又观察和测评社会参与者的行为和主观认知，充分契合了法治环境的交互性特征。

　　最后，得分构成充分再现了法治环境的立体面貌。本次评估在综合各维度和视角获得的数据基础上，共获得18个评价子项得分。这些子项得分不仅从不同观察侧面展现了自贸试验区法治环境的真实图景，更从不同的主体角度反映出法治环境的客观存在与主管感知之间的交错关系，使综合得分最大限度地提取和利用能够表征自贸试验区法治环境真实面貌的丰富信息。

（二）工作职能评估得分

　　本次工作职能评估，系根据评估指标体系的构成和赋权，采用统计方法对所收集的数据和材料进行分析处理后得出的。得分的构成如表1所示：规则构建5.00分、监管绩效4.33分、政府治理4.96分、市场环境4.27分、纠纷解决4.69分、社会活力4.46分，综合得分为4.44分。从构成上来看，各维度得分均在4.2分以上，分值总体均衡，不存在显著短板，其中规则构建为满分，政府治理接近满分。

（三）专家评价得分

此次评估中，专家评价部分主要采取主观评价方法，通过设计和定向发放量表方式，征询200位法律和经贸方面专家和实务工作者的意见。通过对获得的157份有效问卷进行分析处理，得出成都自贸试验区法治环境专家评价得分为4.28分，略低于工作职能评估得分，其中：规则构建为4.46分（89.20分）、监管绩效为4.57分（91.40分）、政府治理为4.14分（82.80分）、市场环境为4.24分（84.80分）、纠纷解决为3.99分（79.80分）、社会活力为4.15分（83.00分）。

评估专家组对成都自贸试验区的规则构建与监管绩效给予了高度评价，相对而言，对纠纷解决和政府治理的评分明显偏低。这一评价与基于数据和材料形成的工作职能评估略有出入。

（四）企业评价得分

自贸试验区法治环境建设与企业经营息息相关，企业对自贸试验区法治环境的认知和体验是测量法治环境建设成效不可或缺的关键环节。有鉴于此，本次评估强调企业在场，遵循有效性、多元化等原则，在规则构建、市场环境、监管绩效、政府治理、纠纷解决和社会活力六个维度基础上细分出18个观察点，设计了由104道问题组成的李克特量表，通过新媒体手段向成都自贸试验区内的企业发放，希望从体验者的视角获取关于法治环境真实样态的更多信息。

本次共计向区内的企业发放问卷400份，回收325份，有效问卷305份。通过对有效问卷载荷信息的分析处理，得出成都自贸试验区法治环境企业评价得分为4.10分，换算成百分制为82.00分。其中规则构建为3.69分（73.80分）、监管绩效为3.53分（70.60分）、政府治理为3.50分（70.00分）、市场环境为3.71分（74.20分）、纠纷解决为3.76分（75.20分）、社会活力为 3.54 分（70.80 分）。

可以看出，相对于基于数据和材料做出的工作职能评估，来自企业的评价分值在各维度上均略微偏低。企业评价的六个二级指标得分均值为 3.6217，不同维度的得分差异较为显著。其中规则构建、市场环境和纠纷解决三项得分高于均值，监管绩效、政府治理和社会活力得分则低于均值，表明受访企业对成都自贸试验区法治环境建设工作不同侧面的感知存在一定差异。这种差异，一方面固然是由企业并不拥有全面的评价参考信息所致，另一方面也表明企业对法治环境的感知有别于职能部门和专家。鉴于自贸试验区法治环境建设的营商导向，这种感知呈现出来的评价差异，具有较大意义，能够为未来的工作提供更多的指引。

四 评估发现

（一）评估数据统计分析

1. 法治环境建设成效卓著

如图 4 所示，由六个观测维度得分构成的三个六边形（三个评价视角）在雷达图上呈同心组合，大部分面积重叠，表明得分数据总体上分布均衡，同一维度得分虽有差异，但并未改变得分数据结构的基本面。这显示出在中央强有力的政策支持下，各部门群策群力，分工协作，多管齐下，成都市自贸试验区法治环境建设获得长足进展，工作绩效突出、专家评价积极、企业评价良好，多维度测评数据均较为理想，各个观测维度均未出现明显的短板或不足。

2. 不同评价视角的差异

从数据上看，工作职能评估得分高于专家评价得分，也高于企业评价得分（见图 5）。

这一结果固然反映出不同视角下，由于偏好及信息不对称，企业的认知与工作职能部门的业绩表现之间存在一定的误差，但在一定程度上也反映出

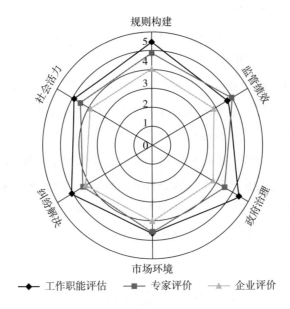

图 4　视角－维度得分

资料来源：内部数据/问卷。

自贸试验区的政策措施在转化为企业可感知的立体场景方面仍需要拉长时间维度进行长期观察，相关工作存在进一步优化的空间。

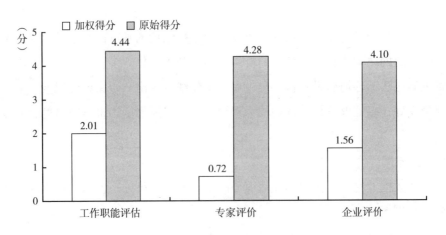

图 5　三个评估视角得分对比

184

3. 不同评价维度的差异

本次评估模型的设计，尽管在工作职能评估、专家评价和企业评价上存在较大的视角差异，测评方法也有所不同，但从测量的维度上看，均围绕成都自贸试验区的规则构建、监管绩效、政府治理、市场环境、纠纷解决和社会活力等维度展开。

从数据上看，六个维度的得分存在一定的差异，既有政策和举措在政府治理、监管绩效和社会活力等维度的得分在三个评估视角上分值均较低，这反映出：

首先，改革红利需要时间释放。尽管从工作职能评估来看，政府治理、监管绩效的得分较高，但受到企业评价的影响，这两个维度的综合评分反而被拉低。其原因在于：政府治理侧重于职能部门内部的组织管理和权力运行，其改革效果需要拉长时间维度才能够看到显著的市场效应；而监管绩效的各项改革措施出台时间较短，政策红利需要时间释放，因此目前企业感知有限，所以评分偏低。

其次，职能部门内部治理优化、外部监管改革的诸项政策和举措尚需加快绩效转化。政府治理优化和"放管服"改革是实现法治环境优化的手段而非目的，因此需要探索加快实现政策、举措转化为监管质效的路径和方法。

最后，社会法治建设仍有可进一步提升的空间。可在社会信用建设、社会秩序改善、法治文化培育等方面加强政策、措施的贯彻落实，构建与高水平、高起点的自贸试验区相匹配的国际化、法治化社区。

（二）成都自贸试验区法治环境建设的突出亮点与重要创新

此次评估发现，成都自贸试验区建设充分贯彻党中央和四川省委关于依法治国、依法治省的部署，"以制度创新为核心，以可复制可推广为基本要求"，改革创新和法治建设两手并重，主动运用法治思维和法治手段推进自贸试验区的各项工作。经过一年多的努力，2018年成都自贸试验区法治环境显著优化、制度竞争力显著增强。

第一，制度规范体系初步形成。成都自贸试验区建设深入贯彻习近平总书记系列重要讲话精神和治国理政的新理念新思想新战略，注重规则意识，做好顶层设计，充分发挥法律在改革创新中的保障和推动作用，以《中国（四川）自由贸易试验区管理办法》为依托，注重政策的系统化集成和措施的组合拳效应，逐步构建了结构清晰、规范完善的制度体系，高标准、高起点地用完备、严格的制度规范推动成都自贸试验区实施，实现了"重大改革于法有据"。

第二，现代政府治理能力逐渐增强。提高政府治理能力，实现治理体系现代化，是成都自贸试验区法治环境建设的重要环节。成都自贸试验区以"放管服"改革为抓手，着力推进政府治理法治化。有力承接首批下放的33项省级管理权限，"首次进口非特殊用途化妆品行政许可"等99项"证照分离"改革试点有序推进。设立城市管理和市场监管局，使城市管理、工商行政管理等领域的行政处罚权相对集中。积极推进双流、青白江"企业投资项目承诺制"改革试点，项目开工前审批时间由197天缩短为60天，有力改善了成都自贸试验区的营商环境。

第三，多元化纠纷解决机制臻于完善。成都自贸试验区积极争取最高人民法院对法治环境建设的关注和支持，通过多方努力，率先设立成都自贸试验区人民法院，组建适应自贸试验区建设和发展的司法队伍，构建适应自贸试验区矛盾纠纷解决的审判机制。中国国际经济贸易仲裁委员会四川分会、中国国际经济贸易仲裁委员会等仲裁机构先后落户成都自贸试验区，就近为四川地区企业提供符合国际标准、优质高效、公平公正的仲裁服务，极大地提升了成都自贸试验区营商环境的国际化、法治化、便利化水平。此外，成都自贸试验区还打造了集调解、仲裁、公法检、律师公证等综合法律服务为一体的法律协同服务平台，探索建立纠纷的多元化解决机制、调解与仲裁和诉讼的对接机制、跨境纠纷协同解决机制。

第四，诚信守法社会氛围日渐浓厚。成都自贸试验区采取省市共建的办法，升级公共信用信息共享平台，共建社会信用评价体系，完善守信激励和失信惩戒机制，实现信用信息"一站式"查询服务，探索对失范失信、违法违规的单位和个人实施联合惩戒，显著提高了试验区内的社会诚信水平。成都自贸试验区本着"有所为、有所不为"的原则，在加强管理体制建设的基础上，进一步放宽市场社会组织的准入条件，积极培育市场中介组织，逐渐将政府"不该做、做不好、做不了"的事放手给社会，减少对经济运行的直接干预。此外，成都自贸试验区还通过互联网、信息平台、传统媒体等多种媒介渠道，及时宣传普及自贸试验区相关法律法规，培育法治文化，增强社会法治观念，积极营造有利于自贸试验区改革创新的法治环境。

（三）成都自贸试验区法治环境建设存在的主要问题

本次评估发现，尽管成都自贸试验区法治环境建设成绩斐然，但与《中国（四川）自由贸易试验区总体方案》提出的"力争建成法治环境规范、投资贸易便利、创新要素集聚、监管高效便捷、协同开放效果显著的高水平高标准自由贸易园区"的目标仍有一定的距离，体现在：

1. 规则构建中政企互动关系仍有待进一步改进

本次评估发现，成都自贸试验区虽然在制度创新方面成绩非常卓著，但来自企业的反馈表明，企业在规则供给过程中的参与性并未得到充分重视，题项得分明显偏低。这一评价也在职能部门提供的数据材料中得到印证。根据职能部门提供的材料，目前并未在规范性文件制定过程中广泛开展听证等正式的征求意见活动。

根据《中国（四川）自由贸易试验区总体方案》，四川自贸试验区建设应当"以制度创新为核心，以可复制可推广为基本要求"，因此制度供给和规则构建是成都自贸试验区法治环境建设的重中之重。在这个环节中，企业参与渠道的缺失和企业角色的缺席，可能带来政策供给与规则需求错位的消极影响，具体表现为：

（1）可能弱化政策的精准度。反映到本次评估中，受访企业对"请问您觉得自贸试验区内公布的规范性文件是否具有针对性？"这一题项的评价得分明显低于均值，仅为 3.46 分，表明从企业视角看，自贸试验区政策与企业的需求之间存在一定的矛盾。同时，现代公共治理强调多元共治，以提高治理措施的精确度、降低执行成本，因此政策制定过程中企业参与度不足也不符合治理体系和治理能力现代化的要求。

（2）可能导致政策红利分配失衡。在企业参与不足的情况下，政策制定者并不完全了解各类企业的具体需求和面临的实际困难，因此可能导致部分企业的诉求未能得到应有的重视。在本次评估过程中，评估专家对自贸试验区政策进行解读后的测评结果显示，专家在"您认为成都自贸试验区制定或者实施的各项政策是否公平对待各企业和个人？"题项上的评分为4.22分，低于规则构建维度题项的平均得分。

法律制度框架主要以《中国（四川）自由贸易试验区管理办法》为"母法"构建而成。但该《管理办法》为省政府规章，法律效力位阶较低，调整对象范围较窄，法律保障手段有限，对于企业急需的一些法治项目没有提供到位，推进贸易发展相关制度建设力度不够。自贸试验区许多经济和企业发展的制度建设形式还主要以政策意见等规范性文件为主，以立法保障的方式和数量还明显不足。大量措施集中于行政审批制度改革，侧重于增加企业登记数量和投资金额，在企业成长所需的制度环境构建和市场秩序建设方面有待加强。

2. 既有改革举措的边际效益有待进一步强化

本次评估发现，监管绩效、政府治理和市场环境等指标在自贸试验区法治环境评价中的权重较大，因此综合得分和法治指数对这些维度的评价得分非常敏感。例如在企业评价中监管绩效指标由于权重最高（0.0758），最后得分受原始得分影响较大，6个题项得分虽然均值4.16分，中位数为4.20分，综合得分却仅为3.53分，失分非常严重。这一结果表明，虽然该指标所测量的内容在成都自贸试验区一年多的时间内已经大幅改善，但与企业期待仍有较大距离。

究其原因，主要是既有改革措施主要是通过"政策盘存"并依赖对原有贸易投资体制实施"初次改革"实现的。然而，随着自贸试验区建设所需体制改革进入深水区，显性贸易投资资源开发效益降低，隐性贸易投资限制阻碍难以被突破，改革期待与改革难度之间矛盾较大，既有的促进政策和法规产出改革"增量"越发困难，自贸试验区建设的改革制度绩效有边际效益递减的隐忧。

3. 部分法治建设工作绩效有待进一步提升

成都自贸试验区的既有改革措施主要集中于企业登记环节，侧重于资金引入和项目摆布，对企业成长、发展和壮大所需法治环境的关注仍有待加强，存在一定的招商引资路径依赖。监管服务改革措施主要集中在行政审批环节，侧重于政府自身的能力建设，对自由贸易所需的多元治理着力不足，对企业创新能力培育等方面涉及较少。此次评估中，成都自贸试验区内企业对法治环境建设成效的认知与工作职能评估的结论存在一定的差距。一方面固然由于挂牌时间不长，政策举措效应尚未充分释放；另一方面也反映出政策举措与企业期待之间仍有较大的工作空间，特别是还需进一步加强针对初创型、科技型企业成长壮大所需的政务服务措施。

例如在纠纷解决方面，《中国（四川）自由贸易试验区管理办法》和《中国（四川）自由贸易试验区条例（网上征求意见稿）》目前的制度设计仍围绕司法审判和机构仲裁展开，但这些解决方式程序复杂，成本较高，并不能完全贴近自贸试验区企业对纠纷解决高效化、便利化的需求。对于国际贸易中广泛采用的临时仲裁等便捷措施，虽然在《最高人民法院关于为自由贸易试验区建设提供司法保障的意见》中已经确认，"在自贸试验区内注册的企业相互之间约定在内地特定地点、按照特定仲裁规则、由特定人员对有关争议进行仲裁的，可以认定该仲裁协议有效"，但成都自贸试验区未能进一步制定或争取细化政策，明显落后于横琴自贸试验片区。

五 工作建议

成都自贸试验区建设的既有经验证明，规范有序的法治环境是贸易投资体制改革的基础内容和必要保障。只有通过清晰、完备、科学的制度呈现和应用，才能更新陈旧的国际贸易投资发展方式，提升贸易投资的资源利用效率，积极治理国际贸易投资市场环境和政府服务，在多方经济交往的集体行动中规范、约束和协调各方行为，尊重和维护各方利益，实现贸易投资活动参与者的互利共赢。为此，项目组根据本次评估的情况，以企业需求为导向，提出如下进一步优化成都自贸试验区法治环境的建议。

（一）更新环境建设理念

自贸试验区法治环境建设，既是营商环境的组成部分，又是优化营商环境的重要保障，因此自贸试验区法治环境建设应当主动融入并服务于自贸试验区营商环境建设。自贸试验区各项政策举措必须在整合既有规范制度、实践举措基础上实现建设理念的三个转移或转换。

一是建设环节的转移。既有制度建设措施主要集中在投资和贸易促进环节，侧重于采取降低投资门槛、提供优惠条件等措施吸引资本进入。而营商环境包括资金进入、企业设立、资金融通、成长壮大、贸易便利等一系列环节和维度，具有持续性和多维性特征。法治建设和制度供给不能局限在降低门槛、提供便利服务方面，而是要强调通过制度建设培育市场和提升监管水平，增强综合竞争能力。

二是服务对象的转变。既有的制度建设举措侧重于促进投资、增加企业数量，规范改进的目标是"资"，重点是引进资金这一生产要素，因此制度设计强调为吸引更多的资本进入提供条件和机会。从自贸试验区发展来看，自贸试验区法治建设针对的是"商"，重点是通过法治建设、制度设计实现各种生产要素的高效配置，不仅要为资金引进提供机会和条件，更强调为技术创新、人才培养、贸易便利、企业发展壮大等提供便捷透明的制度框架、廉洁高效的监管机制和有序竞争的市场环境，充分发挥市场对生产要素配置的决定作用，在根本上增强本区域或本经济体对资本、人力资源、高新技术和信息的吸纳能力。

三是规范维度的切换。涵摄于营商环境范畴内的法治环境建设，应该是包括法律制度、监管体制、市场环境、社会秩序和文化氛围在内的综合场景。因此，对营商环境视阈下的法治环境建设和优化，也不能简单理解为为企业设立、贸易便利提供各种便利和服务，而应当是从制度构建、监管优化、市场维护、社会治理、文化培育等多个维度培育出有利于企业发展、商业发达、贸易便利的法治氛围，从而最终达成本地区或本经济体人民幸福、经济发展、社会进步和文化昌盛的目标。

（二）加强监管能力建设

监管和服务能力是法治环境改善的重要方面，包括行政机关、司法部门在内的整体监管服务能力的提升，是促进贸易便利、商业发展和企业壮大的关键环节。因此，优化成都自贸试验区法治环境，需要进一步做到：

一是提升监管服务能力。经济发展类似于自然现象，是一个有其自身演变和发展规律的生态系统。政府的作用主要是通过自身监管能力的提升和服务水平的改善，间接促进各生产要素配置的效率，最终促进经济发展。因此，政府在优化营商环境中的主要职能应当是完善基础设施建设，规范市场竞争秩序，提高政策的执行效率和契约的兑现能力，减少审批事项、审批时间、审批环节，把不该管的事让渡给企业、市场、社会组织和中介机构，许可试验区内企业根据意思自治原则选择纠纷解决机制，更大限度地发挥市场在资源配置中的基础性作用。

二是培育壮大市场社会组织。应本着"有所为、有所不为"和"精简、放权、效能、服务"的原则，进一步加快政府职能转变和简政放权步伐，把政府"不该做、做不好、做不了"的事项通过购买服务等方式放手给社会，减少对经济运行的直接干预，彻底切断市场社会组织与行政部门间的依附关系。政府要在加强管理体制建设的基础上，进一步放宽市场社会组织的设立和准入条件，让更多的社会力量参与竞争，实现市场社会组织的优胜劣汰，提升市场社会组织的整体素质和服务能力。

二是宣传和落实法律规定和政策措施等。四川自贸试验区设立以来，省市相关部门密集出台了一系列规模空前的政策措施，但这些法律规定和政策措施的落实与预期目标仍有较大距离。其部分原因在于政策的制定和落实之间存在信息不对称的问题。相关部门应该建设集中统一的信息发布平台和展示中心，采用多种方法让参与方能够及时了解政策、利用政策。同时，更应强化政策落实，改善金融、科技、信息服务，引导企业加强技术革新，改善经营水平，鼓励合作创新，增强企业的生存能力和发展能力。

（三）维护市场的公平秩序

与一般意义上的法治环境建设不同，自贸试验区法治环境建设具有明显的目标导向性，强调通过构建便捷透明的制度框架、廉洁高效的监管机制和有序竞争的市场环境，充分发挥市场对生产要素配置的决定作用，为技术创新、人才培养、贸易便利、企业发展壮大提供基础和土壤。因此，维护市场的公平秩序是法治环境建设的题中应有之义。

一是构建公平规范的营商制度。完善营商法律体系，是依法监管、守法经营的前提和保障。应充分用好成都市地方立法权，尽快梳理出以推动经济建设、改革创新和企业发展为目标的立法项目，分期分批推进这些方面的立法和制度建设。积极调动地方立法资源，开展制度创新，加快提升和构建符合成都自贸试验区发展的法律体系，提升营商法律制度的规范化、法治化水平和透明度。

二是制定有效的创新激励政策。在发挥企业主体作用的前提下，构建系统的创新激励政策。加强对资源利用、用地规模、环境保护、产品质量、安全生产、劳动关系、企业社会责任的约束，通过严厉的制度环境管制和舆论氛围来鼓励和引导企业提高技术创新、管理创新、营销创新、商业模式创新、制度创新水平，发展中高端环节和附加值更高的产业，形成合理的产业集群，充分发挥成都自贸试验区在打造内陆开放型经济高地中的积极作用。

三是维护公平的市场竞争机制。自贸试验区法治环境建设要转变观念，废除歧视政策。在政策层面，各类市场主体不分国有与私营、内资和外企，均享有同等的市场主体地位和各项法定权利，在监管、税收、投融资和政府采购等方面享有公平待遇。在操作层面，加强市场监督和反垄断调查，建立公平的竞争秩序和有序的市场环境，减少国有企业对民营企业发展空间的挤压现象，消除公开或隐蔽的障碍，给各类市场主体平等的竞争机会，激发经济的活力和创造力，充分体现自由贸易试验区的自由。

（四）回应行业企业诉求

本次评估发现，在对自贸试验区法治环境的认知上，来自工作职能部门的数据评估结论与企业评价、专家评价间存在一定的偏差。这就要求自贸试验区法治环境建设应围绕企业需求，牢固树立和贯彻落实创新发展理念，以开放促改革、促发展，积极培育有利于内陆地区企业参与国际经济贸易的法治环境。

一是培育有利于创新能力发展的法治环境。进一步建立健全知识产权创造、转化和保护的体制机制，以法治方式为科研院所、大专院校的科技人才参加企业科技创新开辟合法通道，释放四川省内科技创新的巨大潜力；以制度优势和环境优势促进重大科技创新和成果的转化；进一步提高知识产权保护机制的反应力和便捷性。

二是构建鼓励商业模式创新的法治环境。商业模式创新对产业转型升级的作用日益显著。建议把握当前产业发展智能化、服务化、精益化、融合化、绿色化、全球化的趋势，鼓励企业大胆创新商业模式。加强信息化在生产、经营、管理、营销中的应用，借助信息化与工业化的融合，用好成都市地方立法权，推动传统专业市场转向现代商贸物流、现金现货交易转向网上交易，积极探索合同能源管理等服务新模式。

三是进一步保持政策稳定性的可预期。创新能力培育、创新成果产出和转化需要持续的资源投入和长期的累积。此次评估中，企业对自贸试验区政策稳定性的预期较强，普遍制定了较为长远的经营规划，因此成都自贸试验区应积极加强政策诚信建设，坚持新官理旧账、兑承诺，严防招商承诺不兑现、负责人更替不履约、违规拖欠工程款等问题，进一步增强自贸试验区内企业持续经营和发展的预期。

《中国（四川）自由贸易试验区管理办法》立法后评估报告

《中国（四川）自由贸易试验区管理办法》立法后评估小组

执笔人：李红军*

摘　要： 本报告采取科学合理的评估方法，对《中国（四川）自由贸易试验区管理办法》的立法技术应用、实施效果进行综合评估，并在此基础上就该办法存在的不足提出若干切实可行的建议。评估结果显示，从总体上看，《管理办法》的立法技术运用得当，实用性和科学性的融合程度较高，立法文本准确反映了立法需求，体现了高水准的立法规范性要求，立法质量较高。该《管理办法》充分贯彻了《中国（四川）自由贸易试验区总体方案》的精神，从管理体制、投资管理和贸易便利、金融创新和风险防范、协同开放和创新创业以及综合服务与管理等方面全面落实《总体方案》的各项安排和部署，对标国际标准、彰显四川特色，主要制度设计体现立法目的，对于实现四川自贸试验区建设管理有章可循、改革创新有法可依具有重要意义，实施效果较好。

关键词： 中国（四川）自由贸易试验区管理办法　立法后评估　评估报告

＊ 李红军，四川省社会科学院法学研究所副研究员，法学博士。

前　言

为贯彻落实党的十九大和中共中央、国务院《法治政府建设实施纲要（2015—2020 年）》的有关精神，根据习近平总书记来川视察对四川工作的要求，依照《四川省人民政府拟定地方性法规草案和制定规章程序规定》，四川省人民政府法制办公室（以下简称"省法制办"）会同中国（四川）自由贸易试验区工作办公室（以下简称"省自贸办"）组成立法后评估小组，结合实际对《中国（四川）自由贸易试验区管理办法》（以下简称《管理办法》）开展立法后评估工作，对《管理办法》的实施情况、《管理办法》自身及实施中存在的问题等做出相对全面、客观的总结、分析和评价。

一　立法背景

根据《国务院关于印发中国（四川）自由贸易试验区总体方案的通知》，2017 年 4 月 1 日四川自贸试验区正式挂牌成立。建立四川自贸试验区是党中央、国务院在新形势下全面深化改革、扩大开放的重大决策，是建设美丽繁荣和谐四川的牵引性力量。按照《中国（四川）自由贸易试验区总体方案》（以下简称《总体方案》）确定的"四区一高地"功能定位，为进一步发挥立法的引领和推动作用，将《总体方案》确定的目标和各项政策转换为法律规定，实现重大改革于法有据、重要创新有章可循，四川省人民政府在 2017 年 7 月 25 日召开的第 152 次常务会议上审议通过了《管理办法》，并于 2017 年 8 月 6 日公布施行，共七章六十八条。

《管理办法》的制定以习近平新时代中国特色社会主义思想为指导，深入贯彻党的十九大精神，认真落实党中央、国务院关于建设自贸试验区的决策部署和省第十一次党代会的精神，紧紧围绕四川自贸试验区的战略定位，以供给侧改革为主线，以制度创新为核心，以可复制可推广为基本要求，注重学习借鉴，突出内陆特色，强化联动协作，为实现四川自贸试验区建设高位开局奠定制度基础。

《管理办法》遵循《总体方案》的要求和有关法律、法规的规定，根据打造内陆开放战略支撑带先导区、国际开放通道枢纽区、内陆开放型经济新高地、内陆与沿海沿边沿江协同开放示范区、西部门户城市开发开放引领区和助力西部金融中心建设的要求，在四川自贸试验区管理体制、投资管理和贸易便利、金融创新和风险防范、协同开放和创新创业、综合服务和管理等方面做出了一系列制度设计和安排。

二 评估的目的、重点和意义

（一）评估的目的

本次评估从合法性、合理性、协调性、可操作性、实效性和规范性等标准出发，对整部规章的制度设计、实施效果、存在的问题等进行综合评判，发现问题及其产生的原因，并有针对性地提出合理、可行的改进建议。

（二）评估的内容与重点

经过一段时间的贯彻实施，《管理办法》的实施效果和难点、制度设计中的经验和不足等已基本显现。为使评估更有针对性和实效性，突出《管理办法》制定和实施中的重点问题，本次评估包括三个方面的主要内容。一是对《管理办法》实施的绩效进行评价，包括《管理办法》设定的各项制度的落实情况、《管理办法》的配套规范性文件的制定情况、《管理办法》对四川自贸试验区建设和管理的促进作用等。二是对《管理办法》的立法技术进行评价，包括法律依据是否充分，采用的立法技术是否科学合理，语言表述是否准确、规范等。三是《管理办法》实施过程中暴露出的问题及其原因，《管理办法》中各项制度设计和程序性规定是否需要改进以及如何改进的相关建议。

（三）评估的意义

立法后评估是对法规质量的全面检验，是提高立法质量、改善执法绩效的重要举措，有利于推动科学立法、民主立法、开门立法。其意义主要体现在三个方面：一是为立法部门总结立法经验，提高立法质量；二是及时评价并反馈行政执法绩效，提高执法效能；三是汇总各方意见，为法规的立、改、废提供决策依据。

三 评估工作概况

本次评估由四川省社会科学院法学研究所作为第三方机构开展独立专业的评估。四川省社会科学院法学研究所接受委托后，围绕评估原则、标准、方法、步骤、工作要求等方面设计了切实可行的评估方案，对评估工作提出详细计划，明确工作内容、时间节点、质量要求，确保《管理办法》立法后评估工作顺利推进。

按照评估方案，评估小组分别采取走访、座谈、书面征询意见、现场实地考察等形式，向相关政府部门、企业代表、专家学者和实务工作者广泛征求意见和建议，并综合各方面反馈的信息进行全面分析研判。

为确保立场公正、方法科学、结论客观，在汇总分析各类意见和建议的基础上，评估小组草拟了立法后评估报告初稿，并呈递专家学者和实务部门进行分析论证，经反复修改完善，最终形成《〈中国（四川）自贸试验区管理办法〉立法后评估报告》。

四 对《管理办法》实施的总体评价

《管理办法》充分贯彻了《总体方案》的精神，从管理体制、投资管理和贸易便利、金融创新和风险防范、协同开放和创新创业以及综合服务与管理等方面全面落实《总体方案》的各项安排和部署，对标国际标准、彰显四川特色，主要制度设计体现立法目的，对于实现四川自贸试验区建设管理有章可循、改革创新有法可依具有重要意义。

（一）实现四川自贸试验区建设法治化

以《管理办法》的规定为基础，根据不同条款规定的内容，四川省人民政府及有关部门、7个中央在川机构、7个省直部门相继推出一系列含金量高、操作性强的支持政策，初步形成了针对性较强、覆盖面较广的规范体系和上下贯通、部门联动的高效机制，确保《管理办法》的相关规定可操作、可执行，落到实处，有效推动了四川自贸试验区建设的法治化。

1. 制定《中国（四川）自由贸易试验区建设实施方案》

根据《总体方案》和《管理办法》，为明确自贸试验区建设的路线图、时间表和协同改革的战略导向，四川省人民政府于2017年11月21日印发了《中国（四川）自由贸易试验区建设实施方案的通知》（川府发〔2017〕59号，以下简称《实施方案》），围绕"四区一高地"战略定位，明确提出要努力在新一轮对外开放中走在前列，为实现"两个跨越"、建设美丽繁荣和谐四川注入强劲动能，在打造内陆开放型经济高地、深入推进西部大开发和长江经济带发展中发挥示范作用。《实施方案》提出七大重点任务：着力营造国际化法治化便利化营商环境；着力打造西部门户城市开发开放引领区；着力打造内陆开放战略支撑带先导区；着力打造国际开放通道枢纽区；着力打造内陆开放型经济新高地；着力打造内陆与沿海沿边沿江协同开放示范区；助力西部金融中心建设。此外，《实施方案》还就加强组织领导、强化责任落实、加强督促检查、注重宣传引导、强化法治保障提出了具体要求。

2. 制定《四川省人民政府关于中国（四川）自由贸易试验区片区管委会实施首批省级管理事项的决定》

《管理办法》第十条规定，省、市人民政府及有关部门根据自贸试验区改革发展需要，依法向自贸试验区下放经济社会管理权限和省人民政府确定的其他管理权限。为此，四川省人民政府印发了《关于中国（四川）自由贸易试验区片区管委会实施首批省级管理事项的决定》（省政府令第330

号），决定向四川自贸试验区下放或委托实施 33 项省级管理权限，以释放其在自主决策、制度创新、探索实践等方面的空间和活力。根据该《决定》，首批下放或委托实施的 33 项省级管理事项涉及四川省发展和改革委、经济和信息化委、教育厅、住房和城乡建设厅、交通运输厅、农业厅、商务厅、工商局、食药监局、新闻出版广电局等 10 个部门，涵盖项目投资、商事登记、药品管理、交通运输、教育、新闻出版广电等领域。其中 31 项直接下放至四川自贸试验区成都管委会、川南临港片区管委会实施，2 项由两个管委会与省级相关部门签订行政委托书后委托实施。

3. 制定《中国（四川）自由贸易试验区"证照分离"改革试点方案》

《管理办法》第五十一条明确规定要深化商事登记制度改革，探索推行"多证合一""证照分离"。为落实该规定，四川省人民政府 2017 年 12 月 23 日印发《中国（四川）自由贸易试验区"证照分离"改革试点方案的通知》（川府发〔2017〕63 号）。该《通知》根据《国务院关于在更大范围推进"证照分离"改革试点工作的意见》（国发〔2017〕45 号）的要求，结合四川自贸试验区的实际，坚持统筹推进、依法依规、地方主导、探索创新，在四川自贸试验区内开展 99 项"证照分离"改革试点。其中，完全取消行政审批 5 项，审批改为备案 2 项，全面实行告知承诺 22 项，提高透明度和可预期性 37 项，强化市场准入监管 33 项。在此基础上，四川省工商行政管理局进一步制定了《"证照分离"改革事项登记指导目录》，明确"证照分离"改革事项的实施机关、改革方式、证照关系以及经营范围表述等内容。这些规范性文件的制定和实施，对于细化落实《管理办法》的规定，推进自贸试验区营商环境的法制化、国际化、便利化，促进区内企业加快适应国际通行贸易规则，进一步释放创新创业活力起到了重要作用。

4. 制定《关于四川银行业支持中国（四川）自由贸易试验区建设的指导意见》

《管理办法》第四章对金融创新和风险防范做出了明确规定。为落实该规定，中国银监会四川监管局制定了 31 条指导意见，从扩大人民币跨境使用、加快跨境人民币结算中心功能建设，推动金融改革创新、突出服务自贸区建设特色，优化金融服务、支持实体经济发展，加强监测管理、防控金融风险，建立健全工作协调机制、推动多方联动等多个方面细化了对金融服务于四川自贸试验区建设的要求。该《指导意见》针对区内不同市场主体的特色和差异，提出进一步丰富自贸试验区融资产品，发展飞机租赁业务，积极推动住房抵押贷款资产证券化和房地产投资信托基金发展等一系列具体举措。这一政策的制定和实施，有利于促进四川自贸试验区跨境贸易和投融资便利化，提高资金配置效率，拓宽企业融资渠道，降低融资成本。

5. 制定《成都海关支持和促进中国（四川）自由贸易试验区建设发展实施办法》

《管理办法》第二十四条要求建设完善的四川电子口岸，依托电子口岸公共平台建设国际贸易"单一窗口"，实现口岸服务一体化，探索推进通关全过程无纸化。为落实该规定，推进贸易便利化、支持外贸转型升级、完善口岸开放功能、构建协同发展机制，成都海关出台了《成都海关支持和促进中国（四川）自由贸易试验区建设发展实施办法》。推动海关一体化改革，深化简政放权，规定审批事项除法律法规规章另有规定外全部下放到基层海关；探索推进无纸化通关改革，扩大电子支付范围，实现全程电子缴税；在空港口岸探索试点集约化管理，实行"一个窗口"受理、"一站式"查验放行作业模式。自改革实施以来，共审核报关单 27661 票，同比增长81.40%；通关时效，进口 13.39 小时，出口 0.77 小时，同比分别缩短56.31% 和 61.31%。

（二）促进四川自贸试验区治理现代化

《管理办法》的制定和实施推动了一系列改革举措的落地实施，有力推动政府的治理能力体系化建设，显著提升了政府治理能力的现代化水平。

第一，推动管理权限下放。首批 33 项省级管理权限已下放到自贸试验区各片区，99 项"证照分离"改革试点有序推进；天府新区设立城市管理和市场监管局，使城市管理、工商行政管理等领域的行政处罚权相对集中；高新区成立环境保护与城市综合管理执法局；川南临港片区成立行政审批局，集中办理行政许可 371 项，审批效率提高 80%，16 个市场监管部门进驻"事中事后综合监管"平台；双流、青白江区积极推进"企业投资项目承诺制"改革试点，项目开工前审批时间由 197 天缩短为 60 天。

第二，推动治理体系化建设。根据《管理办法》的规定，省市共建社会信用评价体系，升级公共信用信息共享平台，实现信用信息"一站式"查询服务；率先设立四川自贸试验区人民法院；建立中国贸促会四川自贸试验区服务中心等四个中心；打造 O2O 法律协同服务平台，融合调解、仲裁、公法检、律师公证等综合法律服务。

第三，推动贸易监管服务改革。根据《管理办法》第二十二条关于建立适应跨境电商贸易、国际会展等特点的检验检疫监管机制的规定，四川自贸试验区探索检验检疫证书国际联网核查机制，创新推出国际会展检验检疫监管新模式，对入境参加会展的展品实施优先受理、检疫为主、口岸快速验放、免于检验、闭环监管的便利化措施，有力地支持四川会展经济发展。

第四，推进通关便利化改革。根据《管理办法》第二十四条关于建设完善四川电子口岸、实现口岸服务一体化，探索推进通关全过程无纸化的规定，四川自贸试验区首创海关注册"互联网＋"平台上线营运，探索共同查验、"信任通关"模式，打造"零费用"口岸。成都关区进口、出口平均通关时间较 2016 年分别压缩 53.5% 和 49.6%，通关效率分别居全国 42 个关区的第三位和第八位。2017 年自贸试验区片区所在地的成都、泸州两市进出口增长 49.1%，其中，成都市进出口增幅居全国副省级城市首位，泸州市进出口跃居全省第二位。2018 年 1~3 月，成都市、泸州市进出口增长 26.1%。

（三）推动营商环境国际化

《管理办法》的制定和实施为贸易便利和金融开放提供了制度框架和法治基础，显著优化了四川自贸试验区的营商环境。

一是双向投资管理取得突破。四川自贸试验区大力推进准入前国民待遇加负面清单模式改革，外商投资企业备案与工商登记实现"一窗办理"，对超过 99% 的外商投资企业实行备案管理，备案材料减少 90% 以上。这些措施极大地降低了投资的制度性成本，激发了市场的投资热情。四川自贸试验区挂牌一年内，累计新增企业3.4万家，注册资本突破4000亿元，新设外商投资企业300家以上。

二是建立对外投资合作综合服务平台。四川自贸试验区积极加强境外资产和人员安全风险预警和应急保障体系建设，探索开展知识产权、股权、应收账款、订单、出口退税等抵质押融资业务，推动企业用好"内保外贷"等政策。

三是引资、引技、引智多管齐下。四川自贸试验区结合自身特色和比较优势，创新引资、引技、引智举措，成功吸引成都区域顺丰无人机总部基地、国家生物医学大数据产业园、四川国际飞机发动机保税维修基地、马来西亚国家馆、智能终端全产业链等重大项目入驻。大力培育发展飞机融资租赁、保税维修研发、文化和版权贸易、跨境电子商务等外贸新业态；出台支持自贸试验区外籍人士、商务人员出入境的"15项便利化措施"，港澳团队旅游二次签注时间从5个工作日压缩到2分钟。

（四）保障金融开放创新稳步可控

《管理办法》第二十六条规定，按照风险可控、服务实体经济的原则，自贸试验区开展扩大金融领域对外开放、促进跨境投融资便利化、增强金融服务功能、发展新兴金融业态和探索创新金融监管机制等试点工作。四川自贸试验区据此推出了一系列金融创新举措。

一是拓展提单金融。依托中欧班列探索多式联运"一单制"，构建国际物流与国际贸易新规则，在银行间市场发行全国首单"双创债"，以投贷联动方式为双创企业提供政策性投资扶持。

二是创新航空金融。推出飞机预付款融资、对外保函开立、跨境直贷等金融业务产品，降低跨国公司总部外汇资金集中运营业务门槛。西部首个航空公司总部外汇资金集中运营管理资金池正式落地。

三是开放融资租赁。探索建立融资租赁企业设立和变更的备案制度，出台支持金融机构入驻、融资租赁产业发展的实施办法，创新金融监管模式。

四是开展银行业矛盾纠纷多元化解试点。设立四川银行业纠纷调解中心，有效节约行政和司法资源。天府国际基金小镇以"信用监管"为核心，充分运用云平台、大数据，创新园区社会共治新模式。

五是培育投资基金。川南临港片区围绕原酒产业设立30亿元股权投资基金，创建国内首个成熟的酒类基金。

（五）推动内陆与沿海沿江沿边协同开放

《管理办法》第四十五条规定："建立自贸试验区与国家级开发区协同合作机制，探索建立与沿海沿江沿边自贸试验区协同开放机制"。根据该规定，四川自贸试验区积极开展协调开放创新实践。

一是探索跨自贸区协同开放机制。举办"2018中国自由贸易试验区协同开放发展论坛"，主导推动11个自贸试验区发布《中国自由贸易试验区协同开放发展倡议》，形成自贸试验区联动共推机制。

二是探索片区协同发展机制。宜宾临港经开区参与川南临港片区协同开展改革专项行动，率先探索国家级经开区协同试验新模式。

三是建立川粤自贸试验区合作机制。与全国17个城市首创开展政务服务异地互办合作，与乌鲁木齐、兰州、西宁开展集拼集运联动试验，与昆明等城市共建无水港。

四是提升互联互通水平。四川自贸试验区具有"临空、临铁、临江"优势，2017年双流国际机场国际航线达到104条，跨境旅客流量突破500万人次，货邮吞吐量达到64万吨。成都国际铁路港国际班列开行1012列，稳居全国开行班列城市首位，占全国班列开行总数的1/4。泸州港开通直达日韩和我国台湾、香港地区的近洋航线，集装箱吞吐量超过55万标箱。

五　对《管理办法》立法技术的评价

（一）合法性评价

《管理办法》依据《立法法》和《地方各级人民代表大会和地方各级人

民政府组织法》的规定，根据行政管理的迫切需要，在应当制定地方性法规但条件尚不成熟的情况下，先行制定地方政府规章，符合法定权限和程序。《管理办法》注重立足自贸试验区建设的现实需要，注重顶层设计的法制保障，严格从法律依据和文本入手，充分发挥立法在改革创新中的保障和推动作用，实现了《总体方案》入法。《管理办法》由四川省政府常务会议审议通过，制定过程严格遵守法定程序，调查研究、修改讨论、征求意见等立法准备工作充分，制定主体、制定权限、制定程序符合法律规定。

（二）规范性评价

《管理办法》分七章，对管理体制、投资管理和贸易便利、金融创新和风险防范、协同开放和创新创业以及综合服务与管理等进行了详尽规定，体例科学、结构合理、规范完整、概念清晰，定义条款、过渡性条款、法律适用关系等条款明确、具体、可操作，在执法实践中未出现因立法技术问题影响《管理办法》正确、有效实施的情况。因此，从总体上看，《管理办法》的立法技术运用得当，实用性和科学性融合度较高，立法文本准确反映了立法需求，体现了高水准的立法规范性要求，立法质量较高，实施效果较好。

（三）可操作性评价

《管理办法》契合四川自贸试验区的立法需求和实践需要，各项制度安排和规范设计实施得力、保障到位、特点鲜明，具有较强的可操作性，为四川自贸试验区发展提供了切实可行的制度保障。具体体现为：以规范形式明确规定推进工作领导小组、领导小组办公室和片区管理机构的职能职责，形成四川自贸试验区初步管理架构；对鼓励改革创新、允许试错、宽容失败的机制进行制度安排，激励自贸试验区改革创新；建立与开放型经济新体制相适应的管理模式，推进行政管理方式改革与体制机制改革协同联动；对外商投资实行准入前国民待遇加负面清单管理制度，建立适应跨境电商贸易、国际会展等特点的检验检疫监管机制，实现口岸服务一体化；建设空、铁、公、水多式联运物流监管中心，实现多式联运货物"单一窗口"办理，推动和深化投资和贸易创新；建立与自贸试验区相适应的金融服务体系，优化创新创业制度环境。

六 《管理办法》存在的不足及对策建议

（一）《管理办法》存在的不足

实践证明，《管理办法》总体上达到了预期立法目的，相关制度设计科学合理，立法技术运用娴熟，实施效果较为显著。经过一年多的发展，2018年四川自贸试验区的立法条件和实施环境已经发生了较大变化，《管理办法》的某些方面已经难以满足需求，主要表现为：

一是政策适应性有待进一步增强。《管理办法》制定后四川自贸试验区的政策环境和实践条件发生了重大变化，习近平总书记来川视察做出重要指示，四川省人民政府提出构建新时代治蜀兴川的开放格局，主动要求融入"一带一路"建设、长江经济带发展等国家战略，推动四向拓展、全域开放，推动内陆和沿海沿边沿江协同开放，全力打造立体全面的开放格局。自贸试验区法律法规的制定应把握政策导向，在自贸试验区建设中充分发挥指引性功能。

二是制度供给仍需进一步加强。《管理办法》仅为省政府规章，法律效力位阶较低，调整对象范围较窄，法律保障手段有限，在自贸试验区管理体制设置上权责不够明晰，对作为自贸试验区协同改革重要组成部分的协同改革先行区定位不够明确，推进四川自贸试验区建设发展的力度不够。目前，自贸试验区经济和企业发展主要以政策、意见等规范性文件为依据，立法保障的方式和数量还明显不足。大量措施集中于行政审批制度改革，侧重于增加企业登记数量和投资金额，对于企业成长所需的制度环境构建和市场秩序建设回应不足。

三是规范范围有待进一步拓展。《管理办法》属于地方性政府规章，受立法体例和立法技术所限，侧重于从行政管理视角对四川自贸试验区建设进行规范，重点在于构建管理体制、理顺政府与市场的关系，对于自贸试验区可持续发展所需要的投资贸易体系化的制度供给、司法保障、社会协同、环境保护等方面的制度和措施涉及较少。制度设计主要集中于企业登记、投资开放、贸易便利、金融创新、市场监管等环节，侧重于引入资金和项目，缺乏对企业成长、发展和壮大所需环境的关注，存在一定的招商引资路径依赖。监管服务改革措施主要集中在行政审批领域，侧重于政府自身的能力建设，对自由贸易所需的多元治理着力不足，对企业创新能力培育等方面涉及较少。

四是制度绩效有待进一步提高。《管理办法》的制度设计主要是通过"政策转换"，并依赖对原有贸易投资体制实施"初次改革"实现的。然而，随着自贸试验区建设所需体制改革进入深水区，显性贸易投资开发效益降低，隐性贸易投资限制阻碍难以突破，贸易投资制度变革困境日益显现，既有的促进政策和法规产出改革"增量"越发困难，自贸试验区建设的改革制度绩效有边际效益递减的隐忧。

（二）对策建议

综合以上分析，鉴于《管理办法》制定的政策环境和实施条件已经改变，建议充分吸收《管理办法》的立法经验，加强制度供给，充分发挥立法的引领与推动作用，在《管理办法》的基础上制定地方性法规以回应自贸试验区建设面临的新形势、新问题。具体建议如下。

一是提升自贸试验区法规位阶。截至 2018 年 5 月底，上海自贸试验区、广东自贸试验区、福建自贸试验区、天津自贸试验区和浙江自贸试验区先后制定了自贸试验区条例，而湖北自由贸易试验区和辽宁自由贸易试验区的条例已经进入立法程序，且《中国（上海）自由贸易试验区条例》已在既有立法经验基础上启动修订工作。在这种情况下，四川应积极行使地方立法权，在《管理办法》取得的成绩基础上，加快制定《中国（四川）自由贸易试验区条例》，对自贸试验区建设所需要的管理体制、投资开放、贸易便利、金融服务、政府治理等各项内容进行补充和完善，尤其要突出协同发展和法治环境建设等四川自贸试验区的工作亮点和制度创新成果，提升四川自贸试验区建设和管理的法治化水平，夯实法治基础。

二是完善自贸试验区法规体系。以《中国（四川）自由贸易试验区条例》为龙头，对既有的自贸试验区建设制度体系进行升级改造，从整体上树立自贸试验区制度建设的"二次改革"理念，将目前的"试验性改革""碎片化创新"提升为"长期性开放"和"系统化治理"。发挥制度规范的引导和保障作用，继续推动制定和实施一批新的配套政策措施，努力成为在全国领先的自贸试验区制度建设高地。

三是充实自贸试验区法规内容。全面掌握新形势下四川自贸试验区建设发展所要求的制度环境，从企业、企业家、消费者、市场和社会公众等不同层面了解立法需求，强化调研、分析、评价、论证，聚焦影响企业和群众办事创业的堵点、痛点，增强自贸试验区制度建设的针对性、实效性和创新性，为自贸试验区的建设和发展提供行之有效的高规格制度规范。

创新经验报告

四川自贸试验区青白江
片区金融创新报告

叶 睿*

摘　要： 金融创新是自贸区建设的重要内容，也是实现自贸区投资自
由化、贸易便利化的有效途径。自四川自贸试验区挂牌以来，
青白江片区在完善金融服务、构建金融业创新、发展产业生
态链方面探索实行了一系列行之有效的举措。本报告总结优
秀案例，提炼相关经验，并在此基础上进行反思与展望。

关键词： 青白江片区　金融创新　投资

前　言

　　金融创新是自贸区建设的重要内容，也是实现自贸区投资自由化、贸易

---

　　* 叶睿，四川省社会科学院法学研究所副研究员，法学博士。

便利化的有效途径。四川自贸试验区挂牌以来,随着一系列政策陆续落地,相关金融机构也迅速围绕金融创新展开业务。针对过去两年中,青白江片区在完善金融服务、构建金融业创新、发展产业生态链方面探索采取了哪些行之有效的举措并取得了哪些成绩,本报告将通过优秀案例提炼相关经验,并在此基础上进行梳理与展望,以期不断完善金融服务及金融市场监管体系,推动相关金融改革的不断深化。

一 青白江片区金融创新现状概述

随着社会主义市场经济体制的确立,金融发展主要依靠社会经济机体的内部力量——金融创新来推动。金融创新(financial innovation),是指变更现有的金融体制,增加新的金融工具,以获取现有的金融体制和金融工具所无法取得的潜在利润,是一个由赢利动机推动、缓慢进行、持续不断的发展过程。自贸区是指两个及以上的经济体经过一系列谈判磋商后达成协议,在成员内部取消贸易壁垒,系经济一体化之组织形态。

事实上,金融创新一直是中国(四川)自由贸易试验区青白江片区改革探索的重点方向之一。自挂牌以来,两年间四川自贸试验区青白江片区在促进跨境投融资便利化、增强金融服务功能、发展新兴金融业态、探索创新金融监管机制等四个方面,开展了多达 42 项金融创新。青白江片区围绕打造"一带一路金融合作战略先行区"和"国际创新创业要素集聚区"两大方向,在便利跨境资金融通、发展新型金融结算、创新金融市场主体等三个方面,开展金融业务创新、项目合作和机构培育,建立与西部金融中心联动的发展模式,以期为西部金融对外开放与创新发展探索新路径、构建新模式、提供新经验。

值得一提的是,四川自贸试验区青白江片区陆续出台了建设跨境供应链金融特色功能区的一系列相关方案,助力自贸试验区金融开放创新。一是鼓励供应链企业及金融机构落户发展,对新引进的全国 10 强供应链企业,以及新设或迁入的商业保理、融资租赁、融资担保等领域的新兴金融机构和财务公司，分别给予不同奖励，供应链金融创新加快推进①。二是构建五个中心，即供应链金融创新中心、金融科技中心、企业集聚中心、金融服务中心、金融人才中心。三是打造供应链金融服务生态圈，构建"供应链核心企业＋中小微企业＋金融机构＋金融产品＋风险防控"的产融一体化体系，建设以港区服务为主的供应链企业综合服务平台，促进以跨境贸易为主的供应链交易服务平台发展，鼓励核心企业向先进供应链服务企业转型。

二 青白江片区金融创新的主要举措

课题组调研发现，四川自贸试验区青白江片区在金融开放创新方面采取了一系列行之有效的举措并取得了众多成绩，现分别报告如下。

（一）创新开立中欧班列信用证

2017年4月，四川自贸试验区青白江片区内成都自贸通供应链服务公司与中国工商银行青白江支行签订《首单信用证暨深度合作协议》，该公司凭借海外采购合同及公司相关资质材料获得中国工商银行开具的信用证。进口企业可凭铁路运单向四川省内银行申请开立信用证，进行贸易融资。课题组认为此举措具有较为重大的改革试验突破意义。

1. 主要做法

成都自贸通供应链服务公司在中国工商银行青白江支行开设账户，双方有一定的合作基础。同时，平行进口汽车经销商根据订单采购车辆，货物销售回款有保障的行业特性，一定程度上能保障银行资金安全，促使成都自贸通供应链服务公司凭借路虎平行进口汽车海外采购合同及公司相关资质材料与中国工商银行青白江支行签订《首单信用证暨深度合作协议》。中国工商

---

① 自贸试验区内首家内资融资租赁公司成都惠融公司获批开展融资租赁服务试点，首家商业保理公司万创华瑞公司已完成审批流程，首家外资小贷公司法国美兴已提交审核资料，正加快注册，中国人保关税保证保险已落地，与中国建设银行合作班列数据融资加快推进，形成《成都交子供应链金融服务有限公司组建方案》并报市政府。

银行青白江支行为该公司首次在海外采购的 2 台路虎平行进口汽车开具了信用证，金额合计 16.2 万欧元，这是省内铁路运输领域的首张信用证。

具体流程为：①进口商成都自贸通供应链服务公司提交开证申请书，中国工商银行青白江支行审核后依据保证金或占用授信额度开出信用证；在 SWIFT 系统下，开证行当天开立信用证，第二天出口商就收到信用证。②出口商收到信用证通知后，按信用证条款备货装运。③出口商提交信用证规定单据，交单行将单据寄往中国工商银行青白江支行要求付款或承付。④中国工商银行青白江支行收到单据后，经审核无误，在到期日前向出口商付款或承付。

2. 实践效果

信用证是国际贸易中最主要、最常用的支付方式，可以降低交易风险。使用信用证进行国际贸易结算，以铁路运单作为物权凭证进行抵押融资，具有以下优势。

一是改善进口商谈判地位。开立信用证相当于为出口商提供了商业信用以外的有条件付款承诺，提升了进口商的信用，进口商可据此争取到比较合理的货物价位。

二是使货物物权有所保障。变商业信用为银行信用，银行的介入可以使贸易本身更有保障，通过单据和条款，有效控制货权、装期以及货物的质量。

三是减少进口商的资金占用。对于使用授信开证的进口商来讲，在开证后付款前可减少自有资金的占用。进口商凭中欧班列铁路运单申请省内银行开立的信用证，只需缴纳相当于信用证担保合同金额的 20%～30% 作为保证金（不同银行额度不同），即可避免相当于合同金额 70%～80% 的资金占用。

四是降低银行风险。对开证行来说，其开立信用证是贷给进口商信用而不是实实在在的资金，所以信用证业务不会占用银行资金，反而会为其带来开证手续费收入。而且，开证行贷出的信用是有保证金或其他抵押品担保的，不是无条件的。当其履行完付款义务后，还有出口商交来的包括提单在内的一系列单据作为保证。作为信用证开立行，中国工商银行青白江支行将平行进口汽车作为突破口。一般有订单后，汽车商才会进行海外采购，在货物销售回款上有一定优势，大大降低了银行风险。

五是通道升级转型。在铁路运单、国际多式联运"一单制"背景下开立信用证，加速中欧班列从运输通道向贸易通道、供应链通道、融资通道多功能通道转型。

（二）打造综合治税信息平台

调研发现，从2017年起青白江片区以新一轮区乡财税体制改革为契机，打造综合治税信息平台，积极探索利用信息化手段，通过集中采集第三方信息开展大数据分析，短期内整合利用了大量税源信息，因此收到了较好的工作成效。我们认为其探索出了一条财源建设的新路径。

近年来，基层税务部门在税源管理中做了大量有益的工作，对加强税收征管起到了积极的作用。但在实际工作中，仍然存在涉税信息分散在众多部门，不能综合分析利用，形成税收征管漏洞等问题。与经济发达地区相类似，随着经济迅速发展，成都地区税源形式日益呈现多元化、分散化、隐蔽化的特征，传统征管与税源信息难以同步，税收流失较大，因此，对税收征管信息进行"大数据＋"分析，打造综合治税信息平台势在必行。

1.主要做法

开发建设综合治税信息平台，是运用互联网思维，将分散在各部门的涉税信息集中统筹，开展大数据比对分析，实行线上线下相结合，以线上分析指导线下运用，实现堵漏增收，利用信息化手段推进财源建设。具体包括：

（1）搭建平台，让信息"快"起来。

青白江区政府拨出专款开展综合治税信息平台建设，并明确各部门的责任分工，通过财税部门提业务需求，区综合治税工作领导小组办公室制定建设方案，实行统一开发软件，统一数据接口，开发"国税治税""地税治税""财政收入分析"三个子系统。通过抽取、加工、转换、汇总等技术手段，分类进行数据比对和分析利用。经过近3个月的紧张工作，平台于2017年9月底成功上线试运行。

（2）畅通渠道，让信息"流"起来。

为破解长期存在的征收机关与税源信息不对称的困局，需要获取丰富海量的信息数据。对此，青白江片区将区内负责房管、国土、建设、规划、人社等的26个部门确立为综合治税信息报送责任单位，并为各部门设计了58套信息采集和上传模板，对需上传的涉税信息内容均明确了具体的传递方式、传递内容、传递时限，分类、分单位建立了标准化的信息流转模式。

（3）大数据分析，让信息"活"起来。

通过综合治税信息平台的大数据比对分析，发现了大量有价值的征收疑点。区财税部门设置专岗，安排专人对疑点信息进行核查清理，并建立信息反馈机制，实行分级分类管理。根据信息利用情况，及时调整信息传递时限和范围，确保信息价值最大化。

2.实践效果

调研发现，综合治税信息平台试运行以来，全区各单位通过平台集中报送的涉税信息达165万条。根据平台的大数据分析指引，区综合治税工作领导小组办公室将房地产、建筑安装、餐饮住宿、驾驶培训等行业确定为重点清理行业，组织区税务部门开展拉网式清查。仅2017年底，区税务部门利用涉税信息开展专项核查和纳税评估，核实应补缴全口径税款8745万元，组织入库税款达5922万元。

（三）创新跨境供应链金融服务体系

供应链金融是以核心企业为出发点，基于供应链链条的交易关系和担保品，在供应链运作过程中由银行等金融机构向客户提供融资、结算和保险等综合金融服务。调研发现，为进一步发挥自由贸易试验区金融开放创新带动优势，打造金融对外开放桥头堡，青白江片区以建设跨境供应链金融特色功能区为契机，创新自贸试验区金融服务体系。

1.主要做法

（1）构建以港区服务为主的供应链企业综合服务平台。

以港投集团为载体，推动成都国际铁路港向现代供应链运营管理中心转型发展，运用区块链和大数据，探索整合海关、公检法、市场监管、中国人民银行征信系统等信息资源，为供应链上下游企业提供一体化供应链综合服务，建设"一带一路"海外仓和供应链金融仓储。

（2）促进以跨境贸易为主的供应链交易服务平台发展。

支持深圳怡亚通、苏宁云商、成都龙工场、广州宝能、深国际、远洋资本等企业开展跨境供应链业务。依托自贸试验区落户企业开展以商招商、补链招商和配套招商，引导供应链上下游企业集聚。

（3）搭建以行业引领为主的全产业链服务平台。

以积微物联达海产业园和积微电商两大平台为载体，以O2O模式构建大宗商品全链条服务生态圈，提供钢铁、钒钛、化工等大宗商品的在线交易、支付结算、智能仓储、智慧物流、高端加工、金融服务、跨境贸易等一站式服务和整体解决方案。

2. 主要创新

（1）创新打造供应链生态圈。

建设以港区服务为主的供应链企业综合服务平台、以跨境贸易为主的供应链交易服务平台、以行业引领为主的全产业链服务平台、以融资服务为主的供应链金融平台"四个平台"，并鼓励核心企业向先进供应链服务企业转型。

（2）发展特色供应链金融产品。

大力推动多式联运"一单制"融资，支持创新铁路提单及多式联运提单可以质押的金融监管机制，将传统的银行风控模式与铁路港集装箱全程货物运输监管模式融合。以成都自贸通为载体，争取银行统一授信，联合保险、担保等其他金融机构为自贸试验区内整车进口贸易企业提供订单融资、信用证融资、配套保险等金融支持，并建立资产处置平台，形成平行汽车进口供应链闭环。

3. 实践效果

第一，初步形成临港金融聚集区。目前，成都农商银行成功设立四川自贸试验区青白江铁路港片区支行，锦泰保险在青白江铁路港片区设立营销服务部，基金公司、保险中介、小额贷款公司先后入驻自贸试验区，成功实现汽车平行进口开证、押汇等供应链金融服务。金融机构与自贸试验区企业合作，创新铁路运输贸易结算方式。中国工商银行青白江支行与成都自贸通供应链服务有限公司合作开立了省内铁路货运首张平行车进口国际信用证；成都国际陆港运营有限公司与中国银行合作，采用多式联运提单作物权质押信用证结算方式，实现平行车进口供应商提前办理银行议付；成都银行青白江支行与成都自贸通供应链服务有限公司合作，为车商开展平行进口车关税保函业务。

第二，金融服务实体经济水平明显提升。中国银行青白江支行推出"四川自贸卡"，中国建设银行青白江支行推出"小微快贷"及"云税贷"创新产品。中国农业银行青白江支行为益海嘉里（成都）粮食工业有限公司办理1.6亿元跨境人民币资本金外债业务。交通银行青白江支行开通自贸试验区业务绿色窗口和离岸业务绿色窗口，联合交通银行法兰克福分行成功为成都天翔环境有限公司办理海外并购业务购汇2.2亿欧元，实现试验区内首笔海外并购结算业务。成都农商银行青白江支行为成都银犁冷藏物流股份有限公司一、二期冷库项目建设投放贷款4.18亿元。四川天府银行青白江支行办理首笔应收账款质押融资。中国人保青白江支公司、锦泰保险青白江支公司推广环境污染责任险、安全生产责任险等创新责任保险。

（四）创新"跨境 E +"国际结算

"跨境 E +"是针对具有国际结算业务需求的企业提供的全流程、一站式、在线化跨境金融服务。调研发现，以往企业经办任何外汇业务必须携带全套资料到银行柜台办理，经常需要往返于公司与银行之间，且提交的资料非常繁杂。外汇款项到账时，必须由银行主动打电话通知企业，无其他渠道查询资金是否到账。并且，银行无法根据外汇结算量等交易数据直接提供授信。为了顺应纸制单据电子化、融资行为线上化的趋势，也为了更好地服务企业，青白江铁路港片区与中国建设银行共同推出了一站式线上外汇结算服务。

1. 主要做法

2018年2月22日，四川泰信风化工有限公司通过企业网银的"跨境E+"模块办理了一笔金额为285909.00美元的外汇入账和结汇业务，标志着首笔"跨境E+"业务成功落地。"跨境E+"基于企业网银统一用户体系，为国际结算和贸易融资客户提供了专有的登录界面和服务界面。

2. 主要创新

（1）将传统外汇业务办理从柜台渠道迁移到企业网银渠道，客户不再需要常跑银行、排队办理。

（2）建行企业网银提供7×24小时全天候的服务，客户可以自由选择任意时间提交外汇业务申请。

（3）进一步简化了A类外贸企业的收付汇流程，客户无须事先提交贸易背景资料即可办理收汇入账，也无须再到柜面填写繁杂的汇款和结售汇申请书等纸质凭证，所有的流程均可在企业网银内完成操作。

（4）2017年12月末，中国建设银行总行基于"跨境E+"系统已上线了"跨境快贷一期工程——平台企业模式"，小微企业可直接占用外贸综合服务平台企业的授信额度在企业网银线上发起贸易融资业务，无须单独授信即可实现快速融资。

3. 实践效果

调研发现，目前自贸试验区已在9家试点企业开展"跨境E+"国际收支业务，这9家企业分别是成都玉龙化工有限公司、四川高能机械制造有限公司、成都华翰展宏国际贸易有限公司、四川泰信风化工有限公司、成都陆港汽车服务有限公司、成都卓普新材料有限公司、四川得百嘉国际贸易有限公司、成都青铁国际贸易有限公司、成都蜀虹装备制造股份有限公司。未来，自贸试验区将不断推广此项业务，将有更多的企业享受到更便捷的国际收支服务。

（五）探索商标质押登记试点，拓宽企业融资担保渠道

"融资难"一直是困扰企业发展的"老大难"问题。随着我国市场经济

快速发展，企业融资渠道单一、融资担保手段少的问题变得更加突出。调研发现，为解决该问题，四川自贸试验区青白江片区创新建立全省首个商标登记工作联动合作机制，以探索注册商标专用权质押为突破，帮助企业有效盘活商标等无形资产，拓展了企业信用担保方式，实现了知识产权从"权利"向"价值"的转化，一定程度上解决了企业抵押资产不足，无法取得银行融资的问题。

1.主要做法

通过开展知识培训、到企业走访等形式，多渠道收集企业融资需求信息；同步整理自贸试验区内企业的商标注册情况，于2018年7月初步建立片区内金融机构与有商标质押融资需求的企业间的信息交流沟通机制。展开多层面、多角度的讨论、研究，结合青白江区实际，理清推进商标质押融资的工作思路。

强调分步实施，一是加大对商标权质押登记等知识的宣传，引导企业、银行提升对无形资产融资的认知度，增进互动协作思想共识。二是建立商标登记工作互动机制，切实促进青白江区商标注册数量稳步上升，有效打通和拓宽商标持有主体通过商标权质押等无形资产融资的渠道，提升企业发展壮大的空间。三是与成都商标受理处建立工作联动协作机制，为青白江区企业开辟登记绿色服务专门通道，在承诺时限内优先办理，有效解决了全省只有3个商标受理点、企业办理商标相关登记不便的难题，为青白江区企业节省宝贵的时间成本。四是加强对商标质押业务的服务指导，通过组织开展"3·15"宣传日、质量月、知识讲座、业务学习培训等多种途径，开展商标法律宣传活动，进一步形成全社会"重商标、创品牌"的浓厚氛围，结合企业实际给予合理化建议，促进企业持续发展壮大。

注重监管服务之有机结合，将商标日常性监管与集中整治相结合，认真落实"双打"工作任务，切实保护商标专用权。一是开展打击商标侵权"溯源"专项行动，切实打击侵犯知识产权违法行为。二是以"红盾春雷行动"为契机，加大对侵犯驰名商标、省市著名商标、地理标志和"傍名牌"等行为的查处力度，保护商标持有人的合法权益。三是以提升商标有效注册量为基础，重点推进驰名、著名商标培育工作，积极构建"全面覆盖、重点突出"的商标注册体系，对省市著名企业进行商标规范使用指导，持续提高全区市场主体商标持有量。

2. 主要创新

（1）建立了两项工作互动机制。

2017 年 7 月，初步建立区内金融机构与有商标质押融资需求的企业间的信息交流沟通机制。2017 年 9 月，与天府新区城市管理和市场监管局（成都商标受理处）签订《推进商标登记工作合作协议》，正式建立全省首个商标登记工作联动合作机制，畅通了青白江区企业办理商标注册登记和商标专用权质押登记的快捷渠道。

（2）设置了两个绿色服务通道。

一是与成都商标受理处建立了商标登记办理绿色服务通道，在承诺时限内优先为青白江区企业办理相关注册登记。二是在区政务服务中心设置了商标登记、质押咨询窗口，方便青白江区市场主体就近咨询商标注册、商标权质押登记等业务，减少企业往返，节约企业经营成本，提高办事时效。

3. 实践效果

调研发现，通过加强与成都商标受理处的工作衔接，签订《推进商标质押登记工作合作协议》，建立商标登记工作联动合作机制，为青白江区市场主体办理商标注册、商标权质押登记开辟了绿色登记通道；已对全区内有注册商标的企业进行了与注册商标专用权质权登记相关的知识培训，同步收集企业商标质押需求信息；并初步建立区内金融机构与有商标质押融资需求的企业间的信息交流沟通机制。

三　对青白江片区金融创新的展望

课题组认为，自贸试验区的核心特征不在于政策优惠，而在于制度创新，突出表现在金融制度方面的创新。如前所述，四川自贸试验区青白江片区在金融开放创新方面推出了一系列改革与创新举措，成绩可圈可点。现就这些创新举措分别提出进一步深化之政策建议及制度展望。

（一）关于中欧班列信用证

一是建议实现全程监控，解决风险管控。以平行进口汽车运输监管为突破口，有必要通过与国际物流企业、班列公司合作，由国际物流企业控制运输流程和运输风险，实现从境外收货到境内清关全程监控，保证货物安全，解决信用证开立行的风险控制难题。

二是进一步搭建融资平台，提供融资服务。有必要设立园区产业资金池，引入保险公司、担保公司降低风险。搭建融资平台，为平行进口汽车企业进口信用证、押汇以及存货质押贷款等全供应链融资提供支持，逐步将业务延伸到平行进口企业关税担保。

三是拓展应用领域，促进跨境电商。应进一步将信用证发放业务模式延伸到其他通过铁路运输的货物贸易领域，有效解决跨境电商、肉类企业等使用铁路运输开展贸易的融资难题。

四是加速单证改革，实现铁路运单物权化。结合"一单制"改革，推动实现铁路运单物权化，建立中欧班列国际贸易规则体系，实现国际运输通道向国际贸易通道的转变。

五是进一步推动自贸试验区的国际多式联运单据规则的国际合作。建立一套为"一带一路"沿线各国广泛接受，完整、严密又能保留货权凭证可流通性质的通行规则，既能对当事人的权利提供有效保障，也使银行和其他机构（如保付代理、进出口保险公司等）共同参与，为铁路、公路及其他运输联运相关方提供完善服务，从根本上协调好国际铁路联运涉及的各国铁路、海关、联运经营人、货运代理等众多关系方的利益，建立更为完善的"一带一路"国际信用体系。

（二）关于综合治税信息平台

建议平台在推进过程中应注意以下问题。一是部分数据更新较慢。目前，各部门数据是分月报送的，但工商股权变更等数据对时效性要求较高，分月报送难以满足税务有效管理的要求。二是部分数据质量不高。部分单位报送的数据字段存在缺失，信息模糊，如人社局药店经营信息无社会信用代码，发改局项目立项信息无联系电话，导致数据利用效率较低。

针对这些问题，应从以下几方面完善。

1. 强化各类保障机制

一要依托新一轮乡镇园区财税体制改革，及时分解下达各项税收任务，严格目标进度考核，以考核促管理。二要健全监督考核机制。区综合治税工作领导小组办公室依据综合治税考核管理办法，加强对各成员单位信息报送、利用情况的监督、考核和通报，奖勤罚懒，激励各成员单位把综合治税"分外事"当成"分内事"。

2. 提高数据利用水平

涉税信息的分析应用是综合治税工作的核心和支撑，区财税部门充分利用负责市场监管、国土、发改、房管等部门的信息，加强对组织机构代码、企业用电信息、土地挂牌出让、项目立项等各类数据分析，不断提高征管水平和效益。

3. 开展二期平台建设

在做好一期平台功能模块优化完善的基础上，认真开展征管需求调研，制定二期平台建设方案，增建税源信息实时显示、动态监控等功能模块，做到线上线下相结合，全面监控无死角，力争建成全市一流的信息平台。

（三）关于跨境供应链金融服务体系

1. 应建立供应链小微企业服务中心

针对在跨境供应链上的上下游中小企业融资难、成本高等问题，应建立供应链小微企业服务中心，利用科技、金融手段打造供应链金融服务 App，帮助供应链小微企业与优质金融资源对接，实现企业债权融资、股权融资、中介服务、政务服务、培训活动、信用信息等一站式投融资服务，支持小微企业参与供应链的创新与运用。

2.有必要建立供应链金融指标评价指标体系和风险防控体系

针对目前供应链金融业务中交易信息本身的真实性问题，研究制定供应链金融发展水平评价指标体系，综合运用大数据，利用供应链企业综合服务平台，建立核心企业、融资企业信用风险和供应链运营评价机制。引导金融机构、供应链核心企业与中国人民银行征信中心中征应收账款融资服务平台对接，开展线上应收账款融资，及时将应收账款及其他动产融资办理质押和转让登记。开展互联网金融和各类交易场所清理整顿，公安和司法机关、区级部门协同联动，严厉打击高利贷、洗钱、恐怖融资、金融诈骗、非法集资等违法犯罪活动，维持高压打击态势，维护良好的金融秩序。

（四）关于"跨境 E+"国际结算

建议进一步加大宣传和运用"跨境 E+"跨境结算业务，服务好片区内企业。同时，自贸试验区将构建跨境结算中心及行政审批局金融窗口，为企业的金融服务提供物理位置，开展各种一站式服务，帮助企业节约人力与时间成本，为推进人民币国际化奠定基础。同时，积极与各类金融机构合作开发丰富多样的对企业有利的金融创新产品，推动青白江片区创新金融业务发展再上新台阶。

（五）关于商标质押登记试点

目前，青白江全区共拥有驰名商标 2 件、省著名商标 22 件、市著名商标 25 件。存量商标规模较小，高质量商标资源不足。并且，调研发现，有部分金融机构对商标权质押融资工作认识不足，持观望态度，不愿主动参与。

对此，一是应积极推动区内优质企业申请商标资源，做大全区商标资源存量。二是建议采用多种形式开展宣传，引导金融机构在规避风险的同时，加快对无形资产担保融资的接受过程。积极搜集具有商标资源的企业的融资意愿和建议，引导企业规范经营、提升信用，加强与金融机构的沟通，从而促进商标质押融资工作进一步开展。

成都自贸试验区出口退税
电子化管理试点报告

廖静怡*

摘　要：　出口退税是国家支持国内商品出口的税收激励政策。为了助
　　　　　力中国（四川）自由贸易试验区的改革，成都市税务局（原
　　　　　成都市国税局）创新出口退税的电子化管理，极大地促进了
　　　　　自贸试验区企业的退税便利化。但目前我国出口退税电子化
　　　　　管理仍有一些不足，未来可以通过强化顶层设计、创新管理
　　　　　手段、加强事后监管等措施对出口退税制度进行完善。

关键词：　成都自贸试验区　出口退税　电子化管理

前　言

　　税收是反映综合创新改革试验区建设成果的一个重要指标。建立现代出口退税管理模式是多年来出口退税管理体制改革的进一步发展。如今，随着信息技术的飞速发展，电子信息技术已广泛应用于各个领域。随着税收信息化的发展，出口退税的无纸化管理已成为进一步加强出口退税管理的重要方向。成都市税务局（原成都市国税局）为营造良好的自贸试验区营商环境，探索出了出口退税电子化管理新模式。

---

　　* 廖静怡，四川省社会科学院法学研究所助理研究员，法学博士。

一　出口退税电子化管理的趋势

出口退税是指在国际贸易中，政府对通关后的出口产品在出口销售的最后一个环节和之前的生产和流通环节，对应缴纳或已经缴纳的国内间接税（也称流转税）予以退还、扣除或免除。

出口产品退税政策的实施是一种国际惯例，也受到《关税与贸易总协定》（GATT）和世界贸易组织（WTO）的承认。根据 WTO 规则的要求，每个成员可以对其出口产品实行退税，但最高退税金额不能超过出口产品在国内已经缴纳的税款。出口退税没有统一标准。每个成员可以根据自身的经济发展需求和国家的财政承受能力确定适当的出口退税水平。实施出口退税政策，可以在进行出口退税后降低商品的销售价格，有利于提高国内出口产品的国际竞争力。此外，实施出口退税政策，在增加就业、确保国际收支平衡、优化出口产品结构、促进国民经济持续快速健康发展等方面也发挥了重要作用。

（一）我国出口退税管理的发展历程

1985 年 3 月，国务院正式下发了《批转财政部关于对进出口产品征、退产品税或增值税报告的通知》，规定从 1985 年 4 月 1 日起实行对出口产品的退税政策。1994 年 2 月 18 日，国家税务总局发出《关于印发〈出口货物退（免）税管理办法〉的通知》，要求从 1994 年 1 月 1 日起对部分出口货物增值税和消费税进行退还或免征。随着国家经济的发展，我国也进行了税制改革。2005 年 3 月，我国发布了修订后的《出口货物退（免）税管理办法（试行）》，建立了以新的增值税、消费税制度为基础的出口货物退（免）税制度。2012 年 5 月 25 日，财政部、国家税务总局发出了《关于出口货物劳务增值税和消费税政策的通知》，明确了出口退税主体、出口退税范围、适用退税率依据，退税申报、退税审核的基本程序手续，违章处理等退税管理的基本要素。2012 年 6 月 14 日，国家税务总局出台《出口货物劳务增值税和消费税管理办法》，对出口货物劳务增值税和消费税的管理规定进行了清理、完善。2015 年 2 月，国家税务总局出台了《全国税务机关出口退（免）税管理工作规范（1.0 版）》，明确了出口退（免）税管理的基本岗位设置、退税申批权限等具体要求，确定了未来出口退税电子化管理的方向，体现了出口退税管理开始迈向现代化。2018 年，国家税务总局印发了《全国税务机关出口退（免）税管理工作规范（2.0 版)》，对出口退（免）税工作流程、岗位职责等进行了进一步细化。

目前，进出口税收业务范围较大的省市均设有专门的管理机构——进出口税收管理处，对出口退税工作进行管理。全国使用电子口岸执法系统、外贸企业出口退税申报系统、生产企业出口退税申报系统、税务机关出口退税审核系统，对信用良好的出口企业申报退税实行免予提供纸质出口报关单和出口收汇核销单的无纸化管理，初步实现了出口退税申报、审核的电子化管理。

虽然全国出口退税在基本政策上是统一的，但是由于各地税务机构编制、出口企业情况等各不同，各地出口退税具体岗位设置、业务操作程序和手续办理存在细微差异。

（二）出口退税无纸化管理的趋势

1. 出口退税的现有流程

《出口货物退（免）税管理办法（试行）》第八条规定："出口商应在规定期限内，收齐出口货物退（免）税所需的有关单证，使用国家税务总局认可的出口货物退（免）税电子申报系统生成电子申报数据，如实填写出口货物退（免）税申报表，向税务机关申报办理出口货物退（免）税手续。"即出口企业申请出口退税时，必须提交出口货物报关单、增值税专用发票和出口收汇核销单等纸质文件。同时，应提交与纸质文件相对应的电子数据。第十二条规定："税务机关受理出口商出口货物退（免）税申报后，应在规定的时间内，对申报凭证、资料的合法性、准确性进行审查，并核实申报数据之间的逻辑对应关系。"第十三条规定："在对申报的出口货物退（免）税凭证、资料进行人工审核后，税务机关应当使用出口货物退（免）

税电子化管理系统进行计算机审核，将出口商申报出口货物退（免）税提供的电子数据、凭证、资料与国家税务总局及有关部门传递的出口货物报关单、出口收汇核销单、代理出口证明、增值税专用发票、消费税税收（出口货物专用）缴款书等电子信息进行核对。"即出口退税的初步审查只是拿纸质文件和电子数据进行比较。

2. 出口退税无纸化的优势

对于初步审查的第一个步骤——纸质文件和电子数据的比较，在现代信息化技术普及的情况下，从节约资源的角度出发，完全可以省略提交纸质文件的步骤，实行无纸化申报。出口退税无纸化有以下优势。

首先，提高纳税管理效率。申报出口退税的企业，在办理出口退税申报时，实施电子申报，税务机关可以根据海关提供的电子信息以及税务系统内部的发票信息进行对碰，确认无误后办理退税。通过加强部门之间的协调与合作，整合数据资源，出口退税无纸化即可尽快实现。出口退税无纸化提高了纳税管理的工作效率，简化了工作流程。

其次，便利纳税人申报。在出口退税的无纸化管理中，出口企业实施电子申报，可以最大限度地拓展企业办理税收的时间和空间。电子申报实施后，出口企业可以在规定的时间内随时向税务机关申报，不受行政机关工作时间的限制。纳税人可以随时随地使用电脑和互联网发送纳税申报表。这种出口退税申报方式既简单又及时，既降低了税收成本，又提高了税收效率，同时保证了申请材料提交的及时性和准确性。

再次，增强纳税信息的保密性。目前，税务档案的存储和保密性面临的情况确实不容乐观。无纸化管理将解决这些问题。电子申请数据以数字形式存储在专门的税务档案数据库中，并根据纳税人的税号自动存档。这将确保文件整洁并减少归档期间的流通，防止文件丢失，以确保文件的完整性。

最后，便利查阅纳税信息。无纸化管理的最大优点是便于访问。数字化的纳税信息，使得人们在需要使用纳税信息时，能够通过电脑搜索迅速准确地找到信息，便利了对纳税信息的随时查询。

随着电子信息技术的快速发展和在税收、海关、对外管理等领域的广泛安全应用，出口企业申报出口退税的纸质文件将逐渐淡出人们的视线，无纸化将很快实现。

二 成都自贸试验区出口退税电子化管理创新

为助力中国（四川）自由贸易试验区改革，成都市税务局（原成都市国税局）推动"互联网＋税收"行动计划，深入开展了"便民办税春风行动"。为进一步优化出口退税服务，成都市税务局（原成都市国税局）推出了一系列创新便利措施。

（一）综合推进税收服务改革创新

成都市税务局（原成都市国税局）设立"一站式"税务服务区，确定高新区、天府新区、青白江区、双流区办税服务厅为自贸试验区"一站式"税收服务专区。在服务专区设置自贸试验区税收政策专窗，提供税务政策咨询。建立税收志愿者流动服务队，为纳税人提供预约、咨询、辅导等"一站式"服务。提供发票领用、发票代开业务的在线申请、线下领取等"非接触式"办理。实施税务相关业务"全省通办"，并实现了税务登记、税务认定、发票办理等七大类212项业务的"省内通办"。纳税人可以选择前往省内的任何国税办税服务厅办理相关业务。

（二）打造税务局联合移动办税厅

2018年上半年，成都市国税局发布了《四川省成都市国家税务局 四川省成都市地方税务局关于印发〈"一窗一人"联合办税实施方案〉的通知》（成国税发〔2018〕6号）、《成都市国家税务局 成都市地方税务局关于深化"放管服"改革 优化税收营商环境的若干措施》（成国税发〔2018〕66号）等文件，切实推进国地联合办税。通过在全市各区（市）县局深入推进"一屏联办""一号联办""一机联办""一厅联办""一点联办"等"五位一体"联合办税新格局，整合线上线下、软硬件、人力物力资源，统一服务规范，整合服务资源，加强服务衔接，拓展服务领域，提高纳税服务水平，有效减轻纳税人的税负，最大限度便利纳税人，营造良好的商业环境。天府新区税务局全面接入税务局网上办税服务厅功能，实现国家税务管理业务一号通办；畅通线上线下融合对接，提供税务局办税服务厅预约办税服务、微信取号功能，实现税务局大厅排队等候信息在线展示，进一步引导纳税人合理安排在实体厅的办税时间，进一步实现对实体办公税收资源的综合利用。成都天府新区国税局"全面落实国家和地方税收联合税收"成功入选国务院正式发布的首批 13 项综合创新改革试验经验，被四川省人民政府认定为首批 10 项综合创新改革试验项目之一。

根据国税、地税征管体制改革工作部署，原成都市国家税务局和原成都市地方税务局合并为国家税务总局成都市税务局，并于 2018 年 7 月 5 日正式挂牌。

（三）创新税收征管服务

在四川省税务局搭建的税务服务大数据管理平台上，成都市税务局（原成都市国税局）以改革任务计划为基础，通过四大举措全面打造"互联网＋税收征管"智能税务生态系统服务框架。

一是积极推进多元化"蓉税通"综合服务平台的建设。成都市税务局（原成都市国税局）打造"自助办税中心"、"导税咨询中心"、"办税体验中心"和"权益维护中心"，积极构建新的税收服务模式。深入实施实名登记和实名办税。不断扩大实名登记纳税人范围和关键人员收集范围，解决关键人员身份信息的真实性问题。加强涉税信息的收集和使用，通过获取和比对工商、民政、公安、教育、卫生、国土等部门的登记信息，加强对登记信息的比对。对税务登记尚未办理、未明确税种等级、申报明显不真实的纳税人进行监管。成都市税务局（原成都市国税局）率先在全国实施实名信息远程人像采集系统。纳税人通过使用成都市税务局（原成都市国税局）与腾讯集团合作开发的"云＋税务实名采集小程序"，只需登录成都税务"蓉税通"微信公众号，即可随时随地完成信息采集。"云＋税务实名采集小程序"使纳税人办理实名收集很方便，也有效地减轻了办税服务大厅的工作压力。

二是打造中西部首个微信税务企业号。成都市税务局（原成都市国税局）精准对接政务服务需求，创新政务服务要素供给，全面深化税务服务供给侧改革，推出"成都税务企业号"，创建"一号接入，全程响应"的智能服务新模式。"成都税务企业号"实现了税务部门直接与实名认证的公司法人、财务负责人和办税人员在线进行交互联系。"成都税务企业号"满足了纳税人三大办税需求。一是对接纳税人移动办税需求。实名认证并关注"成都税务企业号"后，纳税人可实现预约服务、微信取号、纳税申报、智能查询、发票代开、电子外经证等三大类14项涉税业务移动办理。二是对接纳税人的减负需求。纳税人可远程提交办税事项申请及相关资料，税务部门在后台直接进行信息化、智能化、批量化受理。三是对接税务部门精细化管理需求。通过税务企业号后台对纳税人进行标签管理和权限分类，实现分类政策推送和风险提示、催报催缴、涉税通知、税务文书等精准推送，办税量同比减少1/3，税务管理工作效率极大提高。截至2018年11月30日，关注"成都税务企业号"的纳税人达60.8万户，占成都市开业纳税人的65%，最高日点击量42.68万户（次），发送税收风险提示类信息14.46万条，发送政策宣传类信息1173.43万条。

三是研发可视化智能分析系统。成都市税务局（原成都市国税局）充分利用互联网、大数据、人工智能等现代科技手段，建立全市税务系统唯一的基础数据平台，广泛采集、整合和推进信息共享。依托可视化、智能化的数据分析手段，实现统计分析报表自动批量产生，业务人员无须专业信息技术即可开展自助探索式查询分析。以"数据"提升工作效率，以"数据"加强风险管理，用"数据"优化税收服务，用"数据"促进税收现代化。

四是进一步发展自助办税厅。依托自助办税终端，自助办税厅为纳税人提供24小时服务。纳税人可通过各类自助设备办理纳税申报、发票认证、税款缴纳、发票发售、自助代开增值税专用发票、查询、打印等业务，实现涉税业务的全天候自助办理。24小时办税服务厅不仅提高了纳税服务的自由度和灵活度，满足了纳税人多元化的服务需求，同时也减轻了办税服务厅的压力，促进资源配置更加合理和完善，开创了征纳双方的"双赢"局面。截至 2018 年 4 月，成都自贸试验区共有 38 台自助办税终端设备，可实现纳税申报、发票认证、发票验旧、发票领用、发票代开等涉税业务的自助办理。

（四）分类管理，实现企业差异化办税

成都市税务局（原成都市国税局）基于风险可控、放管服相结合、合规便利、税收易于处理的原则，对成都自贸试验区内的出口企业进行分类和管理。对于分类管理类别为一类的出口企业，自受理企业申报之日起，4 个工作日内完成出口退（免）税手续，确保企业资金及时退回给生产。同时，为一类出口企业提供绿色税收渠道，优先考虑出口退税，建立重点联系制度，及时解决出口退（免）税问题。

（五）无纸化申报简化办税流程

根据《四川省国家税务局关于在中国（四川）自由贸易试验区全面推行出口退（免）税无纸化管理试点工作的通知》（川国税函〔2017〕82 号）的要求，自 2017 年 6 月 1 日起，在成都自贸试验区范围内全面推行出口退（免）税无纸化管理试点工作。这不仅是不断推进税收现代化、提高税收治理能力的有效途径，也是进一步优化出口退税服务、提高管理水平的重要举措。

在与出口企业和基层税务机关进行讨论和深入调查的基础上，成都市税务局（原成都市国税局）发布了《出口退（免）税无纸化申报风险管理指引》。《指引》要求，基层税务机关要严格按照"企业自愿，风险可控"的原则，进行出口退（免）税无纸化申报审核，并应当对试点企业的出口退（免）税进行事前、事中和事后管理。

为推进出口退（免）税无纸化工作的开展，成都市税务局（原成都市国税局）首先对成都自贸试验区内所有出口企业进行宣传和培训，对重点出口企业更是逐户上门进行一对一辅导，讲透政策，分析利弊。在企业自

愿、风险可控的前提下，成都自贸试验区内有业务的出口企业都被纳入出口退税无纸化申报试点范畴。

与此同时，成都市税务局（原成都市国税局）采取多项措施控制风险。首先，通过召开部分重点单位无纸化试点专题座谈会，收集了基层税务机关和出口企业的意见，为服务企业和对风险的防控措施出台做好了前期准备。其次，实行出口企业申报备案管理制度。对于无纸化申报试点企业属于出口商品类别且首次申报退（免）税，以及出口商品类别发生变化这两种情形，要求企业在申报退（免）税前，填写《出口退（免）税无纸化申报试点企业出口商品备案管理台账》，并前往主管税务机关对出口货物的商品类别进行备案，以便税务机关及时掌握企业出口经营的变动情况。再次，细化主管税务机关的无纸化管理核查办法，按出口企业管理类别以及企业自身的税收遵从度的高低，划定不同的核查范围及频度。

无纸化申报实施后，企业可以在足不出户的情况下完成出口退税申请，大大降低了税收的时间成本。此外，在试点期间，为了帮助试点企业保留出口退税纸质资料，防止可能出现的与税收相关的风险，每月为成都市税务局（原成都市国税局）试点企业提供现场服务，检查保留的纸质材料，解决企业无纸化申报中遇到的问题。

三 出口退税电子化管理的不足

目前，虽然出口退税管理工作基本实现了电子化，但出口退税的电子化管理水平相对较低。有关税务企业相关部门和出口退税管理的信息无法共享，导致出口退税工作效率低下，出口退税欺诈的情况时有发生，远远不能满足当前出口退税管理工作的需要。

（一）纳税服务有待完善

一是办税时间过长。纳税人处理税务信息的收集、申请发票、申报和付款等时，通常需要较长时间。进一步分析来看，存在信息交换不及时、不充分的问题，导致纳税人在工商部门注册后的信息传递滞后且有缺陷。纳税人在开办企业时需要在多部门间来回跑。

二是办税程序有待优化。税收过程中审批项目太多，每个地方的流程都不一致而且没有简化，存在纳税人需要在负责基础税源管理、风险管理的部门和前台大厅等多个不同部门间来回跑等问题。涉税资料不够精简，例如有些能够通过部门信息交换查询的电子档案资料，还要求纳税人提交纸质资料。

三是办税表格过于复杂。办税过程中纳税人耗时最长的环节为申报环节，主要问题是申报表的复杂导致填写耗时较长，工商户和自然人很难在没有协助的情况下正确填写申报表。

（二）税收执法水平有待提高

一是税收执法的质量和效率有待提高。前期管理缺位，导致催报催缴、非正常管理、实地核查等工作存在缺失。事后处罚不规范、税务行政处罚程序各异、首违不罚、一事不二罚、具有自由裁量权等情况，使得税收执法的标准不统一、不规范，导致纳税人质疑税务执法的标准。

二是数据共享机制还不健全。各种公共资源的使用和整合不足，特别是税务部门和海关、工商、土地、统计、住房管理、银行等部门尚未形成便捷的信息共享机制，无法及时获取、利用第三方信息，使很多潜藏的涉税疑点、风险点没有被及时发现处理，弱化了税收征管的质效。

（三）信息化建设有待加强

一是网络办税事项少。在办税过程中，税务部门常常把纳税人放在不诚信假定上，许多需要提供相关资料并进行审核或者审批的涉税业务都无法通过网络端进行办理。对电子文书的认可度低，致使纳税人多种办税需求无法得到及时满足，还有不少地区的税收优惠无法通过网络办理。

二是信息化办税保障能力有待提高。纳税人普遍认为，现行办税软件的系统稳定性、维护及时性、界面操作性需要优化，用户体验水平有待提高。

软件开发商在基层设立售后服务点较少，服务咨询电话接通率不高，致使纳税人在使用办税软件中遇到的问题不能及时有效获得解决。未建立有效的软件优化反馈机制。纳税人在使用软件过程中的意见和建议无渠道进行反馈，导致税务机关对软件的优化无法真正地从用户端出发，难以解决实际过程中的痛点和难点。

三是省级税务局受局限。税务系统内部的网络建设呈倒置树型网络的拓扑结构。国家税务总局为根节点，信息沿树状路线直线流动，省以下节点间信息不能直接流动，未构成信息自由流动的网状格局。这种格局不利于不同部门、不同层级、不同地域间的互联互通、信息共享和业务协作。

四是办理税收优惠和退税所需资料多、耗时长、程序环节多。由于涉及税务、财政等多个部门，流程不够简便优化，电子化办理渠道未普及，无法做到高效快速。

四　出口退税电子化管理之完善

为进一步营造公平、优质、便捷、现代、高效的法治税收商业环境，服务于成都"打造国际化营商环境标杆城市"的战略部署，出口退税的电子化管理可以从以下几个方面进行完善。

一是强化顶层设计。通过减少纳税次数来打造集约化营商环境。优化企业的对外支付备案流程，对提交资料齐全的当场办结，积极推进电子办税，逐步实施对外支付备案在网上税务服务大厅办理。实行清税证明免办服务，符合条件的纳税人可免予到税务机关办理清税证明。

二是创新管理手段。优化税后流程，以创建高效的营商环境。实施出口产品退税以及税收无纸化申报和管理。推进使用经数字签名证书签名后的正式申报电子数据。加快出口退税进度，加快符合条件的退税业务处理。

三是加强事后监管。规范税务执法，营造公平的商业环境。坚持对正常生产企业"无风险不打扰、无审批不进户、无违法不停票"。实施包容、审慎监管。努力对符合条件的企业实施"首次违规不处罚"。实施全程涉税风险预警，通过"成都税务企业号"微信和短信平台，为企业提供全面风险提示和预警服务。

成都自贸试验区已经成为加强中国区域经济与世界直接联动的纽带。成都市税务局（原成都市国税局）出口退税电子化管理，不但极大地提高了企业退税资金到账速度，给企业带来更多便捷服务，同时也节约了大量行政资源。未来，成都市税务局（原成都市国税局）出口退税管理的系列措施将营造出更加良好的营商环境，让成都自贸试验区形成更加紧密的经济产业联结，为进一步改革开放探路先行。

青白江片区铁路港制度环境建设报告

叶　睿*

摘　要：作为全国自贸试验区中唯一以铁路港为核心的自贸片区和中欧班列（蓉欧快铁）的起点，四川自贸试验区青白江片区探索、施行了一系列行之有效的制度和举措，着力打造内陆地区联通丝绸之路经济带的西向国际贸易大通道的重要支点，创新提升内陆铁路港贸易的便利化水平。本报告提炼青白江片区铁路港制度建设的相关经验，并在此基础上进行反思与展望。

关键词：铁路港　制度环境建设　中欧班列

前　言

中国（四川）自由贸易试验区成都青白江铁路港片区（以下简称"青白江片区"），位于四川省成都市青白江区内，规划面积 9.68 平方公里。其重点发展国际商品集散转运、分拨展示、保税物流仓储、国际货代、整车进口、特色金融等口岸服务业，以及信息服务、科技服务、会展服务等现代服务业，旨在打造内陆地区联通丝绸之路经济带的西向国际贸易大通道的重要支点。经调研发现，自 2017 年 4 月 1 日挂牌以来，四川自贸试验区成都青白江铁路港片区先后推动实施了多项改革，涉及通道互联互通、贸易通关便利等多个领域，可谓成效显著，现专题报告如下。

---

* 叶睿，四川省社会科学院法学研究所副研究员，法学博士。

一 青白江片区铁路港制度环境建设现状

作为全国自贸试验区中唯一以铁路港为核心的自贸片区和中欧班列（蓉欧快铁）的起点，四川自贸试验区青白江片区主动融入"一带一路"建设，立足于打造内陆地区联通丝绸之路经济带的西向国际贸易大通道的重要支点的定位，不断进行创新制度，提升内陆铁路港贸易的便利化水平。调研发现，青白江铁路港片区现已累计形成改革成果案例 54 个，物流通达能力全面提升，产业聚集效应明显。仅中欧班列（成都）2018 年即带动实现川内逾 200 亿元的货物进出口。

数据显示，以提升物流通达能力和运行效率为关键，依托成都国际班列的稳定开行和运营能力的提升，全面推动国际物流大通道建设。2018 年，成都国际班列年度开行 2619 列，其中中欧班列（成都）开行 1591 列，连续三年位列全国第一，同比增长 86%。境外站点数拓展至 24 个，国内"蓉欧 +"互联互通直达班列覆盖沿海、沿边城市 14 个，打造 7 条国际铁路通道和 5 条国际铁海联运通道，全方位打通了丝绸之路经济带与长江经济带铁水、铁海、公铁多式联运通道。

此外，"四向拓展"加速推进，尤其是成都国际铁路港北向推动俄罗斯班列往返开行，促进木材、纸浆、肉类、整车等运贸一体化发展，现已成为中国内陆往返俄罗斯最密集的贸易通道。据悉，2018 年成都创新开行的中俄贸易定制化班列，助力四川蔬菜、云南茶叶，"成都造"整车、服装、鞋帽、箱包等开拓俄罗斯市场，同时也把俄罗斯的木材、糖果、纸浆等货物源源不断地运入中国，已带动贸易额增长约 13 亿元。

二 铁路港制度环境建设的主要举措与实践成效

之所以能取得前述可圈可点的成绩，课题组认为主要是因为四川自贸试验区青白江片区坚持以改革促发展。挂牌成立两周年来，青白江片区深入推进《中国（四川）自由贸易试验区总体方案》多项改革试验任务和重点改革项目。其中，多式联运"一单制"和集拼集运上报国务院部际联席会，有望在全国范围内复制推广，另有路地合作等多项改革创新陆续推进。

（一）首创多式联运"一单制"

《中国（四川）自由贸易试验区总体方案》提出，要推进内陆地区国际多式联运示范建设，试点签发具备物权凭证性质的多式联运提单，探索多式联运"一单制"。多式联运"一单制"是"蓉欧快铁"在解决铁路运输凭证物权问题上的创新，解决了国际铁路运输规则对国际贸易的限制难题。自2017年4月国内首张中欧班列多式联运提单诞生于四川自贸试验区青白江片区以来，多式联运"一单制"深入推进，两年中共签发多式联运提单近1500单，服务品类拓展到了平行进口汽车、木材和红酒等多个领域。

中欧班列成都多式联运提单的出现，探索解决了铁路国际联运单证的物权问题，推动国际铁路运输通道向国际贸易通道转变，提升了国际贸易的便利化水平。这项始于成都的改革创新，被列入"全国十大改革案例"。在成都之后，重庆、郑州等城市也相继探索多式联运"一单制"改革，其发力点均聚焦于如何提升贸易便利化，实现贸易更高效、成本更低，吸引更多市场主体参与。据了解，目前中国铁路总公司以及商务部、交通部等国家部委，正以中欧班列（蓉欧快铁）多式联运提单的改革创新试点经验为蓝本，研究完善铁路国际联运提单相关作业标准、责任条款和制度办法等，推动国际货协、国际货约两大组织认定统一提单，形成国际共识。"试点签发具备物权凭证性质的多式联运提单，探索多式联运'一单制'"，被写入国务院印发的《中国（四川）自由贸易试验区总体方案》。

1. 创新目标与思路

国际货协运单、国际货约运单及国际货约/国际货协运单都是标准的铁路运单，也是目前"蓉欧""渝新欧"等中欧班列运输过程中必须使用的运输单据。前述单据不是物权凭证（类似于快递单据，单据随货物一起送达），须指定收货人，收货人无须凭铁路运单收货。由于不具备物权属性，铁路运单没有担保功能，不能通过单据转让的方式实现货物流转，因此难以作为独立有效的增信措施，一定程度上制约了利用铁路运单融资的进出口小微贸易企业的发展。多式联运"一单制"改革创新的目标就是解决铁路运输单据物权属性缺失，难以作为独立增信措施的难题。改革创新的思路是：逐步固化铁路运单的物权属性，丰富贸易单据的融资方式，从而支持中欧班列运输的持续发展，为"一带一路"倡议实施创造积极条件。

2. 多式联运"一单制"在物流方面的实践创新

（1）整合运输方式，实现物流创新。打破传统铁路、公路、航空联合运输中单据和信息分割、交接手续复杂等壁垒，多式联运经营人——成都国际陆港运营有限公司对货物运输、仓储、分拨、销售全流程进行规划，据此签发多式联运"一单制"提单，并将其作为收发货凭证。多式联运"一单制"采用"一次委托、一口报价、一单到底、一票结算"模式，实现各运输环节的有序衔接，降低了运输成本，提升了运输效率和透明度。

（2）多式联运经营人控货权逐步落实。依托信息技术手段，成都国际陆港运营有限公司通过整合货物仓储、运输、分拨、销售各环节的信息，逐步实现对在途货物全链条闭环监控。成都陆港运营公司相应拥有"控货权"这一类物权属性，一定程度上打消了银行在进口商拒不付款时"钱货两空"的顾虑。

（3）国内段多式联运通过铁路部门发文方式实现控货。全程均在国内运输的贸易行为，目前可通过铁路部门发文规定仅凭"一单制"提单提货的方式实现对货物的控制。操作中，铁路部门发文赋予银行在买方不履行付款责任时，凭借"一单制"提单控制和处置货物的权利，实现"一单制"提单物权属性的赋予。

3. 典型案例

2017年4月6日，两辆英国越野车被运抵荷兰蒂尔堡站指定的监管仓后，首张"一单制"提单即由成都国际陆港有限公司签发。这张提单有效链接了中欧班列收货和送达环节，对内整合蓉欧班列等物流资源，使得货物从蒂尔堡站通过中欧班列运抵成都国际铁路港，实现"门到门"运输"一单到底"。成都国际陆港有限公司作为货物承运人，负责对货物全程运输、监控。其间，第三方无法接触货物，确保了成都国际陆港有限公司对货物的控制权，包括遭遇违约时对货物的处置权，从而形成了"交货—运输—监管—提货"的全链条闭环，解决了中欧班列在铁路运输单据物权上的关键难题。

在此基础上，多式联运"一单制"提单成为企业贸易结算、融资、提货的唯一凭证。货物从荷兰蒂尔堡站离港不久，进口平行车贸易商便收到了成都国际陆港有限公司开出的货运提单，拿着它向中国银行锦江支行申请信用证。银行完成审核后，荷兰企业就拿着信用证到中国银行法兰克福支行申请议付。与传统模式相比，发货方的收款周期缩短 20 天左右，进口商的资金压力也大大缓解。

（二）首创中欧班列集拼集运模式

《中国（四川）自由贸易试验区总体方案》要求四川自贸试验区"实施内陆与沿海沿边沿江协同开放战略"，"探索自贸试验区与周边地区产业合作新路径"。为了带动我国境内"一带一路"沿线西部城市的协同开放和发展，成都自贸试验区积极开展与新疆乌鲁木齐等城市合作，依托中欧班列（蓉欧快铁），在全国率先探索集拼集运新模式。

按照国际标准，一列中欧班列通常需要集成 41 组以上集装箱才能开行，因而往往会因等待集装箱货物成列，延长集货时间；而且，按相关规定，班列集装箱仓位只能固定使用，途中无法更换，又在一定程度上造成了空箱浪费，增加了物流成本，削弱了中欧班列铁路运输的市场竞争力。为有效整合中欧班列的运力资源，应对低物流成本的海运竞争，四川自贸试验区青白江片区顺应国际国内贸易订单小型化、高频率的发展趋势，深入挖掘成都国际铁路港的功能。在成都海关的指导协调下，加强与乌鲁木齐海关和铁路公司合作，共同研究了中欧班列（蓉欧快铁）在乌鲁木齐开展集拼集运的运输、监管创新模式，于 2017 年 12 月 8 日就两地集拼集运业务操作细节积极对接并达成一致。12月17日，中欧班列（蓉欧快铁）集拼集运测试班列成功开行，2018年2月12日，回程测试班列从荷兰蒂尔堡出发，实现了成都至乌鲁木齐段货物仓位与乌鲁木齐至欧洲段仓位的共享，推动了集装箱成列发运向成组拼装快运的转变。

1. 主要做法

（1）创新海关监管模式，缩小海关监管单元。

成都海关青白江办事处通过与乌鲁木齐海关合作，达成"允许内外贸货物混装、混载，货物首次内外贸混装比例为1∶5，缩小中欧班列（蓉欧快铁）海关监管单元"的共识，对中欧班列（蓉欧快铁）的监管由"列"变为"节"，以提高班列运转效率，降低企业物流成本。

（2）创新中欧班列运营组织模式，细化集拼集运业务流程。

成都和乌鲁木齐两地铁路部门联合制定集拼集运运输方案，推动班列舱位共享、代码共享、资源共享，对班列运行实施全程监控，为集拼集运测试提供细致的作业流程。搭建中欧班列（蓉欧快铁）作业平台，针对空箱、内贸箱和加挂集装箱需求，在乌鲁木齐开展内贸箱换外贸箱、重箱换空箱、补货作业等，为下一步中欧、中亚、俄罗斯线路班列混编奠定了基础。

（3）两地共享并互认物流和关检信息。

通过跨区域协同，对中欧班列（蓉欧快铁）的物流、商品、关检等信息予以提前读取和传递，实现成都和乌鲁木齐两地对中欧班列（蓉欧快铁）集拼集运物流和关检等信息的共享和互认。通过乌鲁木齐方面搭建的关检铁信息平台，实现铁路信息和海关信息的互联互通，提供班列境内轨迹实时追踪，提升班列运行效率。

（4）创新区域合作模式，建立多层次合作关系。

分别推动成都海关与乌鲁木齐海关、成都海关驻青白江办事处与乌鲁木齐海关现场业务处、四川出入境检验检疫局陆运口岸办事处与乌鲁木齐出入境检验检疫局、青白江区政府与乌鲁木齐经济技术开发区（头屯河区）、成都国际铁路港管理委员会与乌鲁木齐国际陆港区建设委员会、成都国际铁路班列有限公司与新疆中欧联合物流有限公司达成战略合作，建立全方位、多层次的合作关系，推动班列、贸易和产业一体化发展，创造内陆与沿边城市协同开放、合作共赢的新范式。

2. 主要创新

中欧班列（蓉欧快铁）集拼集运新模式在全国中欧班列中属首创。该模式通过缩小海关对中欧班列（蓉欧快铁）的监管单元，整合国内外贸易商品的运输需求，充分利用中欧班列（蓉欧快铁）进出口的空箱仓位资源，全面提升了中欧班列（蓉欧快铁）的装载量，有效降低了运行成本。同时，该模式还创造了西南内地与西北边境省份协同开放、合作共赢的新范式，成功探索出通过区域互动实现西北地区出口商品搭上中欧班列（蓉欧快铁）"顺风车"的合作模式。

3. 典型案例

2017 年 12 月，中欧班列（蓉欧快铁）集拼集运测试班列成功开行。2018 年 2 月，回程测试班列从荷兰蒂尔堡出发，实现了中欧班列（蓉欧快铁）内外贸货物同列运输、空箱换重箱，在确保运行实效的同时，有效破解了班列发展瓶颈，实现了班列运输提质增效。这趟回程测试班列上装载了红酒、咖啡、轮胎等外贸商品，包括运往乌鲁木齐的 4 柜厨具、大气垫等外贸商品。班列到达乌鲁木齐，卸下外贸箱后，又装载了内贸箱，继续将 4 柜味精发往成都，实现了内贸箱、外贸箱混编。去回程测试成功实现了班列信息前置、仓位共享、按期集货、平行作业，有效整合了零散货源和班列资源，大幅提高了集装箱的利用率，极大地提高了中欧班列（蓉欧快铁）的装载量，降低了开行成本。

（三）首创以海铁联运方式开展整车进口

调研发现，自成都整车口岸验收以来，青白江区以完善汽车产业链条为抓手，加快推进整车口岸建设及运营相关工作。欧洲平行进口车型以柴油版路虎、宾利等为主，车源较为单一，且货源供应不稳定、汇率波动大，导致成都整车口岸仍存在进口总量不足、平行进口车占比较低、进口车辆种类单一等问题。北美、中东两大平行进口车市场的车源仍需通过天津、青岛等海港城市进口。此次成都国际铁路港通过海铁联运方式开展整车进口，正是为了完善整车进口渠道，丰富进口车型，全面打造西部进口车分拨集散中心。

1. 主要做法

成都国际铁路港首批海铁联运进口整车，由深圳市赤湾东方供应链管理有限公司下属的天津隆誉源国际贸易有限公司组织。车型为美版道奇挑战者 SXT 和 SXT Plus 3.6，到港共计 18 台。货物从美国起运，通过海运抵达上海，转关转检后，通过铁路运输至成都铁路口岸清关。

2. 主要创新

该批整车进口突破海关和检验检疫监管模式：成都海关及四川出入境检验检疫局全力支持成都平行进口汽车试点城市建设，强化进口汽车"事前准入＋事中把关＋事后监管"的闭环式管理模式，实现申报、放行、后续监管各个环节可监控、可跟踪、可溯源。成都海关针对铁路运输的特点，创新海铁联运转关监管模式，充分解决了铁路运输企业备案复杂、监控难以实施等问题，已得到海关总署发文支持，实现了平行进口车海铁联运转关"零突破"。四川出入境检验检疫局积极向国家市场监管总局（原国家质检总局）争取政策支持，申请批准由其他地区进口的整车转至成都铁路口岸报检，由四川出入境检验检疫局开展转检进口整车的检验监管工作，得到国家市场监管总局（原国家质检总局）的支持。成都铁路口岸也因此成为全国受理整车转关转检业务的首个口岸。

3. 实践效果

据了解，成都与上海、钦州关检部门合作，在全国首创平行进口汽海铁联运监管模式，打通了中东采购渠道。南向海铁联运班列从成都市青白江区城厢站出发，经由成渝线、内六线等铁路线路到达钦州港东站，再经钦州港接续海运航线，主要辐射新加坡、泰国曼谷、缅甸仰光、马来西亚巴生、印度尼西亚雅加达、伊朗阿巴斯、印度那瓦西瓦、以色列海法，以及越南海防、岘港、胡志明等东南亚、中东国家港口，并延伸至南非伊丽莎白港、埃及亚历山大新港。通过铁海联运方式，从工厂出货到送达目的港全程时间约 20 天，较原江海联运方式节约一半左右时间。

海铁联运方式的出现，缩短了运输时间，同时增加了货物的品类。原来通过江海联运，或通过铁路运输至上海港再到东南亚、中东地区的货源，大部分为普通化工品以及汽车配件。经过近半年的运行、调整，班列货源已逐步优化，形成以成都本地企业龙泉汽车配件为主体的班列货源结构，推进班列运输的货物从低附加值向高附加值的转变。

顺利打通"迪拜—钦州—成都"的海铁联运线路，从北美、中东地区进口整车，搭建起西部地区向东开放的新桥梁，物流成本与传统海港清关、公路分拨模式基本持平，通关时间较传统模式压缩近20%。成都国际铁路港通过构建陆上贸易通道，突破平行进口车在沿海地区集散的传统模式，实现了整车贸易集散功能向内陆口岸的转移。

（四）创新构建"西进南拓东联"全方位对外开放新格局

成都国际铁路港地处"丝绸之路经济带"和"长江经济带"的交会点，是国家"西进南下"开发开放格局的战略支点，是成都建设国家中心城市，打造"蓉欧+"战略示范区、成德绵综合创新改革先行区、四川内陆自贸区核心极的主要承载体。成都国际铁路港依托区位优势和内陆地区融入"一带一路"、面向泛欧泛亚开放的国际贸易大通道优势，积极发挥作为"丝绸之路经济带"和"长江经济带"交会点的战略枢纽功能，大力推动"一带"与"一路"地区的有机衔接，创新合作方式，强化"西进南拓东联"，构建中国与欧洲、中亚、东南亚等地区全方位、多层次、多元化的对外开放合作体系。

1. 主要做法与创新

（1）拓展全方位的合作格局。

"西进"，指西向通道实现北至俄罗斯、南至土耳其、中至波兰三线并行，中欧班列（成都）累计开行已突破2000列。"东联"，是实现"蓉欧+"国内互联互通班列通达深圳、上海、天津等12个沿海沿江沿边城市，连接"21世纪海上丝绸之路"。"南拓"，是从成都市青白江区城厢站出发，通过南向铁海联运班列，经由成渝线、内六线、水红线、南昆线、桂沿海铁路到达钦州港东站，再经钦州港接续海运航线，到达新加坡、泰国曼谷、缅甸仰光、马来西亚巴生，以及越南的海防、岘港和胡志明，印度尼西亚的雅加达，印度的那瓦西瓦等东南亚、中东国家港口，并延伸至南非伊丽莎白港、埃及亚历山大新港。

（2）搭建多层次合作体系。

成都国际铁路港搭建起勾连国家、区域、城市、行业或协会、企业等多层次、纵向合作体系。一是深化与欧洲国家外交层面的合作。捷克驻成都总领事于 2018 年 3 月中旬到访，探讨在现代工业、智能工业方面的深化合作；荷兰基础设施建设和水资源管理部带商务团来访，就优化班列线路、推动中荷贸易发展达成共识；意大利总领事明确支持搭建中意资源对接平台，协助与意方对接经贸资源。二是深化区域合作。积极推动对欧开放合作，设立"成都国际铁路港中东欧办事处"，促进班列网络拓展、贸易发展及文化交流合作。三是加强与欧洲各商会、协会合作。与中东欧商会签订委托招商协议，与意中基金会、意大利伦巴第大区企业家联合会、中国欧盟商会、德中跨境电商协会、德国科隆工商会、中东欧经贸联合会等欧洲商会、协会组织协作，不断拓展在欧洲的经贸网络与资源。四是加强企业合作。推动港投集团与广西北部湾、中远海运、香港新华集团四方共同出资组建南向通道合作平台公司，建立跨区域铁海联运一体化运营平台，形成一体化服务体系。

（3）创新多元化的合作模式。

成都国际铁路港借助铁路运输，创新涵盖物流大通道、贸易发展、文化合作等领域的多元化合作模式。与波兰罗兹国家级经开区、西班牙萨拉戈萨物流园区签订战略合作协议，双方在共建国际物流大通道方面深度合作；在米兰举办"中欧合作投资论坛"，与当地"长久物流"等企业签署战略合作协议，共同推进贸易发展；与意大利的佩鲁贾和翁布里亚、法国布列塔尼在农产品国际标准认证、专业人才培养等领域加强合作；与捷克、荷兰等国在设立国别馆、设立外资旅行社等方面达成合作。同时，重视和加强文化交流与合作，借助成都国际友城青年音乐周，推进与欧洲多地文化演出项目筹备工作；与米兰理工大学探讨培训、游学及合作办学事宜。

2. 实践成效

（1）进一步增强城市合作。

在布拉格举办"青白江捷克专场推荐会"，与波兰奥斯特鲁夫市签订友城协议，与意大利翁布里亚大区的经贸合作已列入青白江片区的政府工作纲要。

（2）进一步推动贸易便利化。

与上海、钦州关检部门合作，在全国首创平行进口汽车海铁联运监管模式，打通了欧洲、北美、中东三大采购渠道；推动中欧班列（蓉欧快铁）快件运输跨境直邮货物及四川首批跨境电商保税备货进口业务，实现了"在成都、逛欧洲"跨境消费；推动海铁联运和中欧班列（蓉欧快铁）进口肉类常态化，成为全国首个通过国际铁路运输方式直接进口欧洲肉类的口岸；开通俄罗斯木材定制班列，提供贸易、物流、金融等运贸一体化服务，加快建设西南木材交易中心。

（3）进一步推进"川货出川"。

深化推进"名企入川"，依托"蓉欧＋"国际班列的开行，吸引 TCL、LG、沃尔沃等一批适铁企业向区内转移，促进联想、东方电气等 80 余家企业积极开展进出口贸易。2017 年带动全市实现外贸转移 97 亿元，实现产能转移 125 亿元。推动"川货出川"，开行长虹直达布拉格、吉利直达明斯克的出口专列，推动安岳柠檬、新都家具、武侯女鞋、温江花卉、蒲江猕猴桃、攀枝花西红柿等四川优质产业产品、技术、标准、服务"一体化"走出去。

（五）全面开展铁路保税备货

2017 年 9 月 20 日，国务院第 187 次常务会议研究决定，将跨境电商零售进口监管过渡期政策再延长至 2018 年底，即继续对天津、上海、杭州、宁波、郑州、广州、深圳、重庆、福州、平潭等 10 个试点城市（地区）跨境电商零售进口商品暂按照个人物品监管。2017 年 12 月 7 日，商务部在例行新闻发布会上表示，经发展改革委、财政部、海关总署、国家税务总局、国家工商总局、国家质检总局、国家食药监总局等部门同意，自 2018 年 1

月1日起，将跨境电商零售进口监管过渡期政策适用的范围扩大至成都、合肥、大连、青岛、苏州等5个城市。这意味着网购保税商品"一线"入区时暂不验核通关单，暂不执行《跨境电子商务零售进口清单》备注中关于化妆品、婴幼儿配方奶粉、医疗器械、特殊食品（包括保健品、特殊医学用途配方食品等）的首次进口许可证、注册或备案要求，成都国际铁路港可全面开展跨境电商保税备货进口业务。

1. 主要做法

2018年1月19日，首批通过中欧班列（蓉欧快铁）运输的进口红酒顺利从成都国际铁路港清关出区，这是中国（四川）自由贸易试验区成都青白江铁路港片区首批跨境电商保税备货进口业务，也是跨境电商零售进口监管过渡期政策调整后，成都国际铁路港完成的第一单保税备货免核通关单业务。该业务的开展意味着"在成都、逛欧洲"跨境消费已全面展开，将有效助力成都建设以国际铁路物流枢纽为核心的跨境电商总部基地。

2. 主要创新

为进一步优化针对跨境电商保税备货商品的监管服务，促进货物通关便利化，成都海关驻青白江办事处在全国率先自主创新开发出智能终端远程监管、验放系统，实现对保税备货商品分拣、监管、验放等全流程移动执法，将成都国际铁路港跨境电商监管中心打造成全国海关的样板工程，全面开启智能化通关的新时代。同时，为确保首批跨境电商保税备货商品顺利出区，有效提升通关效率，四川出入境检验检疫局陆运办实行"入区前备案、入区时检疫、入区后监测"的全流程监管。通过完善以"风险管理+企业分类+合格评定"为主要内容的差别化监管体系，降低对诚信企业和低风险电商货物布控查验比例，实施集中查验，最大限度提高货物通关效率，为后续企业全面开展保税备货业务提供了有力保障。

3. 典型案例

2018年1月19日，首批通过中欧班列（蓉欧快铁）运输的进口红酒，顺利从成都国际铁路港清关出区，该批保税备货商品由进口红酒贸易商从德国禾怡伯格联合酒庄采购，经中欧班列（蓉欧快铁，蒂尔堡—成都）运抵成都国际铁路港，全程运输时间 16 天。通过中欧班列（蓉欧快铁）进行国际运输，时间上比传统海运节约 20～25 天，综合物流成本基本与海运持平；同时，国内保税仓发货，仅需 2～3 天即可将跨境商品配送至消费者手中，极大地节约了企业的时间和资金成本，提升了消费者的购物体验。

三　对铁路港制度环境建设的展望

课题组认为，经过两年探索实践，四川自贸试验区成都青白江铁路港片区全面推动制度创新，在拉动开放型通道经济增长的同时，也加快推动职能转变、法治建设、沿边协同开放以及贸易和投资便利化等营商环境的改善。现分别就前述多项创新举措分别提出进一步深化之建议，并作一展望。

（一）关于多式联运"一单制"

1. 建议进一步加强多式联运经营人全程控货能力

按照"物权法定"之原则，物权只能通过法律法规授予。目前，多式联运"一单制"改革是由企业通过多方协议，以全程物流控制为基础，赋予提单"类物权"属性。同时，以成都国际陆港有限公司为代表的多式联运经营人，在信息技术的支持下，在班列运输、口岸场站监管方面有效把控风险。但目前海外仓布局和监管不足，在海外验货以及海外仓监管环节锁定风险的能力有限。

2. 建议进一步提升多式联运"一单制"的国际接受度

由于该创新举措是在"蓉欧快铁"开行以后才逐步探索实施，起步时间较晚，且国际上沟通协调难度较大，在国际线路上运用的进展相对缓慢。据中国银行四川省分行、成都农商行等金融机构反映，海外银行和企业目前对该创新了解较少，接受度有待进一步提升。

3. 加快落实银行机构金融支持

应加大对进出口小微企业的支持力度，对参与铁路运单融资创新的企业按业务量进行适度补贴；创新供应链金融服务，为贸易企业提供供应链环节的融资支持；成立市级层面铁路运单融资风险基金，提升风险应对水平；加快发展商业保理业务，为进出口企业提供多样化的金融服务；借鉴天津等成熟地区的经验，支持和规范平行进口车市场，同时加快对从欧洲进口的具有比较竞争优势产品的市场培育，建成具备区域影响力的产品集散中心。

4. 进一步加大对创新工作和经典案例的宣传推广

建议综合运用媒体宣传、国际路演和加强向上沟通汇报等方式，做好对创新工作的宣传推广。通过对经典案例的梳理总结，推动对多式联运"一单制"改革创新的复制推广。

（二）关于集拼集运模式

调研发现，目前集拼集运业务信息未及时互联互通，还未实现阿拉山口转关业务前移至乌鲁木齐进行，铁路运行图铺画、运价政策上还需要铁总等部门给予专项支持。下一步，四川自贸试验区青白江片区应紧抓海关总署"全国通关一体化"改革，以及海关和铁路实施"关－铁"信息互换的机遇，在成都海关等部门的指导和支持下，搭建中欧班列（蓉欧快铁）信息交换平台，完成铁路舱单与海关数据的对接，实现关检业务前移。推动建立国际班列全程物流链信息交换标准，实现与沿途各国海关的信息共享、信息认可。建立常态化和长效化的中欧班列（蓉欧快铁）进出口集拼集运运营模式，完善和固定中欧班列集拼集运业务流程，提升中欧班列（蓉欧快铁）集拼集运业务的运行时效和经济效益，实现进出口贸易的快速接力运输。同时，进一步拓展区域合作范围，将集拼集运模式推广到更多的城市，实现自贸试验区制度共创、产业互动、协同发展，强化成都的西部国际门户枢纽地位，引领带动西部地区开放型经济发展。

（三）关于以海铁联运方式开展整车进口

应建立以海铁联运方式进口整车的常态化机制，今后成都国际铁路港将继续做大做强整车贸易，通过蓉欧快铁覆盖欧洲市场，通过上海、钦州等海铁联运网络覆盖北美、中东市场。应支持区内试点企业及平台抱团发展。

（四）关于"西进、南拓、东联"全方位对外开放格局

1. 不断增强国际班列竞争优势

应加强海外服务网络建设。与奥铁、哈铁、GVT 等海外优质企业通过项目合作或联营等方式，整合海外场站操作、分拨配送、关务等重要业务资源，充分利用合作方欧洲的海外窗口资源、招商和产业资源、双边贸易资源、回程揽货资源，建立海外营销、招商、服务体系，实现回程货源上量。完善物流硬件及服务配套，推出精品班列、定制班列等，创新产品运行组织模式，结合企业需求打造"蓉欧快线"精品班列。通过"蓉欧快线"精品班列的开行，带动本地特色产业发展和产能转移，同时提升成都国际班列的竞争力和影响力。

2. 进一步深化贸易便利化改革

依托海关总署和中国铁路总公司实施"关—铁"信息互换的机遇，深化中欧班列集拼集运改革，开发建设班列信息交换平台，争取进行舱单信息等预先信息交换合作试点。争取加入"安智贸"试点，实现班列与沿线国家的贸易与通关便利化合作。推动平行车、肉类的海铁联运转关转检一体化，促进铁路港新型贸易发展，加快打造欧洲进口商品集散中心。

3. 继续推动对欧交流合作

应继续完善海外招商引资体系，加快筹建驻荷兰、意大利办事处，建立更有效的三方招商机制，办好海外推介会，搭建良好的经贸交流及对外宣传平台，加强与班列沿线国家在关检、场站、海外仓等方面开展合作对接。搭建对欧投资便利化服务平台，组织企业借助中欧班列（蓉欧快铁）的通道优势，走出去开拓国际市场。组织更多企业参与德国汉诺威国际工业展、荷兰阿姆斯特丹国际运输交通业展等世界知名展览会，让更多的中国造产品进入欧洲市场。

（五）关于铁路保税备货

前期，为营造开展跨境电商保税备货进口业务的良好环境，成都国际铁路港建立了跨境电商监管中心、公共保税仓以及检验检疫配套专网硬件传输等项目。对此，下一步成都国际铁路港应紧抓政策和通道优势，进一步强化招商引资、完善专业物流服务、搭建O2O跨境电商展销平台，加快开展具有铁路港特色的跨境电商业务。着力打造互联互通、智能化的新型外贸基础设施，加快布局欧洲重点市场的海外仓，加强物流网络等配套服务体系建设，推动与中欧班列（蓉欧快铁）沿线国家的经贸往来，力促铁路港加快建成以物流枢纽为核心的跨境电商总部基地。

对外开放是我国基本国策，自贸试验区建设是我国国家战略，也是四川具有标志性意义的重大战略机遇。课题组相信，四川自贸试验区青白江片区铁路港将继续加快协同开放，深化改革创新，提升贸易便利化水平，推动高水平对外开放，加快构建高能级战略开放载体和立体全面开放新格局，打造内陆开放型经济新高地。

天府新区税务局"联合办税"报告

张 虹[*]

摘 要： 中国（四川）自由贸易试验区 2017 年 4 月 1 日挂牌成立。作为国家全面深化改革开放"试验田"，这里布满制度创新的印记。国家税务总局四川天府新区成都管理委员会税务局"联合办税"改革经验，成功入选国务院首批在全国推广的13 条全面创新改革试验经验。天府新区税务局通过开展"联合办税"，实现"国地互联、一机通办"，勇于创新，以制度红利促进自贸试验区发展。

关键词： 自贸试验区 天府新区 联合办税

前 言

"到 2035 年跻身创新型国家前列"是党的十九大提出的新目标，其中国家中心城市的带动引领作用更加凸显。成都既是国家中心城市，也是中国（四川）自由贸易试验区的最主要载体和试验区域。

2017 年 4 月 1 日，中国（四川）自由贸易试验区揭牌成立，各项改革在自贸试验区这片"试验田"内如火如荼地进行，多项创新举措推动自贸试验区建设。税收与服务创新，既是国家"税收法定"的体现，也是"放管服"创新的要求。四川自贸试验区成都天府新区片区全面推行"联合办

---

* 张虹，四川省社会科学院法学研究所副研究员，硕士生导师。

税",并成功入选国务院首批在全国推广的 13 条全面创新改革试验经验,被四川省政府确认为首批全面创新改革试验 10 项成果之一在全省推广。

原成都市国家税务局和原成都市地方税务局合并为国家税务总局成都市税务局,并于 2018 年 7 月 5 日正式挂牌。在机构合并之前,成都天府新区"全面推行国地税联合办税"的改革创新正如火如荼地进行。

一 税务创新服务四川自贸试验区概况

四川自贸试验区自成立一年间,全面兑现了区内税收优惠的承诺,天府新区、高新、双流、青白江四区各类税收减免累计突破百亿元,达 119.8 亿元。其中,征收减免 94.1 亿元,退税减免 25.6 亿元(见图 1),其中针对促进区域发展、鼓励高新技术的分别达 16.9 亿元和 49.4 亿元,减税效应进一步显现。天府新区、高新、双流、青白江税务局大力扶持多种经济形式共同发展,一年中,包括个体经济、私营经济、外资经济在内的非公有制经济贡献税收 112.9 亿元,同比增长 33.7%,增收 28.5 亿元,占成都市非公有制经济税收的 25.2%,占比较上年同期提升 3.5 个百分点。多种经济形式的共同发展,既夯实了税基的多样化,又促进了税收的稳定。

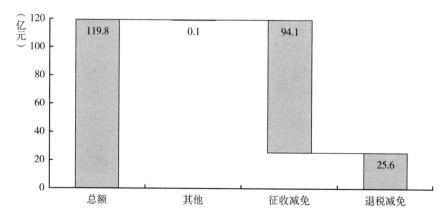

图 1 2017 年 4 月~2018 年 3 月成都自贸区税收减免情况

资料来源:成都市税务局。

税务系统响应"放管服"改革，在四川自贸试验区的沃土上锐意创新。"一站式服务"实现了税务互联一机通办。在成都自贸试验区范围内的高新区、天府新区、青白江区、双流区四个区域，成都市税务系统打通了税务业务通道，启用税务业务"一窗一人"办理模式，设立"一站式"税收服务专区，统一服务标准；设置"自贸区税收政策"专窗，提供税务政策咨询；自助办税终端实现"国地互联、一机通办"；建立税收志愿者流动服务队，为纳税人提供预约、咨询、辅导等"一站式"服务。

天府新区自贸试验区是中国（四川）自由贸易试验区成都天府新区片区的核心组成部分，规划面积 26.45 平方公里，包括天府科学城、天府中心、国际基金小镇等区域。为纳税人提供"事项最简、流程最优、成本最低、服务最佳"的办税新体验，是国家税务总局四川天府新区成都管理委员会税务局（以下简称"天府新区税务局"）以实际行动优化税收营商环境的创新服务，采用共建办税服务厅、共同进驻政府服务中心、互设窗口、互派人员等多种方式，方便纳税人"进一家门、办两家事"，帮助纳税人圆了便捷之梦！天府新区自贸试验区取得的成绩喜人。数据显示，自天府新区片区挂牌以来至 2018 年 11 月，新签约引进重大项目 71 项，总投资约 2781 亿元；进出口总额达 41.7 亿元，同比增长 525%；新设企业 5499 户，同比增长 400%（占成都自贸试验区的 1/5），注册资本 1407 亿元，同比增长 300%（占成都自贸试验区的 1/3）；新增外资企业 31 户，新增注册资本 3 亿美元；引进大学以上学历人才 10 万人，其中硕士 9367 人，博士 237 人；受理商标注册申请 14252 件，有效发明专利 234 件。自贸试验区的集聚效应在天府新区彰显。

二 天府新区税务局"联合办税"的经验

（一）顶层设计，协同创新

2016 年 2 月，天府新区税务局主动适应改革大局，服从服务新区发展，与新区携手深化合作创新，共同落实《深化国税、地税征管体制改革方案》，启动税务局"联合办税"。这项举措被列入成都市系统推进全面创新改革试验九大任务清单，并入选《四川省全创办对成都经验的采纳意见（第一批）》，税务系统协同创新、锐意探索可复制可推广的经验。

天府新区成立了由税务局主要负责人任组长的税务合作工作领导小组，副组长由双方分管局领导担任，领导小组成员由双方涉及合作内容的职能部门的主要负责人担任；领导小组办公室设在税务局征管部门，负责领导小组的日常事务及联络，牵头协调重大合作事宜及需要提请领导小组确定的合作事宜。税务局领导小组成员特别是主要领导达成了高度统一的合作共识、合作意志，具备互谅包容的合作精神，为共同实现税务合作创新跨越提升提供了精神动力和组织保障。例如，天府新区税务局先后多次召开联席会议，对启动合作、工作事项分工、预约服务、窗口互派人员、"天府纳税人学堂"、"一人一窗一机双系统"等事项进行了安排部署。拓展"天府税务"微信公众号的功能，大大方便了纳税人线上办理相关涉税业务，不用前往办税服务厅纳税，办税时间成本减少40%以上。

（二）税收法定，共建制度平台

1.税收法定，共建合作平台

天府新区税务局建立联席会议制度，根据工作需要随时召开会议，研究布置年度合作目标、任务和阶段性合作计划，对重大合作事项进行部署、磋商，对部门合作推进情况进行通报，并协调解决合作中出现的问题。同时，建立重大情况通报制度。对涉及对方的重要税收政策变化、重要征管制度变化，双方发现的重点行业、重点企业的重大税收风险问题，双方收集的重要涉税情报等，以及合作过程中遇到的重大问题，以联席会议、书面、电话等方式及时向双方进行通报。天府新区税务局还建立了责任人制度。下发《2016～2017年四川天府新区成都管理委员会税务合作规范实施方案承接合作事项分工责任表》，明确每一事项的责任部门、责任人、完成时限、落实要求和考核标准等。

2. 协同创新，共建服务平台

天府新区税务局深入贯彻落实"互联网＋税务"，合力推动"网上自助办税区"建设。借力借效"蓉税通"移动办税应用，税务局双方联合建设"天府税务"微信公众平台，将公众号与国地联合办税服务大厅的排号机对接，开启微信排号功能，对纳税人进行合理分流，减少纳税人等待时间。同时，升级公众号服务功能，共同推送税务局最新的政策法规等信息，增加自贸试验区专栏，服务自贸试验区建设。

（三）共享办税资源，提升合作效能

1. 资源共享，便利办税

天府新区税务局创新推出"一人一机双系统"办税新模式，利用税务局互通的金税三期系统，通过互设权限，让一名工作人员在一台计算机前同步操作税务局征管系统。启动税务局全业务"一窗通办"，通办纳税申报、登记报验、发票领取等税务局业务；共建自助办税服务区，升级拓展税务局自助办税终端机功能。升级电子填单区，统一印制表证单书，制作表单目录指引，并通过平板电脑存储所有填单表样。

2. 信息共享，多方协作

天府新区税务局内部协作，加大数据交换强度，税务局窗口首席代表担任联络员，定期召开工作通气会，及时解决双方在协同当中出现的问题。与此同时，加强与工商、土地管理等部门的协作，共享三方信息资源，提升税收征管效能。例如，根据2017年统计数据，2016年从工商局取得了186户纳税人的股权转让登记信息。成都市地税局分析其中的68户企业，共征收转让股权个人所得税24.75万元，股权转让印花税2.37万元。从国土局共取得了11户纳税人的土地转让信息，成都市地税局分析了其中2户企业，使其补交了契税431.56万元，有效堵塞了征管漏洞，确保税款及时入库。利用第三方信息获取渠道，成都市国税局和地税局及时交换建筑服务企业外出经营信息7162条、房地产项目登记信息205条，促进了营改增后对建安业和房地产业基础信息的及时掌握；双方协同加强对外支付后续管理，共享

对外支付税务备案、合同备案、申报纳税等相关信息。2016 年，成都市地税局共接收国税局传递的对外支付信息 73 条。

（四）协同聚力，提升服务

1. 联合培训

天府新区税务局双方共同建设"天府纳税人学堂"培训品牌，整合双方师资，开展评教评学活动。通过举办讲座、上门辅导、税企座谈、电教培训等多种教学模式，为纳税人免费提供涉税培训。

税务局创新学员管理模式，将纳税人按不同行业建立相对固定的班级，确定班长和学习委员，由学员自行列出培训需求菜单，税务局有针对性地安排课程，提升培训效果。截至 2017 年 6 月 30 日，2017 年上半年共组织各类纳税人政策和业务培训 12 期，参训者达到 1700 余人次，共同组织内部培训 31 次，受训工作人员达到 1400 多人次。

2. 联合宣传

天府新区税务局以共建微博、微信、短信、税企 QQ 群、办税服务厅公告栏为载体，同步发布宣传内容，共同开展线上与线下互动交流活动。共同组建"党员志愿者团队"，为纳税人及时送政策、解难题。主动上门为自贸试验区企业提供面对面的"互动式"交流和"点题式"的研讨，积极为参加"一带一路"走出去的企业开展"专家走访式教学"和"涉外税企沙龙"，深受纳税人欢迎。

值得称道的是，天府新区税务局注重开展税收宣传，并与深化税收服务有机结合，不断加大对"营改增"过渡政策衔接、税收优惠政策、办税流程等方面的宣传，实现"主导式宣传"向"服务式宣传"转型。

3. 联合评价

天府新区税务局落实"纳税信用等级联合评定"机制，联合对辖区内企业开展评定。按照统一的内容、标准、方法和程序，进行量化计分。

4. 联合辅导

为打造天府新区第一流的政务服务环境，天府新区税务局双方为 A 级纳税人提供定制服务；共建"税企之家志愿者团队"，为纳税人提供"一对一"的纳税辅导、"上门式"服务、"财税专家"热线等多项涉税服务，促进税企有效沟通。简化涉税事项办理程序，提供个性化服务，提供税务局预约服务。

5. 联合管理

天府新区税务局协同做好"走出去"企业管理，积极响应四川省税务局举办的"走出去"企业和个人税收政策相关培训，努力对接，致力于共同服务。例如，天府新区税务局双方相互传递"走出去"企业清册，联合为4户天府新区直管区内"走出去"企业提供服务，与企业进行了深入沟通，并建立长效联系机制。

（五）整合流程，优化合作

1. 整合导税功能

天府新区税务局设置综合导税台，分区域导税，实行三级导税、三级分流，并采用导税服务外包方式，将资料预审、辅导填单、辅导自助办税、简单业务直接办理等业务交给导税环节，减少窗口拥堵，提升纳税人的办税体验。

2. 整合缴税方式

推行二维码扫码缴税。纳税人在完成网上申报以后，在自助办税终端机上输入相关信息，即可获得二维码，再用手机扫描该二维码，进行银联在线支付，1分钟内就可完成缴税，快捷便利。

3. 整合登记流程

在实现联合办证、统一发放的基础上，整合登记和变更流程，"三证合一"的纳税人可到任何一方的办税服务厅互设窗口进行登记信息补录和变更登记。例如，截至2017年6月30日，2017年上半年天府新区税务局共办理开业登记4481户，变更登记26240条。

（六）拓宽缴税渠道，"扫码缴税"全国首创

1. "扫码缴税"全国首创

天府新区税务局在推进征管体制改革的同时，积极服务四川自贸试验区

建设。2017年6月，天府新区税务局率先在天府新区推广二维码"扫码缴税"。该项税务服务创新举措，目前处于国内前三的位置，为全省首例，具备了流程电子化、缴款自动化的特点，不仅可以灵活对接纳税人多样化的缴税需求，而且有效解决了办税服务厅人流量大、业务量大、纳税人等待时间长等问题。该举措不仅有利于提高税款入库效率、提升税款安全性，而且实现对税款从征收、解缴到入库的全程监控。

2. 持续推进"蓉税通"综合服务平台建设

四川自贸试验区成立后的一年中，成都市国税局和地税局积极利用科技，持续推进移动办税服务功能，拓宽"蓉税通"综合服务平台建设。积极集成整合支付宝、微信等非银机构渠道与闪付等银联渠道支付端口，拓展缴税方式与缴税渠道。借助"二维码"识别技术，启用扫码开票模式，实现远程填报信息和大厅扫码代开发票，为纳税人提供了便捷的办税体验。拓展"蓉税通"平台功能，在"蓉税通"微信公众号中嵌入掌上办税功能，纳税人可通过绑定身份信息，查询各区县局的实时排号情况，办理发票领用、发票代开等业务。截至2018年4月初，成都自贸试验区共有38台自助办税终端设备，可实现纳税申报、发票认证、发票验旧、发票领用、发票代开等涉税业务的自助办理。智能化办税，不仅为纳税人提供了便利，而且为税收征管提供了大数据智能管理与服务。

（七）共建共赢，党建、队建融合

1. 党建引领行动

经天府新区党工委组织部批准，天府新区税务局成立了办税服务厅联合党总支，将国税和地税在服务厅中的13名党员混合编入下设的两个支部，发挥党支部在办税服务厅的战斗堡垒作用和党员在实际工作中的先锋模范作用，为税务局内部深度合作提供了坚实的组织保障。

2. 质量管理出效益

税务局联合办税大厅首席代表设A、B岗，加强对双方工作人员的统一管理和业务指导。双方共同制定《天府新区税务局办税服务厅管理制度》

和绩效考评制度，对工作人员的劳动纪律、奖惩激励、廉洁自律等做到"一把尺子量到底"，大大激发了工作人员的积极性。

3. 品牌建设树形象

天府新区税务局双方共同建设"天府税务"品牌，设定"天府税务"品牌的目标和愿景。设计完成"天府税务"视觉传达系统，以"天府税务"作为统一对外标识，在办税服务厅、社区服务室、科学城和基金小镇办税点等办税场所统一竖立"天府税务"标识牌，以"天府税务"命名微信、微博及各种平台载体。

三 结语

成都天府新区税务局"联合办税"的创新探索，既为纳税人办税带来了便利，也赢得了社会各界的广泛赞誉。"联合办税"创新得益于制度红利的保障。制度红利必将增强自贸试验区改革开放"试验田"功能，增强天府新区开放的主引擎功能，必将引领成都自贸试验区这块"试验田"的创新改革迎来万紫千红的春天！

附 录

中国（四川）自由贸易试验区法治环境建设大事记（2017.4～2018.12）

1	2017 年 3 月 15 日	国务院印发《中国（四川）自由贸易试验区总体方案》
2	2017 年 4 月 1 日	四川自贸试验区正式挂牌
3	2017 年 4 月 6 日	四川自贸试验区青白江铁路港片区签发国内首张中欧班列多式联运提单
4	2017 年 7 月 3 日	全省首个独立的自贸试验区审判团队成立
5	2017 年 8 月 6 日	《中国（四川）自由贸易试验区管理办法》颁布并施行
6	2017 年 8 月 11 日	《成都海关支持和促进中国（四川）自由贸易试验区建设发展实施办法》
7	2017 年 8 月 28 日	成都市人民政府法制办公室印发《关于服务保障中国（四川）自由贸易试验区成都片区建设的意见》
8	2017 年 8 月 29 日	成都市司法局印发《成都市司法局服务保障中国（四川）自贸试验区成都片区建设十八条措施》
9	2017 年 9 月 5 日	中国人民银行成都分行印发《关于金融支持中国（四川）自由贸易试验区建设的指导意见》
10	2017 年 11 月 21 日	四川省人民政府关于印发《中国（四川）自由贸易试验区建设实施方案》的通知

11	2017 年 12 月 22 日	成都市人民政府《关于印发成都自贸试验区建设三年试验任务行动计划（2017—2019 年）的通知》
12	2017 年 12 月 23 日	四川省人民政府《关于印发中国（四川）自由贸易试验区"证照分离"改革试点方案的通知》
13	2018 年 1 月 31 日	四川省人民政府审议通过《关于中国（四川）自由贸易试验区片区管委会实施首批省级管理事项的决定》
14	2018 年 2 月 13 日	中共中央总书记、国家主席、中央军委主席习近平考察天府新区
15	2018 年 3 月 2 日	成都市人民政府印发《关于明确成都自贸试验区实施部分省级管理事项的决定》
16	2018 年 4 月 20 日	双流区人民法院发布了《涉自由贸易试验区案件审判白皮书》
17	2018 年 7 月 12 日	四川自由贸易试验区人民法院挂牌
18	2018 年 8 月 2 日	四川省高级人民法院印发《关于发挥审判职能作用服务保障中国（四川）自由贸易试验区建设的意见》
19	2018 年 8 月 22 日	四川省人民政府印发《关于推进中国（四川）自由贸易试验区引领性工程建设的指导意见》
20	2018 年 8 月 23 日	四川省人民政府办公厅《关于印发中国（四川）自由贸易试验区协同改革先行区建设实施方案的通知》
21	2018 年 9 月 5 日	成都市人民检察院发布《成都检察机关服务保障成都自由贸易试验区建设周年白皮书》
22	2018 年 9 月 7 日	四川省人民政府审议通过《关于中国（四川）自由贸易试验区实施第二批省级管理事项的决定》
23	2018 年 10 月 27 日	《成都涉外法律服务指南》发布
24	2018 年 12 月 4 日	《中国（四川）自由贸易试验区条例（草案）》提请四川省人大常委会审议
25	2018 年 12 月 28 日	《关于四川天府新区成都片区人民法院（四川自由贸易试验区人民法院）履职的公告》

成都自贸试验区重要适用文件
汇编目录（截至2018年12月）

序号	文件名称	制定或印发主体	措施
1	中国(四川)自由贸易试验区管理办法	四川省人民政府	66 条
2	关于印发中国(四川)自由贸易试验区建设实施方案的通知	四川省人民政府	64 条
3	关于印发中国(四川)自由贸易试验区"证照分离"改革试点方案的通知	四川省人民政府	13 条
4	关于扩大开放促进投资若干政策措施意见的通知	四川省人民政府	28 条
5	四川自贸区及海关特殊监管区入境维修/再制造用途机电料件监督管理工作规范	四川检验检疫局	17 条
6	保税展示交易货物检验检疫监管工作规范	四川检验检疫局	15 条
7	印发四川出入境检验检疫局国际展会检验检疫管理办法(试行)	四川检验检疫局	33 条
8	关于制定口岸标准化操作规程的指导意见	四川检验检疫局	8 条
9	落实"双随机一公开"工作实施方案	成都海关	7 条
10	中国(四川)自由贸易试验区进出口商品检验结果采信工作规范	四川检验检疫局	28 条
11	无纸化报检通关管理办法(试行)	成都海关	22 条
12	关于印发中国(四川)自由贸易试验区出口食品生产企业备案工作规范(试行)的通知	成都海关	19 条
13	中国(四川)自由贸易试验区进口食品"预检快放"贸易便利化工作规范(试行)	四川检验检疫局	10 条
14	关于印发中国(四川)自由贸易试验区进口鲜活农产品集中查验规范(试行)的通知	成都海关	14 条
15	关于调整中国(四川)自由贸易试验区外贸出口企业退(免)税审批机关的通知	四川省税务局	5 条
16	关于印发支持中国(四川)自由贸易试验区建设工作方案的通知	成都海关	10 条

续表

序号	文件名称	制定主体	措施
17	关于印发支持中国（四川）自由贸易试验区建设工作措施的通知	成都海关	20 条
18	关于在中国（四川）自由贸易试验区全面推行出口退（免）税无纸化管理试点工作的通知	四川省国家税务局	3 条
19	关于四川银行业支持中国（四川）自由贸易试验区建设的指导意见	中国银监会四川监管局	12 条
20	关于贯彻实施四川省服务自由贸易试验区和全面创新改革试验区十三项出入境政策措施	四川省公安厅	13 条
21	关于委托下放四川自贸区企业（集团）冠省行政区划的名称核准登记权限的指导意见	四川省市场监督管理局	7 条
22	关于中国（四川）自由贸易试验区内资租赁企业从事融资租赁业务有关事项的通知	四川省商务厅 四川省税务局	5 条
23	关于加快推进中国（四川）自由贸易试验区工作的通知	四川省市场监督管理局	7 条
24	关于服务中国（四川）自由贸易试验区建设的意见	四川省工商行政管理局	18 条
25	关于在中国（四川）自由贸易试验区开展中外合资合作医疗机构审批等改革事项的通知	四川省卫生计生委 四川省商务厅	2 条
26	支持和促进中国（四川）自由贸易试验区建设发展实施办法	成都海关	30 条
27	关于简化中国（四川）自由贸易试验区银行业机构和高管准入方式的实施细则（试行）	四川银监局	18 条
28	中国（四川）自由贸易试验区 2017 年宣传工作方案	中共四川省委宣传部	8 条
29	关于金融支持中国（四川）自由贸易试验区建设的指导意见	中国人民银行成都分行 国家外汇管理局四川省分局	36 条
30	关于四川保险业支持中国（四川）自由贸易试验区建设的指导意见	四川保监局	8 条
31	创新节约集约用地模式支持中国（四川）自由贸易试验区建设的工作方案	四川省国土资源厅	10 条
32	进一步推进中国（四川）自由贸易试验区外汇管理改革试点实施细则	国家外汇管理局 四川省分局	16 条

《中国（四川）自由贸易试验区条例》
与《中国（四川）自由贸易试验区管理办法》对比

编者按： 在本书即将付梓之际，《中国（四川）自由贸易试验区条例》（以下简称《条例》）已由四川省第十三届人民代表大会常务委员会第十一次会议于2019年5月23日通过。《条例》是中国（四川）自由贸易试验区法治环境建设取得的又一重要成果和重要制度创新，因此，本书编委会特组织人员采取列表方式逐条表对比与《中国（四川）自由贸易试验区管理办法》之差异，并附若干参考资料，以供读者参阅和研究者参考。

中国（四川）自由贸易试验区条例	中国（四川）自由贸易试验区管理办法	参考资料
第一条　为了推进和保障中国（四川）自由贸易试验区建设，根据有关法律、行政法规和《中国（四川）自由贸易试验区总体方案》，结合四川省实际，制定本条例。	第一条　为推进和保障中国（四川）自由贸易试验区建设，根据《国务院关于印发中国（四川）自由贸易试验区总体方案的通知》（国发〔2017〕20号，以下简称《总体方案》）和有关法律、法规，结合四川省实际，制定本办法。	《中共四川省委关于深入学习贯彻习近平总书记对四川工作系列重要指示精神的决定》认真落实习近平总书记对四川工作系列重要指示精神，紧扣新时代新的实践要求，围绕建设经济强省，加快推动质量变革、效率变革、动力变革，建立经济高质量发展新体系。 《中国（广东）自由贸易试验区条例》第一条　为了促进和保障中国（广东）自由贸易试验区的建设与发展，根据全国人民代表大会常务委员会关于授权国务院在中国（广东）自由贸易试验区、中国（天津）自由贸易试验区、中国（福建）自由贸易试验区以及中国（上海）自由贸易试验区扩展区域暂时调整有关法律规定的行政许可的决定，国务院批准的《中国（广东）自由贸易试验区总体方案》和有关法律、法规，结合本省实际，制定本条例。

续表

中国（四川）自由贸易试验区条例	中国（四川）自由贸易试验区管理办法	参考资料
第二条 本条例适用于中国（四川）自由贸易试验区（以下简称"自贸试验区"）成都天府新区片区、川南临港片区以及成都青白江铁路港片区以及报经国务院批准的自贸试验区扩展区域。	第二条 本办法适用于经国务院批准设立的中国（四川）自由贸易试验区（以下简称自贸试验区）。自贸试验区范围包括成都天府新区片区、成都青白江铁路港片区、川南临港片区。	《中国（四川）自由贸易试验区总体方案》 二、区位布局 （一）实施范围。自贸试验区实施范围119.99平方公里，涵盖三个片区。自贸试验区的实施范围119.99平方公里（含成都天府新区片区90.32平方公里（双流园区）4平方公里、成都高新综合保税区区块四〔B型〕0.09平方公里），成都空港保税物流中心〔B型〕0.18平方公里），川南临港片区19.99平方公里（含泸州港保税物流中心〔B型〕0.21平方公里）。 《中国（四川）自由贸易试验区建设实施方案》 二、功能布局 自贸试验区实施范围119.99平方公里，涵盖三个片区。成都天府新区片区90.32平方公里，成都青白江铁路港片区9.68平方公里，川南临港片区19.99平方公里。以自贸试验区为平台，构建成都都市圈南4市协同发展机制。以自贸试验区为平台，推动成都市各区域共建共享，促进双流国际机场与天府国际机场、泸州空港经济区、资阳临空经济示范区、绿色生态及文化产业、成都国家级临空经济区联动协作，助力绵阳德阳临空经济制造，积极探索川南临港片区（泸州港）与宜宾临港经济综合保税区。探索自贸试验区对外开放国家级开发区级联动协作机制，增强川南经济区对外开放综合竞争力。 《中共四川省委关于全面推动高质量发展的决定》 推动"3区＋N园"协同改革，建设协同改革先行区，支持先行区比照自贸试验区改革并承接经济管理权限和享受改革制度性成果。

续表

中国（四川）自由贸易试验区条例	中国（四川）自由贸易试验区管理办法	参考资料
第三条 自贸试验区应当以制度创新为核心，探索可复制可推广经验，立足内陆，承东启西，服务全国，面向世界，建设成为西部门户城市开发开放引领区、内陆开放通道枢纽区、国际开放型经济新高地、内陆开放经济高地、内陆与沿海沿边沿江协同开放示范区。 自贸试验区应当积极探索建设符合省内陆开放发展定位的自由贸易港。	第三条 自贸试验区以制度创新为核心，以可复制可推广为基本要求，解放思想，先行先试，以开放促改革、促发展，立足内陆，承东启西，服务全国，面向世界，培育内陆地区参与国际经济合作竞争新优势，打造区域发展新引擎，将自贸试验区建设成为西部门户城市开发开放引领区、国际开放通道枢纽区，内陆开放型经济新高地，内陆与沿海沿边沿江协同开放示范区。	《中国（四川）自由贸易试验区总体方案》 （二）战略定位。以制度创新为核心，面向世界，服务全国，承东启西，立足内陆，将自贸试验区建设成为西部门户城市开发开放引领区、内陆开放型经济高地、内陆与沿海沿边沿江协同开放示范区。 （三）发展目标。经过三至五年改革探索，力争建成法治环境规范、投资贸易便利、创新要素集聚、监管高效便捷、协同开放效果显著的高水平高标准自由贸易园区，在打造内陆开放型经济高地、深入推进西部大开发和长江经济带发展中发挥示范作用。 《中国（四川）自由贸易试验区建设实施方案》 一、总体要求……为实现"两个跨越"、建设美丽繁荣和谐四川注入强动动能，在打造内陆开放型经济高地、深入推进西部大开发和长江经济带发展中发挥示范作用。 《中共四川省委关于全面推动高质量发展的决定》 探索建设内陆自由贸易港。 《中共中央国务院关于支持海南全面深化改革开放的指导意见》 （十）探索建设中国特色自由贸易港。

续表

中国（四川）自由贸易试验区条例	中国（四川）自由贸易试验区管理办法	参考资料
第四条 自贸试验区各片区应当根据国家规定的功能定位和目标发展优势产业，实现优势互补，错位发展，合作联动、协同开放。	第四条 成都天府新区片区重点发展现代服务业、高端制造业、高新技术、临空经济、口岸经济等产业，建设国家重要的现代高端产业集聚区，开放型金融中心和国际性航空枢纽，商贸物流中心和国际性航空重要引领区，打造西部地区门户城市开放高地。成都青白江铁路港片区重点发展保税物流商品集散转运、国际货代、特色金融口岸服务、会展服务等现代服务业，打造内陆地区联通丝绸之路经济带的西向国际贸易大通道重要支点。川南临港片区重点发展航运物流、港口贸易、教育医疗等现代服务业，以及装备制造、现代医药、食品饮料等先进制造和特色优势产业，建设成为全国性综合交通枢纽和成渝城市群南向开放，辐射滇黔的重要门户。	《中国（四川）自由贸易试验区总体方案》二、区位布局 （二）功能划分。按区域布局划分，成都天府新区片区重点发展现代服务业、高端制造业、高新技术、临空经济、口岸经济等产业，建设国家重要的现代高端产业集聚区，创新驱动发展引领区，开放型金融门户城市开放高地，商贸物流中心和国际性航空枢纽；成都青白江铁路港片区重点发展国际商品集散转运、国际货代、保税物流仓储、特色金融口岸服务、科技服务、会展服务的西向国际贸易大通道重点支点；川南临港片区重点发展航运物流、港口贸易，教育医疗等现代服务业，现代医药、食品饮料等先进制造和特色优势产业，建设成为重要区域性综合交通枢纽和成渝城市群南向开放，辐射滇黔的重要门户。

续表

中国（四川）自由贸易试验区条例	中国（四川）自由贸易试验区管理办法	参考资料
第五条　鼓励自贸试验区先行先试，以制度创新为核心推动全面创新，充分激发市场主体活力。对法律、法规和国家政策未禁止或者限制的事项，鼓励公民、法人和其他组织在自贸试验区开展创新活动。 第六条　自贸试验区应当建立以创新为导向的考核评价机制。在自贸试验区进行的改革创新未能实现预期目标，但是符合国家确定的改革方向，决策程序符合法律、法规规定及相关政策规定，没有失职渎职，未牟取不正当利益，社会公共利益或者未恶意串通损害国家利益和个人不作负面评价。	第六条　自贸试验区建立鼓励改革创新、允许试错、宽容失败的机制，完善以支持改革创新为导向的考核评价体系，充分激发创新活力。 在自贸试验区进行的创新未能实现预期目标，但是符合国家确定的改革方向，在自贸试验区进行的改革创新，决策程序符合法律、法规规定及相关政策规定，没有失职渎职，未牟取不正当利益和个人不作相关负面评价，免于追究相关责任。	中共四川省委办公厅、省政府办公厅《关于充分调动干部积极性激励改革创新干事创业的意见（试行）》： 建立容错机制，坚持依法依规，实事求是和宽严相济原则，区别对待探索失误和违纪行为，是干部在改革创新、破解难题，先行先试中，主观上出于公心，担当尽责，由于不可抗力，难以预见等因素，未达到预期效果，造成不良影响和损失的行为或失误。容错免责的情形包括：法律法规、党章党规没有明令禁止的；符合中央大政方针省委、省政府决策部署的；按相关规定经过调研论证、风险评估和坚持集体领导、民主集中、个别酝酿、开拓进取、会议决定的，促进经济社会发展，担当奉献，开拓进取，没有谋私人，他人谋取私利，没有为单位或个人谋取不正当利益的；积极主动挽回损失、消除不良影响或有效防止危害结果发生的；党内法规和法律法规已有规定可予免责的。
第七条　自贸试验区应当建立事权分科学、运行公开透明的行政管理体制。	第七条　自贸试验区应当建立与开放型经济新体制相适应的管理体制，推进行政管理方式改革与体制机制改革协同联动，实现政府职能转变、提升自贸试验区行政管理效能。	《中国（四川）自由贸易试验区总体方案》 四、保障机制 （一）强化法制保障。 四川省要通过地方立法，建立与试点要求相适应的自贸试验区管理制度。 （三）加强组织实施。 按照党中央、国务院统一部署，在国务院自由贸易试验区工作部际联席会议统筹协调下，由四川省完善试点任务，组织实施保障机制，按照总体方案筹划，分步实施、率先突破，逐步完善的原则加快实施。按照既有利于整体推进自贸试验区建设，又有利于发挥各片区积极性的原则，建立精简高效、统筹协调的自贸试验区管理体系。

续表

中国（四川）自由贸易试验区条例	中国（四川）自由贸易试验区管理办法	参考资料
第八条 省人民政府负责组织领导自贸试验区建设和管理工作。中国（四川）自由贸易试验区发展领导小组统筹研究自贸试验区发展规划，制定自贸试验区投资、贸易、金融、人才、综合改革等政策措施并推动实施。中国（四川）自由贸易试验区工作办公室（以下简称"四川自贸办"）承担领导小组的日常工作。（条例第8条）	第八条 中国（四川）自由贸易试验区推进工作领导小组（以下简称领导小组）贯彻执行党中央国务院建设自由贸易试验区的方针政策和《总体方案》，统筹研究自贸试验区法规政策、发展规划，研究决定自贸试验区改革试点任务、组织、领导、管理、指导推进工作。领导小组办公室设在商务厅，承担领导小组日常工作。	《四川省人民政府办公厅关于调整中国（四川）自由贸易试验区推进工作领导小组的通知》领导小组主要职能：贯彻执行党中央国务院建设自由贸易试验区的方针政策、法律法规，决定决议和法规政策，统筹研究自贸试验区总体方案，统筹研究自贸试验区政策、发展规划，研究决定自贸试验区改革试点任务，统筹协调与国家有关部门及有关省市自贸试验区建设推进工作。 《中共四川省委机构编制委员会关于为商务厅增核1名自贸办专职副主任领导职数等机构编制事项的批复》 （二）根据国家和省委、省政府相关要求，明确四川自贸试验区主要职责为：贯彻执行国家有关中国（四川）自由贸易试验区政策、法律法规和制度；统筹研究中国（四川）自贸试验区（以下简称四川自贸试验区）法规和发展规划；研究制定四川自贸试验区综合改革、投资、贸易、金融、人才等政策措施并推动实施；统筹督查自贸试验区各片区事务，指导督查自贸试验区各片区改革任务、工作的落实；统计发布四川自贸试验区相关公共信息；承担四川自贸试验区推进工作领导小组日常工作。

续表

中国（四川）自由贸易试验区条例	中国（四川）自由贸易试验区管理办法	参考资料
第九条 自贸试验区片区管理机构推进改革试点具体工作，决定本片区的重大问题；制定与自贸试验区改革相关的重大措施和方案，并报四川自贸办备案。 自贸试验区片区管理机构设置的工作机构，负责落实自贸试验区改革试点任务，负责管理和协调自贸试验区有关行政事务。	第九条 设立和川南临港片区自贸试验区成都管理委员会（以下统称片区管理机构），接受领导小组和所在地省辖市人民政府的领导，组织和领导本片区自贸试验区改革试点相关的重大问题，负责决定本片区与自贸试验区改革相关的重大问题，统筹推进改革试点工作等具体事务。	《中国（广东）自由贸易试验区条例》 第八条 自贸试验区片区管理机构负责决定片区发展的重大问题，统筹推进片区改革试点工作和承担片区的规划、建设、管理与服务等具体事务。
第十条 省人民政府、自贸试验区片区所在地市人民政府及其有关部门根据自贸试验区改革创新发展需要，依照国家经济社会管理权限向自贸试验区下放经济社会管理权限。 自贸试验区片区管理机构、工作机构依据授权或者委托，行使自贸试验区改革发展需要的其他权限。	第十条 省、市人民政府及其有关部门及其有关部门根据自贸试验区改革发展需要，依法向自贸试验区下放经济社会管理权限和自贸试验区下放经济社会管理的其他管理权限，自贸试验区片区管理机构确定的其他管理工作。	《中国（四川）自由贸易试验区总体方案》 1. 推进简政放权。按照权责一致原则，建立行政权责清单制度，明确政府职能边界。 《中国（四川）自由贸易试验区建设实施方案》 2. 深化行政审批制度改革。最大限度取消行政许可事项，建立行政审批事项目录，做到"目录之外无审批"。依法放权，按需放权，应放尽放"原则，自贸试验区最大限度承接省级管理事项。

续表

中国（四川）自由贸易试验区条例	中国（四川）自由贸易试验区管理办法	参考资料
第十一条 自贸试验区所在地人民政府及其有关部门应当支持自贸试验区的各项工作，按照各自职责承担相关行政事务。海关、边检、金融、税务等驻自贸试验区工作机构，依法履行相关工作职责，支持自贸试验区改革创新工作。	第十三条 省人民政府有关部门应当支持自贸试验区各片区的各项工作，加强对自贸试验区各片区的指导，理顺工作关系，加强协调配合。 片区所在地人民政府应创新社会管理模式，明确与自贸试验区在经济社会事务管理方面的分工，主动推进自贸试验区建设工作。片区管理机构对其重大改革措施和方案的实施，应当报领导小组办公室备案。 有关部门之间应当建立协作机制，加强信息沟通、经验交流，实现优势互补，协同发展。有关部门在自贸试验区设立的工作机构，依法履行有关行政管理职责。	《中国（四川）自由贸易试验区总体方案》 （三）加强组织实施。按照党中央、国务院统一部署，在国务院自由贸易试验区工作部际联席会议统筹协调下，由四川省完善试点任务组织实施保障机制，......各有关部门要大力支持，及时制定实施细则或完善办法，加强指导和服务，共同推进相关体制机制创新，把自贸试验区建设好、管理好。
第十二条 自贸试验区各片区应当建立相对集中的行政处罚权制度和综合审批服务体系，依法公布并动态调整行政权力清单、责任清单和运行流程。	第五十三条 自贸试验区各片区建立统一集中的综合行政执法体系，建设网上执法办案系统，建设联勤联动指挥平台。	

续表

中国（四川）自由贸易试验区条例	中国（四川）自由贸易试验区管理办法	参考资料
第十三条　自贸试验区推进办税便利化改革，建立便捷的税务服务体系，推进生产型企业出口退税服务前置等新模式，落实境外所得税扣减、启运港退税制度。	第六十一条　中国（上海）自由贸易试验区、中国（广东）自由贸易试验区和中国（天津）自由贸易试验区、中国（福建）自由贸易试验区等已经试点的税收政策原则上可在自贸试验区进行试点。在符合税制改革方向和税基侵蚀的前提下，以及不导致利润转移和税基侵蚀的前提下，研究完善境外所得税收抵免的税收政策。	
第十四条　自贸试验区可以采取下列措施优化创新创业制度环境，激发创新创业活力： （一）建设国际科技合作平台，加强在高端技术、重点技术领域的联合研究和技术引进； （二）建立科技创新企业信用评价体系和标准，拓宽创新创业项目境外融资渠道，引导境内外资本为创新创业项目提供融资支持； （三）在海关特殊监管区域内创新监管模式，为企业进口研发设备、材料提供便利，降低企业的研发成本；	第四十七条　自贸试验区应当优化创新创业制度环境，创新科技金融服务机制，整合全球创新要素，激发自贸试验区创新创业活力： （一）自贸试验区应当加强国际科技合作平台建设，加强与发达国家（地区）在高端技术、重点技术领域的联合研究和技术引进，鼓励在自贸试验区建立国际化创新创业平台； （二）建立科技创新企业信用评价体系和标准，探索完善企业信用风险管理机制，拓宽创新创业项目境外融资渠道；	

271

续表

中国（四川）自由贸易试验区条例	中国（四川）自由贸易试验区管理办法	参考资料
（四）完善创新人才培育扶持机制，鼓励在自贸试验区建立国际化创新创业孵化平台，开展海外人才离岸创新创业试点； （六）在促进科技成果转化、军民融合等方面探索试验。 第十五条 四川自贸试验区应当对自贸试验点决策执行情况以及创新机制实施情况进行评估，及时总结和推广改革创新经验和成果。 四川自贸办可以组织相关市场主体、专业机构对省人民政府相关部门、自贸试验区片区所在地的人民政府及相关改革创新工作进行评估。	（三）在海关特殊监管区域内创新企业研发进口设备及材料监管模式，降低企业研发成本； （四）探索本土高校自主扩大海外留学生招生规模，与国外高校合作开展学科建设； （五）开展海外人才离岸创新创业试点，完善创新创业人才社会服务机制。 第六十条 自贸试验区建立工作督查考核制度。省自贸办牵头负责对自贸试验区各片区工作进行督查考核。具体制度由省自贸办会同省政府目标督查机构另行制定。 第五十九条 领导小组可以组织市场主体、专业机构对省人民政府相关部门、片区所在省辖市人民政府的综合门支持自贸试验区改革创新评估，定期对自贸试验区改革创新经验进行总结评估，并在省内适当区域进行复制推广。	《中国（四川）自由贸易试验区总体方案》 （四）总结推广可复制的试点经验。 自贸试验区要及时总结改革经验同四川省人民政府及有关部门、国务院自由贸易试验区工作部际联席会议办公室开展改革实施效果、加强各领域试点经验评估，并委托第三方机构进行独立评估。对试点效果好、风险可控且可复制可推广的成果，实施分类审查程序后复制推广至全国其他地区。 《中国（四川）自由贸易试验区建设实施方案》 四、保障措施 （六）抓好复制推广。按照"边试点、边总结、边推广"要求和"试得好、看得准、风险可控"原则，注重改革经验系统集成，邀请第三方机构对典型经验进行评估，及时汇总制度创新成果，力争探索出一批可在全国复制推广的鲜活经验。

续表

中国（四川）自由贸易试验区条例	中国（四川）自由贸易试验区管理办法	参考资料
第十六条 自贸试验区应当培育和规范人力资源市场，建立高层次人才认定、引进、使用和激励机制。 自贸试验区为外籍高层次人才的签证申请、人出境、停居留、永久居留、项目与奖励申报、执业、创新创业、购买或者租赁住房、子女入学、社会保障、语言学习等提供便利，创新建设国际社区。	第十七条 自贸试验区在法定权限内制定招商引资、招才引智等的优惠政策。积极减少或取消外商投资准入限制，有效引进境外商资金、先进技术和高端人才，提升利用外资综合质量。	《中国（四川）自由贸易试验区总体方案》 11. 促进服务要素自由流动。为服务贸易高层次专业人才出入境提供便利。研究制定自贸试验区外籍高层次人才认定办法。落实人才签证实施细则，明确外国人才申请和取得人才签证的标准条件和办理程序。对外籍高层次人才开辟绿色通道，为高层次人才入出境、工作、在华停居留提供便利。允许获得硕士及以上学位的优秀外国留学生毕业后直接在自贸试验区工作。提供有针对性的指导服务和语言学习机会，多形式多渠道帮助外国人才更好地融入中国社会。创新建设国际社区，探索外籍人士参与社区治理模式。 《中国（四川）自由贸易试验区建设实施方案》 18. 创新人才管理服务模式。建立"党委政府+社会组织+市场主体"的人才管理体系，完善高层次人才服务制度，建立国际人才一站式服务平台。为自贸试验区企业聘用管理或技术人员出境、外籍高层次人才入境开辟办证绿色通道。为符合条件的外籍高层次人才在川工作、停居留提供便利，畅通自贸试验区内外籍高层次人才及其配偶、未成年子女申请永久居住便利。扩大国际学生规模。鼓励本土高校与国外高校合作开展学科建设，鼓励建设外籍人员子女学校。提供有针对性的指导性服务和语言学习机会，多形式多渠道帮助外国人才更好地融入中国社会。 《中共中央 国务院关于支持海南全面深化改革开放的指导意见》 （二十六）构建更加开放的引才机制。加大对海南省人才队伍建设的支持力度。紧紧围绕强化公益属性的目标深化事业单位改革，除仪为机关提供支持保障的事业单位外，原则上取消行政

273

续表

中国（四川）自由贸易试验区条例	中国（四川）自由贸易试验区管理办法	参考资料
第十七条 自贸试验区片区管理机构、工作机构应当依托政府信息平台及时向四川自贸办报送相关数据及信息。四川自贸办应当及时在政府相关信息平台上发布改革创新、公共服务等相关信息。		级别，允许改革后的事业单位结合实际着手完善绩效工资内部分配办法。促进教师、医生、科研人员等合理流动。创新"候鸟型"人才引进和使用机制，设立"候鸟"人才工作站，允许内地国企、事业单位的专业技术和管理人才按规定在海南兼职兼薪，按劳取酬。支持海南开展国际人才管理改革试点，允许外籍和港澳台地区技术及上岗技能人员按规定在海南就业，永久居留。允许在中国高校获得硕士及以上学位的优秀外国留学生在海南就业和创业，扩大海南高校科技人才规模。支持海南探索建立外国高科技人才的管理制度。 《中国（上海）自由贸易试验区条例》 第二十四条 自贸试验区简化区内企业外籍员工就业许可审批手续，放宽签证、居留许可有效期限，提供人境、出境和居留的便利。对接受区内企业邀请开展商务贸易的外籍人员，出入境管理部门应当按照规定给予过境免签和临时入境便利。对区内企业因业务多次出国、出境的中国籍员工，出入境管理部门应当提供办理出国出境证件的便利。
	第五十七条 自贸试验区依法建立健全统计工作体系和监测制度。各片区管理机构按照地区统计制度要求及时、完整地向中国（四川）自由贸易试验区工作办公室（以下简称省自贸办）报送统计数据及相关信息。省自贸办负责自贸试验区统计工作的组织、实施与管理。具体办法由省自贸办会同省统计部门另行制定。	《中国（四川）自由贸易试验区建设实施方案》 加快建立目标考核、统计监测、信息报送、绩效评估等制度，建立政策保障体系，建立精简高效、统筹协调的管理体系。

续表

中国（四川）自由贸易试验区条例	中国（四川）自由贸易试验区管理办法	参考资料
第十八条　除法律、行政法规或者国务院另有规定外，不得对自贸试验区企业设置检查和评比项目。	第六十三条　除法律、法规或者国务院规定的以外，取消对自贸试验区另有规定的检查和评比项目。自贸试验区内行政事业性收费实行清单管理，清单之外一律免收。	《中国（广东）自由贸易试验区条例》第十八条　除法律、行政法规或者国务院规定的以外，不得设置对自贸试验区片区管理机构的考核、检查和评比项目。对依照法律、行政法规或者国务院规定开展的考核、检查和评比应当简化程序、减少频次。
第十九条　自贸试验区建立行政咨询体系、健全工作咨询机制，成立专业咨询委员会，为自贸试验区建设发展提供智力支持和决策参考。	第五十六条　自贸试验区建立行政咨询体系，健全工作咨询机制，成立专业咨询委员会，为自贸试验区建设发展提供智力支持和政策参考。	《中国（四川）自由贸易试验区建设总体方案》三、（一）4.建设多方参与的社会治理新体系。建立行政咨询体系，成立由专业人士组成的专业咨询委员会，为自贸试验区发展提供咨询。 《中国（四川）自由贸易试验区建设实施方案》13.建立行政咨询体系，成立由专业人士组成的专业咨询委员会，为自贸试验区发展提供咨询。
第二十条　自贸试验区应当探索人与自然和谐发展有效模式，全面推动资源节约、生态环境保护治理工作。	第五十五条　对标高标准国际规则，完善工资支付保障机制，强化自贸试验区内企业责任，建立工作保障制度，严格执行环境保护法规和标准，探索开展出口产品低碳认证。	《中国（四川）自由贸易试验区建设总体方案》建立工作环境损害监督等制度，严格执行环境保护法规和标准，探索开展出口产品低碳认证。

275

续表

中国（四川）自由贸易试验区条例	中国（四川）自由贸易试验区管理办法	参考资料
第二十一条 自贸试验区对外商投资实行准入前国民待遇加负面清单管理制度。	第十四条 自贸试验区对外商投资实行准入前国民待遇加负面清单管理模式。对于负面清单之外领域的外商投资适用负面清单管理制度。对外商在自贸试验区内投资国内投资项目保留核准的（国务院规定实行备案的除外）和外商投资企业设立、变更实行备案办理。	《中国（四川）自由贸易试验区总体方案》 5. 提升利用外资水平。对外商投资实行准入前国民待遇加负面清单管理制度，着力构建与负面清单管理方式相适应的事中事后监管制度。外商投资负面清单（负面清单）之外领域的外商投资企业设立及变更实行备案制，由自贸试验区负责办理。……外商在自贸试验区《负面清单管理特别管理措施（负面清单）》和《自由贸易试验区外商投资国家安全审查试行办法》。 《中国（四川）自由贸易试验区建设实施方案》 22. 深化外商投资负面清单管理改革。对外商投资准入前国民待遇加负面清单管理制度，外商投资准入特别管理措施（负面清单）之外领域的外商投资项目（国务院规定对国内投资项目保留核准的除外）和外商投资企业设立及变更实行备案制，由自贸试验区负责办理。着力构建与负面清单管理方式相适应的事中事后监管制度。
第二十二条 自贸试验区依法制定对外商投资促进和便利化政策措施，积极吸引外商投资，支持外国投资者与自贸试验区企业合作，保护外国投资者和外商投资企业合法权益，外国投资者可以按照规定自由转移其合法投资收益。	第十六条 自贸试验区内企业到境外投资开办企业，对一般性境外投资项目和设立企业实行备案制。自贸试验区建立境外投资合作综合服务平台，完善境外投资产和人员安全风险预警和应急保障体系。	《中国（四川）自由贸易试验区总体方案》 5. 提升利用外资水平。……完善投资者权益保障机制。允许符合条件的外国投资者自由转移其投资收益。 《中国（四川）自由贸易试验区建设实施方案》 24. 完善投资者权益保护。允许符合条件的外国投资者自由转移投资收益。完善投资者权益保障机制。允许符合条件的外国投资者自由转移投资收益。保护劳动者和用人单位合法权益，建立工作环境损害监督等制度。加强境外投资事中事后管理和服务，严格执行环境保护法规和标准。完善境外投资产和人员安全风险预警和应急保障体系。

续表

中国（四川）自由贸易试验区条例	中国（四川）自由贸易试验区管理办法	参考资料
第二十三条　支持自贸试验区内法人和其他组织开展境外投资合作，对一般性境外投资项目和设立企业实行备案制。 自贸试验区建立对外投资产和人员安全风险预警和应急保障体系。	第十五条　自贸试验区应当建立外商投资信息报告制度和外商投资信息公示平台。	《中国（四川）自由贸易试验区总体方案》 1. 推进简政放权。……建立"一窗受理、协同审批"的"一站式"高效服务模式，建设市场准入统一平台，实现多部门信息共享和协同管理。 《中国（四川）自由贸易试验区建设实施方案》 23. 建立对外投资合作"一站式"服务平台。
第二十四条　推动自贸试验区企业登记便利化改革，实行证照分离、简易注销登记改革，推行行政审批确认制改革、商事登记改革。	第五十一条　深化商事登记制度改革，实行全程电子化登记和电子营业执照管理。探索推行"多证合一""证照分离"。	《中国（四川）自由贸易试验区总体方案》 三、（一）1. 推进简政放权。放宽企业名称表述限制，开放企业名称数据库，推行企业名称自主申报、网上核准、完善名称争议纠纷处理机制。 放宽企业住所登记条件，探索以邮政通信地址作为企业住所的登记方式，建立行政审批项目录，做到"目录之外无审批"。最大限度取消行政许可事项，建立行政审批和公共服务事项动态更新管理机制，按照"依法放权、按需放权、应放尽放"原则，自贸试验区最大限度承接省级管理事项。 《中国（四川）自由贸易试验区建设实施方案》 三、主要任务　（一）着力营造国际化法治化便利化营商环境。 4. 强化商事登记制度改革。放宽企业名称表述限制，优化完善企业名称登记管理系统，开放企业名称库，推行企业名称自主申报、网上核准，制定名称争议处理办法。放宽企业住所登记条件，探索以邮政通信地址作为企业住所的集群注册模式，实行企业住所托管方式，允许"一照多址"和"一址多照"。推行企业全程电子化登记，电子营业执照工作。

续表

中国（四川）自由贸易试验区条例	中国（四川）自由贸易试验区管理办法	参考资料
第二十五条　自由贸易试验区采取共享开放合作模式，建设国别产业合作园区，促进协同创新，加强国际科技合作和产业升级，自主创新和产业升级。	第十九条　自贸试验区采取"平台+园区""政府+机构+企业"等共享开放合作模式，支持在自贸试验区内建设国别产业合作园区，推进创新创业、产业升级。	《中国（四川）自由贸易试验区总体方案》 8. 深化园区国际合作。坚持引资、引智、引技与优势产业、产品、技术及服务"走出去"相结合，围绕产业合作，科技创新、中小企业合作、职业教育、新型城镇化等领域合作发展，采取"平台+园区""政府+机构+企业"的共享开放合作模式，支持在自贸试验区内建设国别产业合作园区，推进创新创业。探索建立土地节约集约利用新模式，自贸试验区内土地可以按不同功能用途混合利用，允许同一地块或同一建筑兼容多种功能，产业用地实行弹性年期出让等灵活供地措施，根据产业政策和项目类别可采取先租后让，差异化年期出让等供地措施。……19. 发展新兴金融业态。积极引进设立各类金融总部、专业子公司，区域总部等机构。……增强产业辐射带动能力。探索形成有利于高端制造业向自贸试验区产业集聚集群发展的体制机制，探索自贸试验区与周边地区产业合作新路径，促进区域产业合理布局，错位发展。促进研发设计、生产销售和物流配送等环节协同配合，建立产业发展和收益分享机制。…… 《中国（四川）自由贸易试验区建设实施方案》 20. 推进开放合作平台建设。采取"平台+园区""政府+机构+企业"的共享开放合作模式，支持中德、中法、中韩、中意、新川等国别产业合作平台建设，加强国际科技合作平台建设，推动国别国际合作平台设立，实施"国际科技合作基地、联合研究中心、联合实验室等国际合作园创新，推动全省各省参与国际合作园合作伙伴计划"，促进产学研协同创新和自主创新。推动全省各类高新技术开发区、经济技术开发区，海关特殊监管区域参与国际合作竞争。

续表

中国（四川）自由贸易试验区条例	中国（四川）自由贸易试验区管理办法	参考资料
第二十六条 鼓励国有企业依托自贸试验区创新发展路径，推进产权多元化改革，完善现代企业制度，参与国际市场竞争。 自贸试验区可以建立国有资本运营平台，提升国有企业完善资产管理体制，提升国有资本运营能力和水平。	第二十条 鼓励国有企业依托自贸试验区探索创新发展新路径。进一步推进自贸试验区内国有企业产权多元化改革，稳妥发展混合所有制经济。	《中国（四川）自由贸易试验区总体方案》 9. 深化国有企业改革。坚持市场化导向，进一步完善自贸试验区内国有企业现代企业制度，建立健全长效激励约束机制，提升国有资本监管的针对性和有效性。设立国有资本运营平台，提升国有资本运营能力和水平。鼓励国有企业依托自贸试验区探索创新发展新路径，进一步推进自贸试验区内国有企业产权多元化改革，稳妥发展混合所有制经济。探索国家铁路股份铁路公司与地方政府合作与成都国际铁路港运营管理，推动铁路资源有效整合。 《中国（四川）自由贸易试验区建设实施方案》 21. 激发国有企业活力。设立国有资本运营平台，提升国有运营能力和水平。鼓励国有企业依托自贸试验区探索创新发展新路径。进一步推进自贸试验区内国有企业产权多元化改革，稳妥发展混合所有制经济。探索国家铁路运输企业、国家铁路控股公司与地方政府合作与成都国际铁路港运营管理，推动铁路资源有效整合。
第二十七条 自贸试验区应当优化口岸营商环境，完善跨境贸易便利化措施，减少通关时间，降低进出口环节的合规成本。	第二十三条 自贸试验区内的海关特殊监管区域，实行"一线放开、二线安全高效管住"的出入境海关监管模式，整合优化海关特殊监管区域管理措施，并根据自贸试验区发展需要，推动海关口岸监管部门信息互换、监管互认，执法互助。探索口岸监管制度创新。	《中国（四川）自由贸易试验区总体方案》 13. 创新口岸服务机制。加大对口岸和场站公共服务的政策和资金支持。制定口岸作业、报关报检、查验等环节的工作和服务标准。创新税收担保模式，推行涉税担保信息化管理。支持符合条件的涉税业务适用总担保制度。建设完善四川电子口岸，依托电子口岸公共平台建设国际贸易"单一窗口"，实现口岸服务一体化。推动四川监管部门信息互换、监管互认，执法互助。推进企业运营管理模式，推动通关、自助通关、重点精核"等模式。创新自贸试验区海关检验检疫监管模式、试点。创新自贸试验区国际会展检验检疫监管模式、试点。探索国家开展海关、国际联网核查机制。支持自贸试验区与"一带一路"沿线国家开展海关、

续表

中国（四川）自由贸易试验区条例	中国（四川）自由贸易试验区管理办法	参考资料
第二十八条　自贸试验区应当优化海关监管方式，强化进出境安全准入管理，完善对国家禁止和限制入境货物、物品的监管。 自贸试验区海关特殊监管区域与境外之间的管理为一线管理，自贸试验区海关特殊监管区域与境内海关特殊监管区域外之间的管理为二线管理。按照自由进出区原则，二线安全高效管住，区内流转自由与发展需求相适应的监管模式。	第二十三条　自贸试验区内的海关特殊监管区域，实行"一线放开、二线安全高效管住"的出入境特殊监管区域监管模式，整合优化海关特殊监管区域内海关监管措施，并根据自贸试验区发展需要，推动口岸监管部门信息互换、执法互助。探索口岸监管制度创新。	检验检疫、认证认可、标准计量等方面的合作与交流，探索与"一带一路"沿线国家开展贸易安全与便利合作。 《中国（四川）自由贸易试验区建设实施方案》 27. 开展口岸通关监管制度创新。努力实现24小时预约通关服务。建立进出口货物时间预约报制度，放行时间报行评价体系。进口特殊商品指定口岸，外贸综合服务企业发展相适应的通关管理机制。推进企业运营信息与监管系统对接，鼓励企业参与"自主报税、自助通关、自助审放、重点稽核"等监管制度创新试点。对资信良好、符合海关监管要求的企业，探索实施自动备案，允许非报关方式进入海关特殊监管区域，与保税货物分类监管。试行企业"主动披露"制度，对企业主动报告海关未发现的违规事项，可依法减轻从轻，减轻或不行政处罚。 《中国（四川）自由贸易试验区总体方案》 14. 优化监管通关流程。实施24小时预约通关服务。建立进出口货物口岸放行时间预约评价体系。健全与跨境电子商务、进口特殊商品指定口岸，外贸综合服务发展相适应的通关管理机制。积极推动实施一体化通关。在确保有效监管前提下，数问口岸监管物流安全建设空、铁、公、水多式联运物流监管中心，多方联网共享监管程信息，实现二式联货物"单一窗口"办理。深化保税货物流转模式改革。对资信良好、管理规范，符合海关监管要求的企业，探索实施自动备案，自核单耗并自主报。试行海关监管企业发现未发现的违规事项度，对企业主动报告海关未发现的违规事项，

续表

中国（四川）自由贸易试验区条例	中国（四川）自由贸易试验区管理办法	参考资料
		可依视情从轻、减轻或不予行政处罚。在确保有效监管前提下，在海关特殊监管区域探索建立货物状态分类监管模式。支持区外法人企业依法在海关特殊监管区域（保税监管场所）内设立分支机构，加强口岸机构的沟通与合作，珠海等口岸机构的沟通与合作，全面实现供通港澳疏菜出口直放。
第二十九条　自贸试验区应当依托中国（四川）国际贸易单一窗口，拓展自贸试验区创新发展的业务服务功能，实现国际贸易服务一体化。鼓励企业参与自主报税、自动通关、重点稽核等监管制度创新试点。	第二十四条　建设完善四川电子口岸，依托电子口岸公共平台，建设国际贸易单一窗口，实现口岸服务一体化。探索推进通关全过程无纸化。	《中国（四川）自由贸易试验区总体方案》 13. 创新口岸服务机制。加大对口岸和场站公共服务的政策和资金支持。制定口岸作业、报关报检、查验等环节的工作和服务标准。创新税收担保模式，推行涉税担保信息化管理，支持符合条件的涉税担保业务适用总担保制度。……推进企业运营信息与监管系统对接，鼓励企业参与"自主报税、自动通关、重点稽核"等监管制度创新试点。创新自贸试验区国际会展检验检疫监管模式。探索检验检疫创新试点。
第三十条　自贸试验区建立适应跨境电子商务、国际会展等特点的通关监管模式，创新会展监管模式，加快推进检验检疫国际官方间联网核查，完善口岸安全风险防控机制。	建设空、铁、公、水多式联运物流监管中心，实现多式联运货物"单一窗口"办理。	
第三十一条　自贸试验区改革保税货物流转模式。在海关特殊监管区域实行仓储货物状态分类监管，允许非保税货物以非报关方式进入海关特殊监管区域，与保税货物集拼、分拨后，实现离境出口或者出区返回境内。自贸试验区创新海关税收担保模式，完善口岸安全风险防控机制。	第二十三条　自贸试验区域，实行"一线放开、二线安全高效管住"的出入境海关监管模式，整合优化海关特殊监管区域管理措施，并根据自贸试验区发展需要，推动口岸监管部门信息互换、监管互认，执法互助，探索口岸监管制度创新。	《中国（四川）自由贸易试验区总体方案》 13. 创新口岸服务机制。加大对口岸和场站公共服务的政策和资金支持。制定口岸作业、报关报检、查验等环节的工作和服务标准。创新税收担保模式，推行涉税担保信息化管理，支持符合条件的涉税担保业务适用总担保制度。优化口岸通关流程。 14. 优化口岸监管流程。实施24小时预约通关电子商务，建立进出口货物口岸放行时间行间评价体系。健全跨境电子商务，进口特殊商品指

续表

中国（四川）自由贸易试验区条例	中国（四川）自由贸易试验区管理办法	参考资料
实行涉税担保信息化管理，符合法定条件的税收担保业务可以适用总担保制度。		定口岸、外贸综合服务发展相适应的通关管理机制。积极推动实施一体化通关。积极推进无纸化申报，无纸化放行，探索实施检验检疫无纸化。在确保有效监管前提下，鼓励口岸监管部门优化查验过程全程信息，公、水多式联运监管中心，多方联网共享物流全建设空、铁、实现多式联运货物"单一窗口"办理。深化保税货物流转模式改革。对资信良好、管理规范、符合海关监管要求的企业，探索实施自动备案，自核单耗和自主核报。试行企业"主动披露"制度，对企业主动报告海关未发现的违规事项，可依法视情从轻、减轻或不予行政处罚。在确保海关有效监管模式。支持区外法人企业依法在海关监管区域探索建立货物状态分类监管（保税监管场所）内设立分支机构，加强与深圳、珠海等口岸机构的沟通与合作，全面实现供港澳蔬菜出口直放。
第三十二条 自贸试验区探索完善服务贸易市场准入制度，放宽或者逐步取消相关限制措施，有序推进技术贸易、文化贸易以及中医药、健康养老等服务贸易发展。 第三十三条 海关特殊监管区域内开展保税维修、检测、研发、艺术品交易业务，开展航空发动机等高附加值商品境内外维修业务试点，依法建立保税展示交易平台。		《中国（四川）自由贸易试验区总体方案》 10. 加快服务贸易创新发展。加快推进服务贸易创新发展试点，积极探索服务贸易发展新模式，建立完善服务贸易公共服务体系和贸易促进平台。重点推进与欧洲地区在产业上合作，企业对接联动，项目载体共建，商务发展优化等领域的深入合作，提升对欧服务贸易水平。加快发展技术创新和商业模式创新融合的新兴服务贸易和科技贸易。在海关特殊监管区域内不断拓展保税维修、检测、研发等业务。对注册在自贸试验区海关特殊监管区域内的融资租赁企业进出口飞机、船舶、海洋工程结构物等大型设备的涉及跨关区的，在确保有效监管和执行现行相关税收政策的前提下，按物流实际需求，实行海关异地委托监管。在环境风险可控的前提下，支持在海关特殊监管区域内开展航空发动机等高技术含量、高附

续表

中国（四川）自由贸易试验区条例	中国（四川）自由贸易试验区管理办法	参考资料
对注册在海关特殊监管区域内的融资租赁企业进出口飞机、船舶、海洋工程结构物等大型结构设备及跨关区的，依法实行海关异地委托监管。从境外进入海关特殊监管区域或保税监管场所的文化产品，除法律、法规和规章另有规定的外，不实行许可证管理。 第三十四条 自贸试验区应当建立产业专利导航、快速协同保护等制度，设置商标受理窗口，为技术贸易、文化贸易以及专利转化、非物质文化遗产、中医药等知识产权跨境交易提供便利。		加值商品境内外维修业务试点。鼓励发展动漫创意、信息管理、数据处理、供应链管理等服务外包产业。搭建便利化的知识产权公共服务平台，设立知识产权服务工作站。大力发展知识产权专业服务业。探索建立自贸试验区重点产业专利导航制度和重点产业快速协同保护机制。依托现有交易场所开展知识产权跨境交易，推动建立市场化运作的知识产权品牌商标品牌服务机构在线注册、价值评估、注册代理、法律服务等方面不断提升服务水平。扩大对外文化贸易和版权贸易。深化艺术品交易及市场功能拓展，支持在海关特殊监管区域（保税监管场所）内开展艺术品保税业务，为境内外艺术品生产、物流、仓储、展示和交易等文化产品、除法律、行政法规和规章另有规定的外，不实行许可证管理。创新文化服务外推广模式，支持发展以传统手工技艺、武术、会展、品曲、民族音乐相结合的开发模式，鼓励广播影视、新闻出版等文化运作。授权舞蹈等为代表的非物质文化遗产与旅游、品牌授权相结合的开发模式，试点国外巡演的商业化运作。大力发展中医药服务贸易，建立四川省中医药服务及贸易大平台，积极与境外开展中药材种植、研发等合作，鼓励中医药开展中医药国际健康旅游线路建设，扩大国际市场。允许境外服务提供者以跨境交付形式提供管理培训、咨询服务。 《中国（四川）自由贸易试验区建设实施方案》 39. 推进服务贸易创新发展试点。深入推进成都国家服务贸易创新发展试点，探索适应服务贸易发展的新体制机制，建立完善服务贸易公共服务体系及贸易促进平台。支持自贸试验区建设文

续表

中国（四川）自由贸易试验区条例	中国（四川）自由贸易试验区管理办法	参考资料
第三十五条 自贸试验区按照风险可控、服务实体经济的原则，扩大金融领域对外开放，促进跨境投融资便利化，增强金融服务功能，发展新兴金融业态。	第二十六条 按照风险可控、服务实体经济的原则，自贸试验区开展扩大金融领域对外开放，促进跨境投融资便利化，增强金融服务功能，发展新	化贸易基地，积极争创国家级文化贸易基地。在巩固提升旅游、物流等优势服务业国际竞争力的同时，大力促进高技术、高附加值的设计、文化、技术、服务，保税维修等新兴领域服务贸易发展，打造"成都服务"国际品牌。在确保有效监管和执行现行相关税收政策的前提下，海关对融资租赁的飞机、船舶等大型设备实行异地委托监管。 40. 促进文化贸易和版权贸易发展。深化艺术品交易市场功能拓展，支持在海关特殊监管区域（保税监管场所）内开展文化、保税艺术品保税业务，为境内外艺术品生产、物流、仓储、展示和交易区域（保税监管场所）提供服务，对从境外进入海关特殊监管区域另有规定的外，不实行许可证管理。除法律、行政法规和规章的文化产品，企业发展以传统手工技艺、武术、戏曲、民族音乐和舞蹈等为代表的非物质文化遗产与旅游、会展、品牌授权相结合的开发模式，鼓励广播影视、新闻出版、演出展览业企业创新文化服务海外推广模式，以项目合作方式进入国际市场。 41. 大力发展中医药服务贸易及贸易大平台，积极与境外开展中药材种植、研发等合作，建立四川省中医药中心建设。鼓励开展中医药国际健康旅游线路建设。探索"互联网＋中药材"运营模式，建立完善道地中药材商品规格电子交易标准。办好国际中药健康产业博览会。 《中国（四川）自由贸易试验区建设实施方案》 （七）助力西部金融中心建设。62. 大力推进产融合作。大力推进产融合作试点，支持成都开展产融合作示范基地，搭建产融对接信息平台，促进金融产品和服务创新，推动"产业链、创新链、资金链"三链协同，实现互利共赢，探索产融业态。

续表

中国（四川）自由贸易试验区条例	中国（四川）自由贸易试验区管理办法	参考资料
第三十六条 自贸试验区促进跨境贸易、投融资结算便利化，探索建立与自贸试验区相适应的本外币账户管理体系。支持跨国公司在自贸试验区内成立全球或者区域资金结算中心。支持符合条件的企业参与跨国公司总部外汇资金集中运营管理和跨境双向人民币资金池等业务。	兴金融业态和探索创新金融监管机制等试点工作。	业与金融良性互动、创新发展的新途径。《中共四川省委关于全面推动高质量发展的决定》2. 支持成都建设全面体现新发展理念的国家中心城市。建设国家西部金融中心，增强信贷市场、资本市场、财富管理、结算服务、投融资、新型金融等核心功能。
	第二十七条 探索建立与自贸试验区相适应的本外币账户管理体系，促进跨境贸易、投融资结算便利化。	《中国（四川）自由贸易试验区总体方案》15. 促进跨境投融资结算便利化。探索建立与自贸试验区相适应的本外币管理账户，促进跨境贸易、投融资结算便利化。支持符合条件的企业与跨国公司总部外汇资金集中运营区成立全球或区域结算中心。
	第二十九条 支持跨国公司在自贸试验区内成立全球或区域资金结算中心。支持符合条件的企业在自贸试验区内开展外汇资金集中运营等业务。	《中国（四川）自由贸易试验区建设实施方案》54. 促进跨境投融资结算便利化。探索建立与自贸试验区相适应的本外币管理账户，促进跨境贸易、投融资结算便利化。支持符合条件的企业与跨国公司总部外汇资金集中运营改革。进一步简化管理改革。深化外汇管理体制改革，在真实、合法交易基础上，自贸试验区内收入外汇按照管理分类等级为A类企业的外汇收入无需开立待核查账户。银行按照"了解客户、了解业务、尽职审查"的展业三原则办理经常项目收结汇、购付汇手续。《中共四川省委关于全面推动高质量发展的决定》10. 大力发展现代服务业。探索建立"一带一路"跨境金融服务平台，人民币国际化清算平台，大宗商品跨境金融服务平台。

续表

中国（四川）自由贸易试验区条例	中国（四川）自由贸易试验区管理办法	参考资料
第三十七条 民营资本和外国资本可以依照法律、行政法规和国家政策在自贸试验区内设立金融机构或国家机构和分支机构。 国家政策支持性金融机构采取多种形式为自贸试验区企业发展提供金融服务。	第三十条 在符合现行法律法规及政策导向的前提下，支持在自贸试验区内设立银行、证券、保险等金融机构。 第三十一条 支持外资银行和中外合资银行在自贸试验区内依法设立营业性机构、依法设立民营资本依法进入金融业、依法设立财务公司、汽车金融公司等金融机构，支持符合条件的境内纯中资民营企业发起设立民营银行。	《中国（四川）自由贸易试验区总体方案》 16. 在符合现行法律法规及政策导向的前提下，支持在自贸试验区内设立银行、证券、保险等金融机构。支持外资银行和中外合资银行行开展跨境业务的网络服务。支持银行业金融机构与个人跨境已依照相应业务许可资质的非银行支付机构合作开展个人跨境贸易、服务贸易的人民币结算服务。
第三十八条 鼓励各类金融机构在自贸试验区依法进行金融产品、业务、服务和风险管理等方面的创新。 符合条件的香港特别行政区、澳门特别行政区、台湾地区和内地机构可以在自贸试验区设立金融租赁公司、开展境内外融资租赁业务，在海关特殊监管区域内开展飞机融资租赁业务。	第三十二条 推进自贸试验区保险业创新发展，支持按照有关保险业设立健康、科技、养老等专业保险机构。支持自贸试验区内保险机构大力开展跨境人民币再保险。鼓励各类保险机构在自贸试验区创新特殊风险分散机制，开展特殊风险保险业务。建立完善巨灾保险制度。支持专业性再保险机构以及从事再保险业务中介机构等服务机构和个人在自贸试验区依法会组织和个人在自贸试验区依法	《中国（四川）自由贸易试验区建设实施方案》 55. 扩大金融领域开放。支持在自贸试验区内设立银行、证券、保险等金融机构，大力引进金融性机构、专业子公司、区域性总部，支持符合条件的外资机构，支持设立专业化机构，征信等专业机构，支持股权托管交易平台、汽车金融公司、财务公司，支持依法设立综合金融服务平台，支持符合条件的境内纯中资金融机构建立消费金融公司和消费金融公司等金融公司。 《中国（四川）自由贸易试验区总体方案》 15. 研究探索在自贸试验区内银行业金融机构在依法合规、风险可控的前提下，向境外销售人民币理财产品，开展人民币跨境担保等业务。允许在自贸试验区内符合条件的金融机构按照规定开展外资投资业务。 16. 增强金融服务功能。在符合现行法律法规及政策导向的前提下，支持在自贸试验区内设立银行、证券、保险等营业机构，支持在自贸试验区内设立外资银行和中外合资银行在自贸试验区内设立营业机构，发挥外资银行业务的网络平台优势，为跨境金融机构提供优势，支持外资机构合作开行跨境业务的网络平台优势，为跨境业务提供优质的非银行支付机构合作开展银行业务。

续表

中国（四川）自由贸易试验区条例	中国（四川）自由贸易试验区管理办法	参考资料
第三十九条 自贸试验区有序探索知识产权证券化、完善知识产权质押等融资模式。	开展相关业务。 第三十三条 支持证券业经营机构在自贸试验区内依法设立分支机构或子公司。允许自贸试验区内符合条件的金融机构和企业按照规定开展境内外证券投资业务。支持符合条件的自贸试验区内机构按照规定范围在自贸试验区内建立综合金融服务平台。 第三十四条 支持符合条件的内地和港澳合资机构在自贸试验区设立金融租赁公司、融资租赁公司，在飞机、船舶及其零部件、机器人、农机、医疗设备及基础设施等领域开展业务。允许自贸试验区内符合条件的融资租赁业务收取外币租金。鼓励各类租赁公司扩大跨境人民币资金使用范围。 第三十五条 支持自贸试验区创新金融业务、发展新型金融机构： （一）支持自贸试验区内银行业金融机构	展企业和个人跨境货物贸易、服务贸易及人民币结算服务。加快发展金融IC卡（芯片银行卡）和移动金融，打造金融示范区。支持在自贸试验区内设立货币兑换、征信等专业化机构。支持符合条件的金融机构在自贸试验区内按照规定投放境内外证券市场。允许自贸试验区内企业按照规定投放境内外证券市场。支持股权交易场所开展长江上游生产要素国际交易业务以及粮食、矿石和建筑材料等大宗商品现货交易业务。支持设立健康、科技、养老等专业保险机构。支持注册在自贸试验区内的法人寿再保险。支持自贸试验区内保险机构大力开展跨境风险分散机制，开展特殊风险保险业务。鼓励各类保险机构在自贸试验区创新保险产品，不断拓展责任保险等服务领域。建立完善巨灾保险制度。支持专业性保险中介机构以及从事再保险业务的机构和社会组织和个人在自贸试验区依法开展相关业务。为保险业发展提供专业技术配套服务。进一步简化经常项目外汇收支手续，在真实、合法交易基础上，自贸试验区内货物贸易外汇管理分类等级为A类企业的外汇收入无需开立待核查账户。银行按照"了解客户、了解业务、尽职审查"的展业三原则办理经常项目收结汇、购付汇手续。 17. 发展新兴金融业态。积极引进设立各类金融总部、专业子公司，区域总部等机构。支持民营资本依法合法进入金融业，依法设立财务公司、汽车金融公司和消费金融公司等金融公司，支持符合条件的境内纯中资民营企业发起设立民营银行。地方可结合实际试点设立地方资产管理公司和并购基金等。研究探索自贸试验区内金融机构依法合规、风险可控前提下，依托各类跨境投融资工具，研发筹市场投资理财产品。支持自贸试验区发展科技金融，积极争取纳入投贷联动试点，促进创业创新。鼓励通

续表

中国（四川）自由贸易试验区条例	中国（四川）自由贸易试验区管理办法	参考资料
	可在依法合规、风险可控的前提下，向境外销售人民币理财产品，开展人民币项下跨境理财等业务； （二）在自贸试验区允许按照有关规定设立货币兑换、征信等专业化机构； （三）支持自贸试验区内保险机构开展跨境人民币再保险； （四）探索自贸试验区内金融机构在依法合规、风险可控的前提下，依托各类跨境投融资工具，研发跨境市场投资理财产品； （五）自贸试验区可结合实际试点设立地方资产管理公司和并购基金等； （六）发展金融 IC 卡（芯片银行卡）和移动金融； （七）支持商业保理业务发展，探索适合商业保理业务发展的监管模式； （八）推动西部地区区域金融合作，依托现有交易场所在西部地区开展产权、技术、排污权、碳排放权等交易。	过社会资本设立融资担保基金，缓解中小微企业融资难。支持符合条件的内地和港澳台合条件的企业在自贸试验区设立金融租赁公司，融资租赁公司，船舶在飞机、医疗设备及基础设施等领域开展业务，支持其在符合相关规定前提下，设立项目公司开展飞机融资租赁。支持在海关特殊监管区域内开展飞机融资租赁业务。支持在海关特殊监管区域内开展融资租赁业务收取外币租金。允许自贸试验区内符合条件的融资租赁企业试点，注册在自贸试验区所在商务主管部门和同级国家税务局备案，探索建立融资租赁企业失信和经设立国家变更的备案制度。进一步推进内资融资租赁试点，加强事中事后监管；违反行业管理规定的处罚制度、失信和经营异常企业公示制度、属地监管部门对企业扩大跨境人民币资金境内使用开展范围。鼓励各类租赁公司在自贸试验区内开展范围，鼓励国内同期货交易设立分支机构或专业子公司。支持证券业经营业务发展。期货保税交割、仓单质押融资等业务。支持证券业经营业务发展。试验区内依法设立分支机构或专业子公司。支持商业保理业务发展，探索适合商业保理业务发展的监管模式。 《中国（四川）自由贸易试验区建设实施方案》 55. 扩大金融领域开放。支持在自由贸易试验区内设立银行、证券、保险等金融机构，大力引进金融机构总部、专业子公司、区域总部等机构，支持符合条件的外资银行设立营业性机构，支持股权投托管交易综合金融服务平台，征信等依法设立财务公司、汽车金融公司、消费金融公司等金融机构，支持依法设立纯中资民营金融机构或中资企业发起设立民营银行。 56. 增强银行外资银行在纯中资民营银行发起跨境业务平台优势，发挥外资银行纯内资银行发起跨境业务功能，发挥符合行业服务功能，

续表

中国（四川）自由贸易试验区条例	中国（四川）自由贸易试验区管理办法	参考资料
		为跨境企业提供综合金融服务。支持银行业金融机构与已获相应业务许可资质的非银行支付机构合作开展企业和个人跨境货物贸易、服务贸易人民币结算服务。加快发展金融IC卡（芯片银行卡）和移动金融，打造金融IC卡无障碍环境，优化境外银行卡刷卡消费环境。 57. 促进保险业创新发展。支持设立健康、养老等专业保险机构。支持注册在自贸试验区内的法人寿险险机构的新发展。鼓励保险公司创新保险产品，不断拓展责任保险和再保险领域。鼓励各类保险风险险业务。支持自贸试验区内保险机构大力开展跨境风险分散机制，开展特殊风险保险业务。建立完善巨灾保险制度。支持专业性保险中介机构在自贸试验区内从事再保险业务的社会组织和个人在自贸试验区依法开展相关业务，为保险业发展提供专业技术配套服务。大力发展长江航运金融服务，探索组建专业化地方法人航运保险机构，鼓励境内外航运金融服务中介机构设立营业机构。 58. 支持证券业发展。鼓励证券期货业经营机构在自贸试验区内依法设立分支机构或专业子公司。支持符合条件的自贸试验区内机构按照规定投资境内外证券期货市场。 59. 大力发展科技金融。按照国家统一部署，积极争取纳入投贷联动试点。鼓励企业与高校等创新培训课程，共同开设区块链技术、人工智能等金融科技创新评价体系和标准，建立科技企业信用评价体系和标准，引导金融机构探索完善企业信用风险管理机制。鼓励借助区块链等前沿治术，在自贸试验区内试点，推动搭建金融安全数字化信息平台。 60. 鼓励区设立金融租赁、融资租赁公司。支持符合条件的内地和港澳合资机构在自贸试验区设立融资租赁公司，鼓励在飞机、船舶及其零部

续表

中国（四川）自由贸易试验区条例	中国（四川）自由贸易试验区管理办法	参考资料
		件、机器人、农机、医疗设备及基础设施等领域开展业务，支持其在符合相关规定前提下设立项目公司开展境内外融资租赁业务。支持在海关特殊监管区域内开展飞机专项飞机租赁。允许自贸试验区内符合条件的融资租赁业务收取外币租金。进一步推进融资租赁企业由四川省商务厅和四川省国家税务局审核。加强事中事后监管，探索建立融资租赁企业设立和变更的备案制度、违反行业管理规定的处罚制度、失信和经营异常企业公示制度，鼓励各类租赁公司扩大跨境人民币资金使用范围。 61. 发展融资租赁业务。研究探索自贸试验区内金融机构在依法合规、风险可控的前提下，向境外销售人民币理财产品，开展人民币项下跨境担保等业务。鼓励中小微企业融资难。鼓励国内外金融机构通过产业基金、并购重组、股权投资、资产证券化、消费信托等特色新模式全方位参与产业上下游产业升级发展。探索文化旅游、军民融合等具有特色产权、订单、应收账款、出口退税等抵质押融资业务。开展知识产权、股权、股权、应收账款，探索适合商业保理业务发展的监管模式。 63. 提升金融服务实体经济功能。依托现有交易场所在西部地区开展产权、技术、排污权、碳排放权交易等业务。鼓励国内期货交易所在自贸试验区的海关监管区域内开展期货保税交易等业务。鼓励在自贸试验区内设立衍生品市场外交易清算结算与国内交易所合作，金融创新助力研发基地和项目对接平台。探索多种经营机构协助国家依托研发基地运用期货工具对冲业务风险。支持期货经营"一单制"，试点金融企业依法运用期货工具对冲实质性提升，解决班列中欧沿线质押的外贸综合运输成本问题，降低与中欧班列沿线国家的外贸综合运输成本等。自贸试验区可结合实际试点设立地方资产管理公司和并购基金。

续表

中国（四川）自由贸易试验区条例	中国（四川）自由贸易试验区管理办法	参考资料
第四十条 推动基于铁路运单多式联运单证的制度创新，建设多式联运中心、陆空物流分拨中心、海外物流节点仓和海外联运"一单制"，探索多式联运海运证单多式联运。		《中国（四川）自由贸易试验区总体方案》 14. 优化监管通关流程。在确保有效监管前提下，鼓励口岸监管部门优化查验机制。建设空、铁、公、水多式联运监管中心，多方联网共享物流全程信息，实现多式联运货物"单一窗口"办理。 20. 畅通国际开放通道。……优化多式种运输方式衔接，中转流程，完善多式联运联运模式，加速构建集高铁、地铁、城际铁路、高速公路于一体的综合交通体系，建设中欧陆空联运基地。推进内陆地区国际多式联运示范建设，试点签发具备货物权凭证性质的多式联运提单，探索多式联运"一单制"。在交通运输领域，完善快件处理设施和绿色通道。加快发展快速等现代物流业。 《中国（四川）自由贸易试验区建设方案》 32. 打造国际铁路运输枢纽重要枢纽。支持成都国际铁路港建设国家对外开放口岸。推进中欧班列（成都）北、中、南三线稳定常态运行，适时开通至东南亚"泛亚班列"，大力拓展成都至全国内主要枢纽城市的互联互通班列。构建面向泛亚泛欧地区的国际班列体系。加强粮食口岸、完善整车口岸、肉类口岸功能，开展木材进口加工业务。推进平行进口汽车试点，打造集整车进口、展销、促进企业降本增效。搭建以物流信息调度为核心的铁路港片区信息港、金融等一体化的产业链。支持平行进口汽车在川南临港片区延展分销。建立班列运输融资机制和平台，创新仓单质押担保等质物权质押融资产品。 35. 建设川滇黔临港航运中心。加快建设长江上游高等级航道，推进综合交通枢纽基础设施建设，联动构建"空铁公水"立体交通网络体系，延伸水运物放口岸。支持川南临港片区设立国家对外开

续表

中国（四川）自由贸易试验区条例	中国（四川）自由贸易试验区管理办法	参考资料
第四十一条 自由贸易试验区应当建立与自贸试验区相适应的新型风险监管体系，保障自贸试验区内的金融安全与稳定。自贸试验区相关部门应当配合金融监管部门，建立跨境资金流动风险监测，做好反洗钱、反恐怖融资、反逃税等金融风险监管监测，评估和防范工作。	第三十八条 探索建立与自贸试验区相适应的新型风险监管体系。自贸试验区监管相关部门应当配合金融监管，建立与金融业务发展相适应的风险监测、评估和防范机制，做好反洗钱、反恐怖融资、反逃税工作，防范非法资金跨境、跨区流动。	流、航运服务、国际贸易产业链，打造以港口为核心的多式联运货物流体系。鼓励发展船舶交易、航运物流信息、船员培训、船舶维修等航运服务业，探索与港口航运配套金融服务。信息服务。优化船舶运营、检验与登记业务流程。 36.建设中欧班列空联结基地。推动双流航空枢纽、成都国际铁路港的辐射圈，进一步拓展航空、铁路和水路运输相互融合，着力打造航空物流分拨中心、海外物流节点和海外仓，完善中欧货物便捷高效流动。推进内陆地区多式联运标准和服务规则，打通中欧班列多式联运新模式，加快构建立体交通体系。公路、航空、水路、邮路等多式联运，支持泸州港参与成都国际铁路港集装箱铁公水多式联运示范工程建设。加快发展物流示范设施和绿色快件处理通道。 《中国（四川）自由贸易试验区总体方案》 18.探索创新金融监管机制。落实风险为本的原则，探索建立跨境资金流动风险监管体系。强化开展反洗钱、反恐怖融资、反逃税工作，防止非法资金跨境流动。监管机构，强化开展反洗钱、反恐怖融资，资金跨境，跨区流动。 《中国（四川）自由贸易试验区建设实施方案》 64.优化金融生态环境。放宽和简化自贸试验区内金融机构和高管准入事前审批，推行事后报告制。探索建立与自贸试验区相适应的新型风险监管体系，强化开展反洗钱、反恐怖融资，防止非法资金跨境、跨区流动。

续表

中国（四川）自由贸易试验区条例	中国（四川）自由贸易试验区管理办法	参考资料
第四十二条　自贸试验区改革创新需要暂时调整或者暂时停止适用有关行政法规、部门规章规定的，依照法定程序争取国家支持；需要暂时调整或者暂时停止适用有关地方性法规、地方政府规章规定的，由制定机关依法决定调整或暂时中止适用。		《国务院关于在自由贸易试验区暂时调整有关行政法规、国务院文件和经国务院批准的部门规章规定的决定》在自由贸易试验区暂时调整《中华人民共和国船舶登记条例》……等11部行政法规、国务院有关部门上海市、广东省、天津市、福建省、辽宁省、浙江省、河南省、湖北省、重庆市、四川省、陕西省人民政府批准的部门规章有关行政性文件，国务院文件和经国务院批准的部门规章的调整情况，及时对本省市制定的规范性文件作相应调整，建立与试点要求相适应的管理制度。
第四十三条　自贸试验区应当参考国际通行的营商环境评价指标，建立同国际投资和贸易通行规则相衔接的制度体系，构建稳定、透明、可预期和公平竞争的营商环境。		《进一步深化中国（福建）自由贸易试验区改革开放方案》 （二）建设目标。到2020年，率先建立同国际投资和贸易通行规则相衔接的制度体系，形成法治化、国际化、便利化营商环境。 （五）打造高标准的国际化营商环境。参照国际商务环境评价指标，从企业开办、施工许可、产权登记、信贷获取、投资者保护、纳税、破产清算等方面梳理和对标、查找薄弱环节，加大改革力度，着力构建稳定、公平、透明、可预期的一流营商环境。
第四十四条　自贸试验区应当加强知识产权保护，建立知识产权综合管理体制，建设知识产权投诉和维权援助平台，完善跨部门、跨区域的知识产权行政执法协作机制。		《中国（四川）自由贸易试验区建设实施方案》 9. 开展知识产权综合管理改革试点。……健全知识产权执法机制，开展跨部门、跨区域知识产权联合执法，健全知识产权行政执法机构与公安、海关的保护协作机制。 11. 切实加强知识产权保护。加强知识产权举报投诉、维权援助和仲裁调解工作。

续表

中国（四川）自由贸易试验区条例	中国（四川）自由贸易试验区管理办法	参考资料
第四十五条 自贸试验区应当严格执行环境保护法律规范和标准，建立出口产品低碳认证、企业环境保护承诺、环境保护联防联控协作机制。		《中国（四川）自由贸易试验区建设总体实施方案》 3. 优化法治环境。……严格执行环境保护法规和标准，探索开展出口产品低碳认证。
第四十六条 自贸试验区依法构建和谐劳动关系，完善工资支付保障体系，建立工作环境损害监督制度，保障中外劳动者和利用人单位的合法权益。	第五十五条 对标高标准国际规则，强化自贸试验区内企业责任，完善工资支付保障机制，建立工作环境损害监督制度，严格执行环境保护法规和标准，探索开展出口产品低碳认证。	《中国（四川）自由贸易试验区建设实施方案》 3. 优化法治环境。对标高标准国际规则，强化企业责任，完善工资支付保障制度，建立工作环境损害监督制度……
第四十七条 自贸试验区应当支持仲裁服务业发展。自贸试验区内的仲裁机构应当借鉴国际商事仲裁惯例，制定和完善适应自贸试验区特点的仲裁规则，提供独立、公正、专业、高效的仲裁服务。	第六十二条 自贸试验区建立健全国际仲裁、商事调解制度，完善纠纷调解制度，建立法律援助、仲裁工作机制。建立公开、公正、高效、便民的劳动保障监察和劳动争议处理机制，依法保护劳动者和利用人单位合法权益。	《中国（四川）自由贸易试验区建设总体实施方案》 3. 优化法治环境。建立统一集中的综合行政执法体系，相对集中执法权，建设网上执法办案系统，建设联勤联动指挥平台。建立全国际仲裁、商事调解机制。
第四十八条 自贸试验区应当发展专业化、国际化的法律服务，支持法律智库建设，鼓励境内外高端人才在自贸试验区依法提供法律专业服务。		《中国（四川）自由贸易试验区建设实施方案》 8. 建立健全商事纠纷诉讼解决机制。设立中国国际经济贸易仲裁委员会四川自贸试验区仲裁分会（中心）及中国国际贸易促进委员会四川自贸试验区调解分会，设立成都国际商事调解中心，加强涉外仲裁工作队伍建设。探索专业陪审员立审制，建立纠纷调解中立评估机制。

续表

中国（四川）自由贸易试验区条例	中国（四川）自由贸易试验区管理办法	参考资料
第四十七条 自贸试验区应当加强社会信用体系建设，推动信用数据共享，推广信用信息应用，完善守信激励和失信惩戒机制。		《中国（四川）自由贸易试验区建设总体实施方案》 2. 构建事中事后监管体系。推进统一社会信用代码制度建设和部门间数据交换共享，建设公共信用信息目录和运用清单。健全守信激励和失信惩戒机制。建立企业信用承诺制度。政府部门加强对第三方企业信用评估机构开展企业登记评价工作的引导与监督检查。规范信用开放征信服务，为公民、企业、社会组织、司法部门、政府机构提供信用查询等服务。在监管、执法等方面全面推行"双随机"抽查监管机制。完善行业监管制度和资格审查制度，进一步规范开展文化、教育、信息服务的内容审查。构建事前提醒告知、轻微违法违约诫与置的"三段式"监管方式。严重违法依法处置的"三段式"。
第四十八条 自贸试验区应当发展专业化、国际化的法律服务，支持法律智库建设，鼓励境内外高端人才在自贸试验区依法提供法律专业服务。		建立健全律师、公证员、司法鉴定人员等法律服务工作者诚信执业制度。违法违规执业惩戒制度。
第四十九条 自贸试验区应当加强社会信用体系建设，推动信用数据共享，推广信用信息应用，完善守信激励和失信惩戒机制。		《中国（四川）自由贸易试验区建设实施方案》 7. 建立完善法律服务监督管理制度。建立健全律师、公证员、司法鉴定人员等法律服务工作者诚信执业制度、违法违规执业惩戒制度。建立从业与执业信息管理系统，逐步建立的法律服务诚信评价档案，对失范失信、违法违规的法律和司法鉴定执业人员依法依规实施联合惩戒。逐步建立完善司法鉴定诚信档案，司法鉴定执业违规在成都试行"负面清单"管理，法院暂停鉴定委托。升级律师综合信息系统，提升律师行业诚信执业规范水平。

续表

中国（四川）自由贸易试验区条例	中国（四川）自由贸易试验区管理办法	参考资料
第五十条　自贸试验区实施江海联动内陆与沿海沿边协同开放战略，依托成都国际航空枢纽和铁路港、川南临港港，加强与丝绸之路经济带和二十一世纪海上丝绸之路沿线国家，长江经济带沿线国家协同开放。		《中国（四川）自由贸易试验区建设总体实施方案》 以制度创新为核心，以可复制可推广为基本要求，立足内陆、承东启西，面向全国，将自贸试验区建设成为西部门户城市开放引领区，内陆开放战略支撑带先导区，国际开放通道枢纽区，内陆与沿海沿江协同开放示范区。
第五十一条　自贸试验区与其他自由贸易试验区协同开放机制，实行制度对接、产业协同、平台共建。	第三十九条　依托双流航空枢纽、成都国际铁路港、川南临港口岸，构建与"一带一路"沿线相关国家和长江经济带空、铁、公、水联运的综合物流服务体系，建立与东部产业重要枢纽城市高效联运新模式，推进与泛欧泛亚国家（地区）枢纽互联互通、建立中欧陆空联运基地。	《国务院关于印发中国（四川）自由贸易试验区总体方案的通知》 （二）战略定位。以制度创新为核心，以可复制可推广为基本要求，立足内陆、承东启西、服务全国、面向世界，将自贸试验区建设成为西部门户城市开发开放引领区，内陆开放战略支撑带先导区，内陆型经济开放高地，内陆与沿海沿江协同开放示范区。
第五十二条　自贸试验区加强与沿海沿边区部产业配套协作的高端制造业、现代服务业和临港产业基地，发展内外贸同船运输、国轮捎带业务，实现与沿海口岸间的沟通合作。		《中共四川省委关于深入学习贯彻习近平总书记对四川工作系列重要示精神的决定》
第五十三条　自贸试验区加强与沿江沿边地区协同发展，建立产业协作机制，收益分享机制，强化边境经济、跨境经济合作。	第四十三条　打造长江口岸现代航运服务系统，推进水运口岸"单一窗口"试点。推进长江沿海船舶登记制度、创新长江船舶登记业务流程，简化入区运营、检验与登记手续，试行电子数据自动填报、申报手续，发展长江航运金融服务。	六、学习贯彻习近平总书记关于"打造立体全面开放格局""努力走在西部全面开发开放的前列"等重要指示，深刻把握新时代治蜀兴川的开放格局，全力推动"四向拓展、全域开放"
第五十四条　自贸试验区加强与沿江地区协同发展，深入推进川南临港片区协同发展，深化与沿江中下游港口合作，建立与长江重要		习近平总书记要求四川抓住新一轮西部大开发等重大机遇，主动融入"一带一路"建设、长江经济带发展等国家战略，推动内陆和沿海沿边沿江协同开放，打造立体全面开放格局；强调要加大对内对外开放力度，提高外向型经济发展水平，努力走在西部全面开发开放的前列。这些重要论述，标定了四川服务国家开放战略的方向，是新形势下四川全面实施全面开放合作的战略指引。必须实施全面开放合作

续表

中国（四川）自由贸易试验区条例	中国（四川）自由贸易试验区管理办法	参考资料
枢纽城市、高效联运模式，实现成果共享、监管互认、业务互通。		战略，深度融入"一带一路"建设、长江经济带发展、新一轮西部开发开放等国家战略，以全局思维和国际视野谋划开放通道建设、物流体系建设、投资贸易平台建设、强化资源整合、政策保障和服务支撑，大力提高对外开放的能力和水平，构建具有国际竞争力和区域带动力的开放型经济体系，全力推动四川由内陆腹地变为开放前沿。
第五十五条　自贸试验区加强与香港特别行政区、澳门特别行政区在经贸、文化、科技、金融、医疗、物流等领域合作，与台湾地区开展先进制造业和现代服务业的合作，加强人文交流。		《中国（四川）自由贸易试验区建设实施方案》 （六）着力打造内陆与沿海沿边沿江协同开放示范区 49. 深化与沿海协调联动。研究制定承接东部产业转移的重点产业目录和重点企业名单，着力打造与东部产业配套协作的高端制造业、现代服务业和临港产业基地。积极开展沿海城市加工贸易和产业"双转移"促进活动，推动自贸试验区加工贸易转型升级。加大进出口贸易货源组织力度，用好转运至日韩台的近洋航线。加强与沿海自贸试验区片区和港口合作，用好自贸试验区内外贸同船运输、国轮捎带业务。加强与深圳、珠海等口岸机构的沟通与合作，全面实现供港澳疏菜出口直放。 50. 加强内陆与沿边合作。探索与周边地区产业合作新路径，促进研发设计、生产销售和物流配送等环节协同配合。探索市场化运作的产业基金，建立产业协作发展和收益分享机制。鼓励企业跨区域兼并重组，在基础设施、公共设施建设运营等领域，推广政府和社会资本合作等投融资模式。构建自贸试验区与陕滇黔渝物流节点城市建设同合作机制，昆明等西部重要物流节点建设无水港，完善无水港合作管理机制。强化边境经济合作区、跨境经济合作区的交流对接，重点在人员来往便利化、铁路货源组织、货币结算支付等方面开展合作。

297

续表

中国（四川）自由贸易试验区条例	中国（四川）自由贸易试验区管理办法	参考资料
		51. 深化沿江开放合作机制。深化与长江中下游港口合作，实现成果共享、监管互认、业务互通。拓展水运货源腹地，争取在增加集装箱班轮密度、新开班轮航线等方面取得新突破。加快建立与沿江重要枢纽城市现代航运服务系统和长江港口智能物流网络，打造长江口岸现代航运服务互联互通，建设港口综合服务"单一窗口"，实现与沿海沿长江口岸信息互联互通，建设港口综合服务"单一窗口"，实现与全省国际贸易"单一窗口"信息系统连接。 52. 全面加强港澳台经贸合作。全面深化内地与香港贸易、信息资讯、国际物流密经贸关系安排（CEPA）合作机制，大力发展贸易、旅游、物流服务和促进外来直接投资。依托港澳在金融服务、信息资讯、国际贸易网络、风险管理等方面的优势，将自贸试验区建设成为企业"走出去"的窗口和综合服务平台。加强与港澳台湾在项目对接、投资拓展、信息交流、人才培训等方面的交流合作，共同赴境外开展基础设施建设和能源资源等合作。加强与台湾在电子商务、生物医药、食品饮料等制造业和电子信息、服务业、信息服务、服务外包等现代服务业的深度合作，加强人文交流合作。 《中国（四川）自由贸易试验区 2018 年工作要点》 4. 构建贸易监管服务体系。进一步提升国际贸易"单一窗口"标准版覆盖面，开展口岸特色应用功能建设，有序纳入出入口退税、服务贸易事项。 8. 深化与沿海联动合作。 9. 加强与沿边协同合作。 10. 提升沿江互联互通水平。

续表

中国（四川）自由贸易试验区条例	中国（四川）自由贸易试验区管理办法	参考资料
第五十六条　自贸试验区与丝绸之路经济带和二十一世纪海上丝绸之路沿线国家共建多元化经贸合作平台，开展海关、认证认可、标准计量、运输安全、环境保护等方面的合作。 第五十七条　自贸试验区推进铁路、公路、水运、航空运输示范平台建设，构建现代化综合交通运输体系。	第三十九条　依托双流航空枢纽，成都国际铁路港、川南临港港口岸，构建与"一带一路"沿线相关国家和长江经济带共建海、空、铁、公、水运相关的综合物流服务体系，建立与沿海沿边沿江重要枢纽城市高效联运新模式。推进与泛欧泛亚国家（地区）枢纽城市的互联互通，建设中欧泛亚国际空联运基地。 第四十条　充分发挥双流航空枢纽的	《中国自由贸易试验区协同开放发展倡议》 二、大力实施内陆与沿海沿江协同开放战略。把协同开放置于自由贸易试验区建设的重大任务，进一步强化协同改革、协同创新、协同发展思维，着力提升自由贸易试验区改革开放的整体性、系统性、协同性。坚决贯彻中央加大西部、内陆、沿边开放力度的决策部署，坚持共商共建共享原则，精准对接"一带一路"建设，京津冀协同发展、长江经济带发展等国家战略，推进自由贸易试验区之间的制度对接、产业协同、平台协同，加强自由贸易试验区对其他区域的引领示范、辐射带动，加快打造立全面开放、竞相协同共兴的新格局。 《中国（四川）自由贸易试验区建设实施方案》 13. ……探索检验检疫证书国际联网核查机制。支持自贸试验区与"一带一路"沿线国家开展海关、检验检疫、认证认可、标准计量等方面的合作与交流，探索与"一带一路"沿线国家开展贸易供应链安全与便利合作。 《中国（四川）自由贸易试验区总体方案》 14. 优化监管通关流程。在确保有效监管前提下，鼓励口岸监管部门优化查验机制。建设空、铁、公、水多式联运监管中心，多方联网共享物流全程信息，实现多式联运货物"单一窗口"办理。 20. 畅通国际开放通道。……优化多种运输方式衔接、中转流程，完善多式联运新模式，加速构建集铁路、地铁、城际铁路、高速公路于一体的综合交通体系，建设中西部内陆地区国际多式联运示范基地，试点签发具备物权凭证性质的国际运单，

299

中国（四川）自由贸易试验区条例	中国（四川）自由贸易试验区管理办法	参考资料
	辐射带动作用，加快与成都天府国际机场协同联动，加快推进国际航空枢纽建设，大力发展临空经济。支持成都国际铁路港建设国家对外开放口岸，打造成都国际铁路运输重要枢纽。支持川南临港片区设立国家对外开放口岸，推进宜宾港与泸州港联动发展，加快建设高等级航道，促进与长江主要港口的协同开放合作。 第四十一条 自贸试验区应当探索与"一带一路"沿线国家相关机构在运输安全、环境保护、通关查验等方面开展国际合作，建立合作机制，推进试点地区国际多式联运示范建设，试点发展具备物权凭证性质的多式联运提单，探索多式联运"一单制"。	探索多式联运"一单制"。在交通运输领域，完善快件处理设施和绿色通道，加快发展快递等现代物流业。 《中国（四川）自由贸易试验区建设实施方案》 32. 打造国际铁路港运输重要枢纽。支持成都国际铁路港建设国家对外开放口岸。推进中欧班列（成都）北、中、南三线稳定常态运行，适时开通至东南亚"泛亚班列"，大力拓展成都至国内主要枢纽城市的互联互通班列，构建面向泛亚泛欧地区的国际班列体系。加强国际粮食运输，完善整车口岸、肉类口岸功能，开展木材进口加工业务。搭建以粮物流信息调度为核心的铁路港区信息港，促进企业降本增效。推进平行进口汽车试点，打造集整车进口、展销、金融等产业链，支持平行车在川南临港片区延展分销。建立班列运输融资机制和平台，创新仓单质押等供应链金融产品。 35. 建设川滇黔航运物流中心。 36. 建设中欧陆空联运基地。
第五十八条 国家规定的适用于自贸试验区改革试点措施发生调整的，按照国家规定执行。	第六十五条 国家规定的自贸试验区投资、贸易、金融、税收等国家试点改革措施发生调整，或者国家规定其他区域改革试点措施可适用于自贸试验区的，按照国家规定执行。	
第五十九条 省人民政府确定的自贸试验区协同改革先行区，参照适用本条例。		
第六十条 本条例自2019年7月1日起施行。	第六十六条 本办法自公布之日起施行。	

300

图书在版编目（CIP）数据

中国（四川）自由贸易试验区成都片区法治发展报告
.2018－2019／郑泰安主编.－－北京：社会科学文献出
版社，2020.3
　ISBN 978－7－5201－6058－2

　Ⅰ.①中…　Ⅱ.①郑…　Ⅲ.①自由贸易区－社会主义
法治－建设－研究报告－成都－2018－2019　Ⅳ.
①D927.711

　中国版本图书馆CIP数据核字（2020）第014324号

中国（四川）自由贸易试验区成都片区法治发展报告（2018～2019）

主　　编／郑泰安
副 主 编／陈志锋　李红军

出 版 人／谢寿光
组稿编辑／任文武
责任编辑／赵晶华

出　　版／社会科学文献出版社·城市和绿色发展分社（010）59367143
　　　　　地址：北京市北三环中路甲29号院华龙大厦　邮编：100029
　　　　　网址：www.ssap.com.cn
发　　行／市场营销中心（010）59367081　59367083
印　　装／三河市龙林印务有限公司

规　　格／开　本：787mm×1092mm　1/16
　　　　　印　张：19.5　字　数：295千字
版　　次／2020年3月第1版　2020年3月第1次印刷
书　　号／ISBN 978－7－5201－6058－2
定　　价／98.00元

本书如有印装质量问题，请与读者服务中心（010－59367028）联系